UTB 2292

Eine Arbeitsgemeinschaft der Verlage

Beltz Verlag Weinheim und Basel
Böhlau Verlag Köln · Weimar · Wien
Wilhelm Fink Verlag München
A. Francke Verlag Tübingen und Basel
Paul Haupt Verlag Bern · Stuttgart · Wien
Verlag Leske + Budrich Opladen
Lucius & Lucius Verlagsgesellschaft Stuttgart
Mohr Siebeck Tübingen
C. F. Müller Heidelberg
Ernst Reinhardt Verlag München und Basel
Ferdinand Schöningh Verlag Paderborn · München · Wien · Zürich
Eugen Ulmer Verlag Stuttgart
Vandenhoeck & Ruprecht Göttingen
WUV Facultas · Wien

Klassiker der protestantischen Predigtlehre

Einführungen in homiletische Theorieentwürfe von Luther bis Lange

Herausgegeben von Christian Albrecht und Martin Weeber

Mohr Siebeck

Die Deutsche Bibliothek – CIP-Einheitsaufnahme

Klassiker der protestantischen Predigtlehre : Einführungen in homiletische Theorieentwürfe von Luther bis Lange / Hrsg.: Christian Albrecht ; Martin Weeber. – Tübingen : Mohr Siebeck, 2002
(UTB für Wissenschaft ; Bd. 2292)
ISBN 3-8252-2292-6 (UTB) ISBN 3-16-147689-1 (Mohr Siebeck)

Einbandgestaltung: Atelier Reichert, Stuttgart.
Satz: niemeyers satz, Tübingen.
Druck u. Bindung: Hubert & Co., Göttingen.

ISBN 3-8252-2292-6 UTB Bestellnummer

Vorwort

Dieser Sammelband bietet Einführungen in klassische homiletische Programme des Protestantismus. „Klassisch" verdienen die vorgestellten Entwürfe deswegen genannt zu werden, weil sie über ihre eigene Epoche hinaus rezipiert wurden und rezipiert werden können. Freilich sind nicht alle im gleichen Maße zugänglich. Die vorgelegten Rekonstruktionen tragen dem Umstand Rechnung, daß die homiletischen Konzeptionen von ihren Autoren nicht immer mit jenem systematischen Anspruch vorgetragen worden sind, der der faktischen Bedeutung dieser Entwürfe für den Verlauf der homiletischen Theoriegeschichte angemessen wäre.

Die Einführungen haben daher das Ziel, die homiletischen Konzeptionen jeweils nach ihren Grundmotiven, ihren Hauptgedanken und nach ihrer Verankerung im theologischen Gesamtdenken ihres Urhebers systematisch zu rekonstruieren. Dies geschieht im wesentlichen durch die Hinführung zu den in Frage kommenden Quellentexten, durch die strukturierte Vorstellung der zentralen homiletisch-theoretischen Topoi und durch die Herausarbeitung werkimmanenter Bezüge und Zusammenhänge.

Indem die Einführungen so die homiletischen Entwürfe als ganze vorstellen und sie in ihren Umrissen und Grundzügen erschließbar machen, wollen sie Interpretationshilfen bieten, ohne dieser Interpretation selbst schon vorzugreifen. Damit ist der Sammelband ein „Hilfsbuch" im ursprünglichen Sinne: Die Einführung in die homiletischen Theorieprogramme folgt der Absicht, die klassischen Predigtlehren des Protestantismus einer selbständigen Aneignung und einem differenzierten Verständnis ihrer Details zugänglich zu machen.

Die einzelnen Beiträge können zwar unabhängig voneinander

gelesen werden. Eine Lektüre im Zusammenhang könnte freilich überraschende Problemkontinuitäten offenbaren und dazu beitragen, eingespielte Oppositionsstellungen aufzulockern.

Der Evangelischen Landeskirche in Württemberg danken wir für einen Druckkostenzuschuß, Henning Ziebritzki aus dem Hause Mohr Siebeck für die verlagsseitige Betreuung.

Erfurt und Tübingen, am 20. Januar 2002

Christian Albrecht
Martin Weeber

Inhaltsverzeichnis

Einleitung

Die evangelische Predigtlehre der Gegenwart läßt sich begreifen als eine Sedimentierung ihrer Vorgeschichte seit der Reformation. Im Laufe ihrer geschichtlichen Entwicklung haben sich die Fragestellungen und die Ideale herausgebildet, die der gegenwärtigen Predigtlehre ihren komplexen Charakter verleihen.[1]

Ihren Ursprung hat die Predigtlehre des Protestantismus in der reformatorischen Theologie. Freilich sind es weniger einzelne homiletische Programmsätze, die in der Reformation entworfen worden wären, als vielmehr der neue Gesamtzuschnitt der Theologie, wodurch die Reformatoren auf dem Gebiete der Predigtlehre wirksam geworden sind. Was die Homiletik im engeren Sinne anlangt, ist die Reformation – vordergründig betrachtet – weniger produktiv gewesen. Das hängt zum einen damit zusammen, daß die theologischen Disziplinen, wie wir sie heute kennen, erst in späteren Epochen ihre Ausformung gefunden haben. Vor allem aber ist das relativ geringe Interesse an der Homiletik im engeren Sinne dadurch begründet, daß die reformatorische Theologie insgesamt als eine Theologie der Predigt aufgefaßt werden kann. Die Predigt wurde zum Inbegriff der durch die Reformation bewirkten Umstellung im Religionsverständnis: Hatte im Zentrum der mittelalterlichen Religiosität die eucharistische Frömmigkeit gestanden, die ihre Konkretion in der Teilhabe am Altarsakrament

---

[1] Einen Überblick über die Problemgeschichte der Homiletik geben die folgenden Titel: Hans Martin Müller: Homiletik. Eine evangelische Predigtlehre, Berlin/New York 1996; ders.: Art. „Homiletik“, in: TRE 15 (1986), 526–565; Dietrich Rössler: Grundriß der Praktischen Theologie, Berlin/New York [2]1994 ([1]1986), §§ 23–25.

gewann, so rückte in der Reformation die Verkündigung des äußeren Wortes in den Vordergrund des Bewußtseins und in das Zentrum des Gottesdienstes. War die Predigt im mittelalterlichen Gottesdienst im wesentlichen nur von Bedeutung als Hinweis auf das Altarsakrament gewesen, so wurde in der Reformation diese Unterordnung aufgehoben. Das äußere Wort der Predigt gewann geradezu einen sakramentalen Charakter, die Sakramente wurden im Gegenzug als Gestalten des äußeren Wortes aufgefaßt.

Die reformatorische Theologie ist in ihrem Kern eine Glaubenstheologie. Der Glaube ist es, durch den und in dem der Mensch sein sachgemäßes und heilsames Gottesverhältnis gewinnt und hat. Der Glaube aber richtet sich auf die in der Bibel dokumentierte richtende und gnädige Zuwendung Gottes zu den Menschen. Damit wird die Präsentation des biblischen Zeugnisses zur notwendigen Bedingung für die Erlangung des Glaubens. Der vornehmste Ort für die bezeugende Darstellung der in der Bibel niedergelegten Heilsabsichten Gottes ist aber der Gottesdienst der versammelten Gemeinde. Denn im Gottesdienst wird anschaulich, daß der christliche Glaube einen gleichursprünglich individuellen und sozialen Charakter hat. Die Einzelnen versammeln sich, um sich in gemeinschaftlichem Hören auf das biblische Wort ihrer Daseinsbestimmung zu vergewissern. Nun ist es aber von entscheidender Bedeutung, daß die biblischen Texte nicht nur als Dokumente der historischen Ursprungssituation aufgefaßt werden. Sie müssen auf ihre aktuelle Deutungsleistung hin ausgelegt werden. Sie müssen präsentiert werden als gegenwärtig gültige Explikationen des göttlichen Heilswillens. Das heißt: Sie dürfen nicht einfach rezitiert oder beschworen werden, sondern müssen ausgelegt werden. Diese Auslegungsaufgabe ist von der Predigt zu leisten. Daß die Auslegungsaufgabe der Predigt sich dabei grundsätzlich als Vermittlungsleistung zu vollziehen hat, kommt zum Ausdruck in der zentralen reformatorischen Doppelformel, gemäß derer die evangelische Predigt durch einen doppelseitigen Gehalt bestimmt ist: Die evangelische Predigt ist Predigt von Gesetz und Evangelium. Gesetz und Evangelium sind in der Predigt aufeinander zu beziehen. Darüber hinaus sind Gesetz und Evangelium wiederum auf die Situation ihrer Auslegung zu beziehen. Das heißt: Die Predigt hat den Sachverhalt in Anschlag zu bringen, daß ihre Hörer solche sind, die von der Predigt jeweils schon in den Zusammenhang von Gesetz und Evangelium einbezogen worden sind und sich ihr Leben in diesem Zusammenhang zu deuten suchen. In dem hier vorliegenden Einführungsband wird die aus diesem doppelten Vermittlungszusammenhang sich ergebende Komplexität der Predigtaufgabe in dem Beitrag von Dietrich Rössler an Luthers Homiletik erläutert.[2]

Die Homiletik der sich an die Reformationszeit anschließenden Epoche der sogenannten Altprotestantischen Orthodoxie wurde in der Geschichtsschreibung der Homiletik zumeist dadurch charakterisiert, daß sie die Komplexität der durch die reformatorische Theologie gegebenen Predigtaufgabe reduziert habe durch ein Verständnis des Christentums, welches alles Gewicht auf die lehrmäßige Durchbildung und Erfassung des christlichen Glaubens lege. Lehrmäßige Orthodoxie sei nach dem Verständnis der Theologen dieses Zeitalters das Kriterium und Verwirklichungsmedium des christlichen Glaubens. Nun hat allerdings die neuere Kirchengeschichtsschreibung dieses Klischee von einer völlig auf die theologische Lehre konzentrierten und alle existentiellen religiösen Bezüge ausblendenden protestantischen Barocktheologie zum Wanken gebracht. Es zeigte sich bei näherem Hinsehen einerseits, daß die Religiosität dieser Epoche keineswegs als vertrocknet und verknöchert charakterisiert werden kann. Und andererseits wurde deutlich, daß die subtile Ausarbeitung der Lehrgehalte des Christentums selbst als Ausdruck religiöser Motive aufgefaßt werden kann. Am Beispiel von Johann Benedikt Carpzov macht der Beitrag von Albrecht Beutel in diesem Band deutlich, daß auch die altprotestantische Predigtlehre eine neue Betrachtung verdient, die sich von den überlieferten Vorurteilen befreit.[3]

Zur Entstehung und Befestigung der Vorurteile über die altprotestantische Predigtlehre haben jene beiden Bewegungen entscheidend beigetragen, die in partieller zeitlicher Überlappung auf die altprotestantische Epoche der evangelischen Theologie folgten und ihre Identität nicht zuletzt aus der kritischen Distanzierung gegenüber der Theologie dieses vorhergehenden Zeitabschnitts bezogen: der Pietismus und die Aufklärung.

---

2 S.u. S. 9–25.

3 S.u. S. 26–47.

Am Beispiel der aus verschiedenen Kontexten zu rekonstruierenden Predigtlehre Philipp Jakob Speners erläutert Albrecht Haizmann die homiletischen Ideale des Pietismus.[4] Dabei wird deutlich, daß sich die Predigtlehre des Pietismus zwar aus einer Kritik an der Predigtlehre der Altprotestantischen Orthodoxie entwickelt, aber in dieser Kritik keineswegs aufgeht. Sie knüpft auf ihre Weise an die ursprüngliche reformatorische und über diese zurück an die urchristliche Theologie an und bringt dabei wesentliche Momente der urchristlichen und der reformatorischen Frömmigkeit neu und originell zur Geltung. Der auf das Neue Testament zurückgehende Begriff der Erbauung dient Spener dabei als Leitbegriff zur Beschreibung der mit der Predigt verfolgten Absichten.

Genau derselbe Leitbegriff dient nun bemerkenswerterweise auch dem wohl bedeutendsten Predigttheoretiker der Aufklärungsepoche als Zielbestimmung der Predigtaufgabe. Johann Lorenz von Mosheims „Anweisung erbaulich zu predigen“ wird im vorliegenden Bande in dem Aufsatz von Ulrich Dreesman vorgestellt.[5] Mosheims homiletisches Konzept besitzt seine Eigentümlichkeit darin, daß Mosheim es ablehnt, mit der Predigt direkt und ausschließlich auf Herz und Willen des Hörers einwirken zu wollen. Die Erbauung vollzieht sich nach Mosheim primär im Modus der Verstandesbelehrung. Überzeugungen bringen Motivationen hervor.

Nimmt Mosheim die grundlegenden Orientierungen der orthodoxen und pietistischen Homiletik in sein Konzept auf und reichert sie durch das Ernstnehmen der neuzeitlichen Bildungsansprüche der Hörer an, so ist es Schleiermacher, der die homiletischen Ideale von Orthodoxie, Pietismus und Aufklärung in einen systematisch präzisen und ausgewogenen Zusammenhang überführt. Dieser Zusammenhang wird freilich nur dann deutlich, wenn man Schleiermachers ganz verschiedenen Kontexten entstammende Beiträge zur Predigtlehre in sein philosophisch-theologisches Gesamtsystem einordnet, wie es Christian Albrecht in seinem Beitrag zu diesem Band unternimmt.[6] So wird zum

---

4 S.u. S. 48–73.

5 S.u. S. 74–92.

6 S.u. S. 93–119.

Beispiel die oft zitierte, häufig kritisierte und meist mißverstandene Bestimmung Schleiermachers, es handle sich bei der Predigt um ein „darstellendes Handeln“, verständlicher, wenn sie vor dem Hintergrund von Schleiermachers Theorie der grundlegenden menschlichen Handlungssphären erläutert wird.

Die Rezeption der Predigtlehre Schleiermachers beschränkte sich zumeist auf einzelne Gesichtspunkte, so vor allem auf den Gedanken, daß für die Predigt der Kontext des Gemeindegottesdienstes grundlegend sei. Diese Einsicht in die Verwurzelung der Predigt im Gemeindegottesdienst fand ihre Popularisierungsformel im Begriff der „Kultuspredigt“: Die Predigt ist keine Missionsveranstaltung, sondern sie richtet sich an jene, die sich schon zur christlichen Gemeinde zählen und am Gottesdienst teilnehmen. Wird die Predigt von ihrem Ort im Gottesdienst her verstanden, dann ist es folgerichtig, daß Homiletik und Liturgik sehr nahe aneinanderrücken. Auf beeindruckende Weise hat das einschlägige Verständnis von Predigt und Homiletik in der Predigtlehre Christian Palmers Gestalt gewonnen. Eckart Beutel arbeitet in seiner Abhandlung in diesem Band an Palmers Predigtlehre exemplarisch heraus, wie die Auffassung der Predigt als gottesdienstlicher Darstellung des religiösen Bewußtseins der christlichen Gemeinde zum organisierenden Mittelpunkt der sich an Schleiermacher anschließenden Homiletik wird.[7]

Freilich fand jenes Christentumsverständnis, das in Schleiermachers Predigtlehre seinen Ausdruck gewann, nicht nur Freunde, sondern auch Gegner: Im Medium einer abweichenden Bestimmung der Predigtaufgabe wurde ein anderes Christentumsverständnis propagiert. War das Christentumsverständnis Schleiermachers und seiner Freunde gekennzeichnet durch eine grundsätzlich wohlwollende Gesinnung dem eigenen Zeitalter gegenüber, so gewann jene andere Auffassung des Christlichen ihr Gesicht durch ein tiefes Mißtrauen gegenüber der eigenen Gegenwart: Glaubenslosigkeit hieß die strenge Diagnose, die jene Richtung in Theologie und Kirche der Mehrzahl ihrer Zeitgenossen stellte. Dieser Diagnose entsprechend, mußte die Predigtaufgabe anders bestimmt werden. Die Auffassung, daß die Predigt

---

7 S.u. S.120–143.

„Missionspredigt", und zwar Missionspredigt im eigenen Lande, sein müsse, wurde zum Losungswort jener bedeutenden und bis heute wirkungsvollen Gruppierung unter Theologen und Kirchenleuten. Eines der bedeutendsten Zeugnisse dieser Richtung der Predigtlehre ist die Homiletik Theodor Christliebs, die im vorliegenden Band durch den Aufsatz von Martin Weeber vorgestellt wird.[8]

Am Beginn des zwanzigsten Jahrhunderts gewann die Überzeugung Raum, daß die Predigt und die Predigtlehre einer grundlegenden Erneuerung bedürftig seien. Die Predigt müsse sich entschlossen einstellen auf die Bewußtseinslagen des „modernen Menschen". Das Programm der „Modernen Predigt" fand seine schlagkräftigste Formulierung in der Homiletik Friedrich Niebergalls. Niebergall machte die Zeitdiagnose zur Aufgabe der Predigttheorie und brachte damit ein Anliegen zur Geltung, dem die zeitgenössische Praktische Theologie in ihren markantesten Vertretern (neben Niebergall selber sind hier vor allem Paul Drews und Otto Baumgarten zu nennen) eine zentrale Bedeutung zumaß. Friedrich Niebergalls reformhomiletisches Programm findet seine Erläuterung in dem Beitrag Hans Martin Dobers.[9]

Als eine grundlegende Alternative nicht nur zur Predigtlehre des unmittelbar vorhergehenden Zeitabschnitts, sondern fast zur gesamten Geschichte der neuzeitlichen evangelischen Homiletik trat die Predigtlehre der Dialektischen Theologie in Erscheinung. Die in der Predigtpraxis begegnenden Probleme wurden von dieser Homiletik prinzipialisiert zu Problemen von fundamentaltheologischem Rang. Aus Vermittlungsproblemen wurden Grundlegungsfragen. Die imponierendsten Beiträge zur dialektisch-theologischen Predigtlehre lieferte ohne Zweifel das Haupt dieser Schulrichtung: Karl Barth. Friedemann Voigt erläutert in seinem Beitrag Barths Predigtlehre im Zusammenhang der verschiedenen Phasen des Barthschen Gesamtwerkes und macht deutlich, daß Barths Beiträge zur Homiletik durchaus nicht als anknüpfungslose Alternative zur modernen homiletischen Debatte gelesen werden müssen.[10]

---

8 S.u. S. 144–160.

9 S.u. S. 161–183.

10 S.u. S. 184–201.

Eine bemerkenswerte Verschränkung reformatorischer und neuzeitlicher Motive begegnet in der durch Hans Martin Müller dargestellten Predigtlehre Emanuel Hirschs. Hirsch vereinigt die Orientierung an Luthers Grundunterscheidung von Gesetz und Evangelium mit dem neuzeitlichen historischen Bewußtsein. Die Mitte von Hirschs Predigtauffassung wird gebildet durch die Bezugnahme auf Jesus von Nazareth. Die Predigt soll sich nach Hirsch gestalten als eine durch den Prediger exemplarisch vollzogene Zwiesprache mit dem durch Jesus erschlossenen Gott.[11]

Als der jüngste unter den Klassikern der protestantischen Predigtlehre kann Ernst Lange gelten, dessen homiletisches Programm durch Volker Drehsen dargestellt wird.[12] Bei Lange wird die Berücksichtigung der homiletischen Situation zum Schlüssel der Predigtlehre. Langes Plädoyer für die Orientierung der Predigt an den Vergewisserungsbedürfnissen der Hörer wäre freilich mißverstanden, wenn übersehen würde, daß bei Lange die Orientierung am biblischen Text und an dessen theologischem Gehalt das nicht in Frage gestellte Widerlager zum Ernstnehmen der Gegenwartsbedürfnisse darstellt.

Die Entwicklung der evangelischen Homiletik ist mit ihrem jüngsten Klassiker nicht an ihr Ende gekommen. Im Gegenteil: Die letzten dreißig Jahre haben eine Fülle von Beiträgen zur Homiletik hervorgebracht. Freilich hat sich aus dieser teils mehr, teils weniger anspruchsvollen Theorieproduktion bislang noch kein homiletischer Ansatz herauskristallisiert, dem man die einstmalige Erreichung eines klassischen Ranges zu prognostizieren geneigt wäre. Dies mag zum einen damit zusammenhängen, daß unsere Gegenwart von durchaus uneinheitlichen Tendenzen geprägt ist. Es ist kaum möglich, die gegenwärtige Phase des Christentums in Gedanken zu fassen und ihrem Geiste in einem überzeugenden homiletischen Programm Ausdruck zu geben. Zum anderen könnte der Gedanke erwogen werden, ob nicht überhaupt im Laufe der bisherigen Theoriegeschichte alle wesentlichen Gesichtspunkte, die für eine evangelische Homiletik in Frage kommen können, ins Auge gefaßt worden sind. Der Kreis der Proble-

---

11 S.u. S. 202–224.

12 S.u. S. 225–246.

me wäre damit abgeschritten. Der Katalog der Klassiker wäre zum Kanon geworden.

In einer solchen Situation mag es ratsam sein, auf die forcierte Neuproduktion homiletischer Programme zu verzichten. Statt dessen legt es sich nahe, die in der Tradition der protestantischen Predigtlehre gegebenen Argumentationspotentiale zu pflegen. Um sie pflegen zu können, müssen sie freilich bekannt sein.

Dietrich Rössler

Beispiel und Erfahrung

Zu Luthers Homiletik

Äußerungen Luthers zu Fragen der Homiletik sind, zumeist als gelegentliche Bemerkungen, über sein gesamtes Werk verstreut. Größere Abhandlungen sind nicht darunter, und eine systematische und abgeschlossene Homiletik läßt sich daraus nicht erheben. Gleichwohl ist Luthers Interesse an einschlägigen Aufgaben und Problemen nicht zu übersehen. Bereits lange bevor die Predigt zum reformatorischen Thema wurde, hat er sich zum Verhältnis von Wort und Evangelium geäußert und darin erste Grundfragen einer evangelischen Homiletik berührt. Werner Jetter hat im Zusammenhang seiner Untersuchungen über Taufe und Sakrament beim jungen Luther auf entsprechende Texte aufmerksam gemacht[1]. Jetter spricht vom „Brückenschlag von der Hermeneutik zur Gnadenmittellehre", denn das Wort „wird jetzt ausdrücklich mit den kirchlichen Sakramenten der Taufe und Absolution gleichgesetzt"[2]. Die Wirksamkeit des Wortes sieht Luther hier in einer dreigliedrigen Abfolge sich entfalten, die damit zugleich die Form einer entsprechenden Meditation darstellt und auch so bezeichnet wird: „Hactenus de Sacramentali meditatione Euangelii. Euangelium sane meditamur sacramentaliter, hoc est verba per fidem hoc ipsum in nobis operantur, quod pre se ferunt ... Exemplariter vides in contempta carne depositam maiestatem ... Vides, omnia propter alios Christum fieri: et tu aliis servi. Sed ut hoc

1 Werner Jetter: Die Taufe beim jungen Luther. Eine Untersuchung über das Werden der reformatorischen Sakraments- und Taufanschauung (BHTh 18), Tübingen 1954, 156f.

2 Ebd.

possis, meditare Christum sacramentaliter, idest confide, quod ipse sit tibi hec donaturus.“[3]

Luther hat später vor allem eine praktische Homiletik zu fördern gesucht, um der sachgemäßen evangelischen Predigt zu dienen. In diesem Sinne sind die von Luther selbst herausgegebenen Teile der Kirchenpostille „Anleitung zur selbständigen Predigt“[4], und er hat zur Unterweisung ungeübter Prediger auch in den entsprechenden Zuschriften das Wort genommen. Die wesentlichen Äußerungen Luthers zur Homiletik hat Emanuel Hirsch unter dem Titel ‚Selbstzeugnis‘ zusammengestellt und dazu bemerkt, daß sich aus diesen Äußerungen Luthers „homiletische Theorie“ erheben lasse[5]. Es ist die Frage, wie elementare Grundlinien einer solchen Theorie durch Luther selbst weiter zu belegen sind.

I.

Eine maßgebliche Auskunft Luthers zur Homiletik findet sich, zusammengefaßt als Äußerung über Sinn und Aufgabe der evangelischen Predigt, in einem umfänglichen Satz der ‚Tischreden‘ (aus den dreißiger Jahren):

> Tria praedicanda. Primo est deicienda conscientia, secundo erigenda, tertio resolvenda seu evolvenda ex his, quae ei dubia sunt, primo per legem, secundo per euangelium, tertio per expositionem illorum, quae est sententia et quid continetur in toto verbo Dei, etiam in exemplis, similitudinibus, primum ex scriptura, alia duo ex rebus, quas ipsi vidimus aut experti sumus.[6]

Im Zentrum aller Bestimmungen der Predigt steht danach das Gewissen. Das kann nicht verwundern: conscientia ist bei Luther anthropologischer Grundbegriff, der, gelegentlich wechselweise „Herz“ (oder „Seele“) genannt, die Mitte der menschlichen Exi-

---

[3] WA 9, 442; Jetter: Die Taufe beim jungen Luther (s. Anm. 1), 157.

[4] Emanuel Hirsch: Vorrede, in: BoA 7, VIII.

[5] Emanuel Hirsch, in: BoA 7, 1; vgl. dazu Martin Doerne: Art. Homiletik, in: RGG^3, III, 439. – Emanuel Hirsch: Luthers Predigtweise (in: Luther. Mitteilungen der Luthergesellschaft 25 [1954], 1–23) beschränkt sich auf eine allgemeine Charakteristik der Predigtpraxis Luthers.

[6] BoA 7, 33; WA TR 4, 479 (TR 4765).

stenz bezeichnet[7]. Die Bedeutung, die dem Gewissensbegriff bei Luther zukommt, hat Karl Holl durch die Formel von der „Gewissensreligion" zum Ausdruck gebracht und Ernst Wolf durch den Verweis auf die „existentiellen Korrelationen zu Gesetz, Tod, Satan einerseits, Wort, Christus, Geist andererseits"[8]. Ebenso beschreibt Emanuel Hirsch das Gewissen bei Luther als „Stätte des gegenwärtigen Wirkens Christi"[9], denn conscientia und coram Deo fallen hier ineinander[10]. Mit „Gewissen" ist deshalb nicht nur die Mitte der menschlichen Existenz bezeichnet, sondern zugleich der einzelne Mensch in seiner unverwechselbaren Individualität[11]. In Hinsicht auf die menschliche Person als ihren singulären Fall soll also die Predigt jeden Hörer anreden.

Diese auf das Gewissen gerichtete Predigt ist, wiederum Luthers Grundanschauungen entsprechend, die Predigt von Gesetz und Evangelium: „Gott hat tzweyerley wortt oder predigt ynn die welt … von anbegynn alltzeyt gesandt. Gesetz und Euangelion diße tzwo prediget mustu wohl unterscheyden und erkennen."[12] Allerdings bringt Luthers Satz in seiner Aufstellung über die homiletischen Prinzipien demgegenüber einen dritten Aspekt ins Spiel: An das Niederwerfen durch das Gesetz und das Aufrichten durch das Evangelium schließt sich für das hörende

---

7 So besonders eindrücklich der ‚Große Katechismus' zur fünften Bitte (WA 30 I, 200); ähnlich auch ‚De libertate Christiana' (WA 7, 59), wo cor und conscientia parallel gebraucht werden. Der entsprechende Text in ‚Von der Freiheit eines Christenmenschen' hat hier „Herz". – Zur Sache vgl. Emanuel Hirsch: Lutherstudien, Bd. 1, Gütersloh 1954, 132. – Eberhard Jüngel: Zur Freiheit eines Christenmenschen. Eine Erinnerung an Luthers Schrift, München 1978. – Gerhard Ebeling: Luther. Einführung in sein Denken, Tübingen 1964.

8 Karl Holl: Was verstand Luther unter Religion?, in: Holl: Gesammelte Aufsätze zur Kirchengeschichte, Bd. 1: Luther, Zweite und dritte, vermehrte und verbesserte Auflage, Tübingen 1923, 1–110, 35. – Ernst Wolf: Art. Gewissen, in: RGG[3], II, 1550–1557, 1553.

9 Hirsch: Lutherstudien I (s. Anm. 7), 10.

10 Hirsch: Lutherstudien I, 140. – Vgl. auch Hans Martin Müller: Das Grundrecht auf Gewissensfreiheit, in: ZevKR 27 (1982), 1–20.

11 Vgl. Hirsch: Lutherstudien I (s. Anm. 7), 134.

12 WA 10 I 2, 155; vgl. 21, 134; 22, 136; vgl. Gerhard Heintze: Luthers Predigt von Gesetz und Evangelium (FGLP, 10. Ser., Bd. 11), München 1958, 66ff.

Gewissen die Befreiung und Darlegung dessen an, was diesem Gewissen zweifelhaft ist, und zwar als ein selbständiger homiletischer Gesichtspunkt, der nicht schon in der Predigt von Gesetz und Evangelium enthalten ist. Diesem dritten Aspekt gilt offenbar das eigentliche Interesse der ganzen Äußerung. Luther führt aus, daß das Eingehen auf die Zweifel in der Predigt sich auf die Erklärung dessen zu gründen habe, was im Schriftwort, und darüber hinaus nicht anders, im Wort Gottes überhaupt und im ganzen enthalten ist; sodann aber soll die Erklärung auf Beispiele und Gleichnisse zurückgreifen, die wir selbst gesehen oder erfahren haben[13].

Der dritte Schritt in diesem homiletischen Grundriß ist also ein doppelter: Neben die Erklärung der Schrift tritt die Erfahrung. Luther sieht die Wahrheit des evangelischen Glaubens nicht durch eine isolierte Schriftwahrheit begründet, sondern so, daß dem Zeugnis der Schrift das Zeugnis der Erfahrung an die Seite tritt: „... die wir gleuben und das Wort angenomen haben und dazu durch erfarung gesehen, das er sein wort bestetigt“[14]. Der Defekt auf dem Felde der Erfahrung kennzeichnet daher die Irrlehre, und zwar in gleicher Weise die römische und die der „Rotten“: „Denn ausser solcher erfarung verstehet man doch nicht, was des Glaubens krafft sey, Wie man siehet beide, an den Papisten und allen anderen Rotten.“[15]

Im homiletischen Zusammenhang gewinnt die Erfahrung deshalb ihre besondere Bedeutung dort, wo die Überzeugungskraft der Predigt zur Diskussion steht. An anderer Stelle hat Luther sich zur formalen Seite der Predigttheorie geäußert; allerdings zeigt sich dabei, wie intensiv formale und materiale Bestimmungen in dieser Homiletik miteinander verbunden sind.

> Dialectica docet, rhetorica movet. Illa ad intellectum pertinet, haec ad voluntatem. Quas utrasque Paulus complexus est Rom. 12, quando dixit: Qui docet in doctrina, qui exhortatur in exhortando. Et haec duo conficiunt modum praedicandi, de quo olim multa, sed indoctissima. Accedit autem et tertium, illustrans praedicationem, quod et ipsum est rhetorum; fit autem hoc locis scripturae, exemplis, similibus et id genus aliis floribus orationis, quibus trahi possunt auditores ad credendum et oboediendum

---

13 Vgl. WA 36, 505.

14 WA 36, 528; vgl. auch Robert Frick: Luther als Prediger, in: Luther-Jahrbuch 1939, 28–71.

15 WA 21, 400.

> verbo tuo, quod praedicas. Est autem exhortatio, quando dicis: Ach, ich wolt gern, das yhr mir folgt und gleubt. Caput 4. ad Rom. est totum rhetoricum uno tantum excepto loco, ubi definit, quid sit fides et iustificatio.[16]

Auch in formaler Hinsicht findet sich eine dreifache Unterscheidung: Die beiden traditionellen modi des Predigens, die zunächst genannt werden, hält Luther für unzureichend: Es genügt nicht, nur zu belehren oder zu ermahnen, wobei der Hinweis als nötig erachtet wird, daß auch die eindringlichste Glaubensaufforderung und -einladung durch den Prediger nichts anderes bleibt, als eben exhortatio. Luther führt demgegenüber ein drittes genus praedicandi ein, das er als genus illustrans bezeichnet. Es ist seinerseits dem genus rhetoricum zuzurechnen und richtet sich also wie dieses an die voluntas des Hörers. Andererseits soll in diesem genus praedicandi die Überzeugungskraft der Predigt und des Predigers sich verwirklichen und ausdrücklich werden, um die Hörer für Glauben und Gehorsam dem Predigtwort gegenüber zu gewinnen. Auch dafür wird die Bedeutung von biblischen Texten, Beispielen und Gleichnissen hervorgehoben. Luthers homiletische Trias zeigt damit die Predigt als das externe Korrelat und Abbild dessen, was sich „im Gewissen" in der Begegnung mit dem Wort Gottes ereignet. Die einzelnen Perspektiven der Predigt haben ihre direkte Entsprechung in den Vorgängen, durch die das Gewissen in der Begründung des Glaubens betroffen wird. Diese Entsprechung geht so weit, daß Luthers Sätze im Hinblick auf die Predigt und im Hinblick auf das Gewissen nicht selten nur schwer zu unterscheiden sind. Es sind die gleichen Aussagen, die zur Predigt und die zum Gewissen gemacht werden. So beginnen die folgenden Sätze mit Darlegungen über das Predigtamt und die Predigt, gehen aber dann so in eine Beschreibung von Vorgängen über, daß offenbleibt, ob die Verzweiflung etwa diejenige ist, die die Predigt zur Sprache bringt, oder die, die bereits im Gewissen wirksam ist:

> Also gehet Gott mit seinen Kindern umb noch heůttiges tages, wenn er sie trösten wil, stecket er sie vorhyn ynn solche angst und anfechtung, Es ist eine untregliche pein, wenn einem sein gewissen absaget, das Hertz

---

16 BoA 7, 25; WA TR 2, 359 (TR 2199 a).

> und alle zuversicht entfellet und die angst alle winckel des gewissens umbsuͤcht, die angst verzeret marck und beyne, fleisch und blut, wie sich des der Prophet David ynn den Psalmen offt beklaget.[17]

Luthers Äußerungen zur Homiletik stimmen aber vor allem darin überein, daß sie die drei Grundaspekte als Schritte oder Stufen eines sie umfassenden Vorganges erscheinen lassen, der zwar ohne festgelegten Abschluß, aber doch mit einem bestimmbaren Anfang und als ebenfalls bestimmbarer Fortgang beschrieben wird.

Den ersten Schritt bildet die Gesetzespredigt nach dem usus theologicus legis: Sie führt zur Erkenntnis der Sünde und in unmittelbarer Folge dieser Erkenntnis zur Erfahrung des göttlichen Zornes: „Gesetz und Anzeigung der Sünden und Offenbarung des Zornes sind Wörter, so einerlei deuten und eins für das andere gebraucht werden kann."[18] Emanuel Hirsch hat auf den engen Zusammenhang von Zornerfahrung und Gerichtsgedanken aufmerksam gemacht: „Indem die Predigt von Gottes Gericht die Stimme des Gewissens aufweckt, entsteht im Gewissen eine Gegenwart des göttlichen Zorns, die sich von der beim jüngsten Gericht nicht unterscheidet."[19] Die erste Aufgabe der Predigt ist es, diese existentielle oder Gewissenserfahrung zu begründen und zu vermitteln: primo est deicienda conscientia.

Der wahre Sinn der Gesetzespredigt liegt jedoch darin, den nächsten Schritt vorzubereiten und zu ermöglichen: „Das ist aber die ordnung, so die Schrifft allenthalben zeiget und helt, das alzeit vor dem trost der Vergebung mus die Sünde erkand und schrekken fur Gottes zorn empfunden werden durch die Predigt oder fuͤlen des Gesetzes, auff das der Mensch getrieben werde nach der gnaden zu seufftzen und geschickt werde, den trost des Euangelij zu empfahen."[20] Die Predigt des Evangeliums soll dieses Evan-

---

17 WA 22, 427.

18 „Lex et ostensio peccati, seu revelatio irae, sunt termini convertibiles" (WA 39 I, 348); vgl. Theodosius Harnack: Luthers Theologie, Bd. I: Luthers theologische Grundanschauung, NA München 1927, 388.

19 Hirsch: Lutherstudien I (s. Anm. 7), 137, unter Hinweis auf WA 3, 526. Gemeint ist die Erfahrung der „ständigen Gegenwart des richtenden Gottes" (Hanns Rückert: Luthers Anschauung von der Verborgenheit Gottes [1952], in: Rückert: Vorträge und Aufsätze zur historischen Theologie, Tübingen 1972, 96–107, 97).

20 WA 22, 88.

gelium dem hörenden Gewissen zu erfahren geben: „... er sey unser gerechtfertiger und Heiland, thuen die augen zu, sehen und hoeren, fuelen und dencken nichts, sondern bleiben allein an dem wortte kleben ...“[21]. Jesus Christus selbst also soll „ergriffen und gewis gehalten“[22] werden: das ist der einzige Trost für das Gewissen und der wahre Inhalt aller Predigt des Evangeliums[23]. Wie die Predigt des Gesetzes in die eschatologische Gerichtserfahrung führt, so dieses Evangelium in die Erfahrung des ewigen Lebens: „Für Luther ist das ‚versari in Coelo‘ mit dem ‚Christum im Herzen haben‘ identisch“[24], und das getröstete Gewissen wird mit denselben Begriffen beschrieben wie das ewige Leben selbst: „Friede, Freude und Sicherheit im Lichte Gottes“.[25] Diese Erfahrung zu vermitteln ist die Aufgabe des zweiten homiletischen Schrittes: secundo erigenda.

Der dritte Schritt ist zunächst selbst und im ganzen Ausdruck des Sachverhalts, daß das Gewissen durch die Predigt keinen statischen Zustand erlangt, in dem es für die Dauer und ohne weitere Veränderung verharren könnte. Der homiletische Leitbegriff, der die Erwägungen dieses dritten Schrittes allererst in Bewegung setzt, ist der Begriff des Zweifels. Er verweist auf diejenige Situation der menschlichen Existenz, in der das Gewissen nicht vor der Predigt des Evangeliums, sondern danach und also gerade im Glauben selbst bedroht wird: auf die Situation der Anfechtung. „Des nempt ain exempel an Abraham, Wiewol er im glauben den son empfangen hatte, so wuste er doch noch nicht, das der son zu opffern was ... Also ists hie in den Aposteln auch, wie wol der glaub gegenwertig was, so mangelt jnn doch die bewerung des glaubens ... Weyl wir unangefochten bleiben, so haben wir ainn starcken gelauben, kompt aber jrgend ain anfechtung daher, so werden wir bald gewahr, was wir fur ain glauben haben.“[26] Anfechtung ist die Predigtaufgabe, die der individuellen und je-

---

21 WA 21, 149.
22 WA 21, 259.
23 WA 21, 124.
24 Günter Jacob: Der Gewissensbegriff in der Theologie Luthers (BHTh 4), Tübingen 1929, 48.
25 Hirsch: Lutherstudien I (s. Anm. 7), 139, 165.
26 WA 17 III, 415.

weils persönlichen Wahrnehmung bedarf. Deshalb ist das der Ort, an dem Beispiele und Gleichnisse eingeführt werden und an dem die subjektive Erfahrung zur Sprache zu bringen ist: das, was wir selbst gesehen und erfahren haben. Luther hat die Notwendigkeit solcher Individualisierung auch prinzipiell hervorgehoben: „Denn ob Christus tausentmal fur uns gegeben und gecreutzigt wůrde, were es alles umbsonst, wenn nicht das wort Gottes keme, und teylets aus und schencket myrs und spreche, das soll deyn seyn, nym hyn und habe dyrs."[27] Derselbe Grundgedanke findet sich auch, in entsprechender Wendung und im eigenen Zusammenhang, als homiletische Regel:

> Universalia gehoren ad finem dialectices. Elenchorum ad principia. Incipiendum ab Individuis, De fidei iusticia sic dicendum etc. Sic alia exempla tractanda. Crescat ab unitate numerus etc. Ipse econtra. Darumb wil ich arborem Porphirianam gar umb keren.[28]

Diese Äußerung hat Luther in einer Predigt formuliert. Sie dürfte deshalb vor allem für die Homiletik gelten. Das Individuelle wird hier zum eigentlichen Zentrum der Predigt und ihrer Aufgabe. Darin entfaltet sie ihre eigene Logik.

Nach dieser Anleitung gewinnt die Predigtaufgabe eine weitere Perspektive: Sie führt wieder zurück auf die Auslegung des Gesetzes, oder richtiger, auf die seines theologischen Sinnes. Dahinter

---

27 WA 18, 202f.

28 WA 36, 184; BoA 7, 18. Dazu der Kommentar von Emanuel Hirsch, ebd.: „Luther will sagen: Nach der gewöhnlichen Schullogik, die in der arbor Porphyriana dargestellt und in den gewöhnlichen Kompendien auch für die Predigt empfohlen wird, geht man von der abstrakten Einheit durch Divisionen und Subdivisionen ins Konkrete. Christus aber (vgl. die Gleichnisse) macht es umgekehrt, er fängt von dem Einzelnen an, und die Allgemeinbegriffe sind Ziel der dialektischen Bewegung. Man muß also die arbor Porphyriana in der Predigt umkehren." Vgl. neuerdings auch Gerhard Ebeling: Lutherstudien II, 2, Tübingen 1982, 13. – Der Baum spielt offenbar in Anlehnung an die arbor Porphyriana in der zeitgenössischen geistlichen Rhetorik mehrfach eine Rolle. Bei Ulrich Surgant (Manuale curatorum, zitiert nach der Ausgabe von 1520) findet man ihn zur bildhaften Darstellung der Predigt im ganzen (Wurzel, Stamm, Krone, p.19), zur Erläuterung der Amplifikation (p. 20) und zur Abbildung der Ausführungen „de divisione thematis vel dicendorum subdivisione" (p. 18). Die Aufstellungen folgen dabei der Richtung vom Allgemeinen zum Besonderen.

steht die Einsicht, daß das Gewissen in der Situation der Anfechtung erneut und jeweils wieder in die Spannung zwischen Gesetz und Evangelium versetzt wird. Hier findet es sich insofern erst im Stande wahren und wirklichen Zweifelns oder der Verzweiflung, als ihm „das hin und her zwischen einem Gebundensein an Gott und einem Hinausgestoßenwerden in die Gottesferne" als die „ständige Gegenwart des richtenden Gottes" erscheint[29]. Damit ist aber zugleich diejenige Predigtaufgabe beschrieben, in der die Erfahrungen der religiösen Subjektivität im Medium von exempla und similitudines in den Vordergrund treten.

II.

Luther hat in vielen seiner Predigten Beispiele für die Durchführung seiner homiletischen Grundsätze gegeben.

In einer Predigt vom 6. Juni 1525 über Joh 10,1 ff lassen sich die einzelnen Schritte in ihrer Eigenart deutlich nachzeichnen[30]. Luther beginnt mit dem Hinweis, daß dieses „dunkle" Evangelium von seiner „geistlichen Deutung" her verstanden werden müsse: Die Schafe im Stall sind die Juden, die Heiden werden erst später hinzukommen; der Schafstall bezeichnet das Amt des Gesetzes. Damit hat Luther die Mittel für eine überaus bildkräftige Beschreibung des Verhältnisses von Gesetz und Evangelium gewonnen: Mose, der Türhüter im schützenden Raum des Gesetzes, weicht Christus und dem Evangelium, das äußerliche Regiment geht zu Ende und die christliche Freiheit ist begründet.

Dem entsprechen in dieser Predigt drei Teile oder Schwerpunkte. Im Gesetz zunächst sind die Schafe zu ihrem Schutz eingeschlossen, es soll indessen nicht allein äußerlich der Sünde wehren, sondern auch innerlich die Sünde anzeigen. Dann macht der Türhüter Platz für Christus und das Evangelium, das innerlich in den Herzen mit derjenigen Stimme wirkt, die man äußerlich hört, „und es geschieht, daß ich seiner Barmherzigkeit gewisser werde als meiner Werke". Die Begriffe innerlich – äußerlich deuten schon voraus auf das Thema des dritten Teiles: „Ich rede von der christ-

---

29 Rückert: Vorträge und Aufsätze zur historischen Theologie (s. Anm. 19), 97.
30 WA 17 I, 273–277.

lichen Freiheit, nicht von der Freiheit, wie die Bauern sie verstehen."[31] Freiheit enthält in sich den Unterschied, hinsichtlich dessen Luther offenbar dem Zweifel entgegenzuwirken sucht: Die christliche Freiheit besteht nicht darin, keine Steuern zu bezahlen, sie besteht vielmehr „zwischen dir und Gott, nicht zwischen dir und den Menschen"[32]. Auf diesen Leit- und Zielgedanken läuft die Argumentation zu. Ihr tragender Grund ist dabei Jesus Christus selbst, denn für diese Freiheit „tregt er in ein exempel fur"[33]. An Jesus Christus wird die christliche Freiheit selbst exemplarisch sichtbar. Er ist seinen Eltern gehorsam, dient den Schwachen, ist dem Kaiser untertan, hat sich allem untergeben. Nach seinem äußerlichen Wandel ist er allen untertan, keiner ist niedriger als er. Aber vor Gott ist er ein Herr aller Dinge. Ein Christenmensch, der ihm wie ein Schäflein folgt, dient also seinerseits allen Menschen mit seinem Leibe, betet für sie, speist die Hungrigen, gehorcht allen, zuletzt sogar den Feinden. „Scito ergo Christianam libertatem manere in corde, non egreditur."[34] Die Wahrheit gegenüber allem Zweifel und der wirkliche Trost in der Anfechtung bilden sich nach dieser Predigt am Exempel Jesu Christi: Die Freiheit herrscht – bei ihm und also bei den Christen – jetzt schon innerlich, während äußerlich noch überall Knechtschaft regiert.

Die Auslegung dieses Grundgedankens also bildet den dritten Teil der Predigt und zeigt damit eine deutliche formale Entsprechung zum homiletischen Schema. Es zeigt sich jedoch auch, daß die Predigtaufgabe in diesem dritten Teil ihren eigentlichen Schwerpunkt erreicht. Die Predigt von Gesetz und Evangelium ist im homiletischen Zusammenhang nicht die vollständige Predigt, sofern sie ihre eigenen Folgen und Wirkungen nicht in diese Predigt selbst einbezieht. Zweifel und Anfechtung sind nicht nur mögliche, sondern notwendige Themen der in Gesetz und Evangelium begründeten Predigtaufgabe.

Luthers Ausführungen zur Homiletik haben in dieser Predigt jedoch auch inhaltliche Entsprechungen: Die Ausarbeitung der Predigtargumentation in Beispielen ist ja dort direkt empfohlen.

---

31 WA 17 I, 275f.
32 WA 17 I, 276.
33 Ebd.
34 Ebd.

Christus als Exempel ist allerdings zugleich der Begründungsfall dessen, wofür er hier als Bild und Beispiel steht. Insofern ist er Exempel schlechthin und in seiner exemplifizierenden Kraft ohne vergleichbare Beispiele. Er ist nicht ein, sondern einziges Exempel. Andererseits aber muß gerade in diesem Fall offenbleiben, in welchem Sinne die Predigt hier auf Erfahrung zu verweisen und Erfahrung präsent zu machen und zu vermitteln vermag. Denn die Aufgabe, Christus zu predigen, soll ja eben durch das wahrgenommen werden, „quod ipsi vidimus aut experti sumus". Inhalt und Grund aller Glaubenserfahrung – das steht nicht zur Diskussion – bleibt Christus selbst. Die Predigtaufgabe ist jedoch offenbar dahin zu verstehen, daß eben diese Erfahrung dem Predigthörer auch als die Erfahrung eines anderen vorgestellt und zugänglich gemacht werden soll. Der Glaube läßt sich nicht ausschließlich an Christus exemplifizieren. Der Predigt wird vielmehr die Verantwortung dafür zugemutet, daß auch die fremde Erfahrung zum Exempel des eigenen Glaubens vor allem in der Anfechtung werden kann.

In diesem Sinn beginnt Luther eine Predigt aus demselben Jahr mit den Worten: „Dis Euangelion hellt uns fur eyn recht exempel eynes bestendigen, volkomenen glaubens."[35] Gemeint ist das kanaanäische Weib im Gespräch mit Jesus. Diese Predigt stellt eine Variation des Schemas dar. Die Auslegung von Gesetz und Evangelium ist in eine knappe Einführung verflochten, die dem dritten Teil des Schemas, der hier den eigentlichen Hauptteil der Predigt bildet, voransteht.

Luther beschreibt und deutet den Glauben des „weyblin" in drei Schritten oder Etappen. Die Begegnung kommt zustande, weil sie „gute Gerüchte und gut Geschrey" von Jesus gehört hat und hofft, er werde gnädiglich an ihr handeln. Aber er schweigt wie ein Stock und stößt sie zurück. Das ist hart, wenn Gott sich so zornig zeigt und seine Gnade so hoch und so tief verbirgt. Sie aber bleibt fest an dem, was sie gehört hat, und läßt nicht ab. „Also můssen wyr auch thun und lernen alleyn am wort festhangen ...

---

35 Predigt über Mt 15,21ff am zweiten Sonntag in den Fasten, WA 17 II, 200–204, 200.

Gott helff uns ynn noeten und sterben zu solchen mut und glauben.“[36]

Sodann folgt die Intervention der Jünger. Aber was der Frau mit dem dadurch veranlaßten Jesuswort zugemutet wird, ist noch härter: Nicht allein wir selbst und unsere eigene Person werden verstoßen, sondern auch der einzige Trost wird abgeschlagen, den wir in der Gemeinschaft und in der Fürbitte anderer haben können. Jesu eigene Verheißungen werden fraglich. Gleichwohl läßt die Frau nicht ab und traut fest darauf, „seyne guete sey noch darunter verborgen“[37].

Schließlich läuft sie ihm nach und empfängt durch das Wort von den Hündlein den „letzten Mordschlag“. Aber hier liefert sie das Meisterstück, denn sie fängt Christus in seinen eigenen Worten. Er vergleicht sie mit einem Hunde, und das gibt sie zu und erbittet nicht mehr, als daß er sie denn einen Hund sein lassen wolle. Da ergibt er sich nun in ihren Willen. „Aber das ist uns allen zu trost und lere geschrieben, das wyr wissen sollen, wie tieff Gott fur uns seyne gnade verberge, und wie wyr nicht nach unserem fuͤlen und duncken von yhm hallten sollen, sondern stracks nach seynem worte.“[38]

Kunstvoll ist in dieser Predigt nicht nur der dramatische und spannungsvolle Aufbau der drei Stufen in der Anfechtung. Ebenso kunstvoll sind zwei Exempel darin miteinander verbunden und ineinander verwoben: Wie die Frau das Beispiel für die Beständigkeit des Glaubens bildet, so zeigt sich in Jesu ebenfalls dreifach gestuftem Verhalten die Weise, in der Gott sich dem Glauben zu erfahren gibt. Emanuel Hirsch hat darauf aufmerksam gemacht, daß Luther hinter Gottes Zorn doch Gottes Gnade verborgen und in diesem auch in letzter Verborgenheit noch veranschaulicht sieht: Er findet im ganzen abweisenden Verhalten Christi „eine letzte Zweideutigkeit. Denn entweder ist Christus stumm, so daß er weder Ja noch Nein sagt, oder aber seine Worte lauten allgemein, wie das von seiner Sendung zum Hause Israel und das von den Kindern und Hunden, und machen keine persönliche Anwendung. ‚Also spricht er nicht: du bist ein Hund, man soll dir

[36] WA 17 II, 202.
[37] Ebd.
[38] WA 17 II, 203.

nicht vom Brot der Kinder geben, sondern: es sei nicht fein usw., läßt es aber hangen, ob sie ein Hund sei oder nicht'."[39] Offenbar soll diesem Satz tatsächlich entnommen werden, daß niemand, auch in letzter Anfechtung, das Recht hat, sich in eigener Person, und unmittelbar durch die Erfahrung angesprochen, für endgültig verurteilt und von der Gnade Gottes ausgeschlossen zu halten: Er läßt es „hangen".

Diese Predigt ist ein eindrückliches Beispiel für Luthers Weise, die Erfahrung des Glaubens präsent und zugänglich zu machen. Sie zeigt, in welchem Sinn vom Exempel Gebrauch gemacht wird. Nicht erst und nicht allein am Ende heißt es, daß dieser Text „uns allen" Trost und Lehre sein soll. Es wird vielmehr in jedem Augenblick zugleich von der kanaanäischen Frau und von „uns" geredet. Diese Predigt bringt ihre Hörer in einen ständig wechselnden Horizont. Was über die Anfechtungserfahrung dieser Frau zu sagen ist, erweist sich als zutreffend und gültig für jeden, der diese Predigt hört. Die Frau ist Exempel nicht nur in dem Sinne, daß an ihr sichtbar wird, was sonst verborgen bleibt, oder daß ihre Widerfahrnisse als ein einzelnes Beispiel unter beliebig vielen und entsprechend verschiedenen anderen zu verstehen wären, als ein möglicher, aber zufälliger Fall solcher Anfechtung. Ihr Exempel ist vielmehr authentisch und soll als der exemplarische Fall schlechthin angesehen werden: An ihr zeigt sich, was für uns alle gilt.

Das freilich schließt ein, daß dieses Exempel auch und nicht zuletzt die eigene Erfahrung des Predigers zum Ausdruck bringt. Luthers Äußerungen sowohl zum Anfechtungsthema überhaupt wie zu dessen Bedeutung für seine Biographie und seinen eigenen Glauben lassen keinen Zweifel daran, daß er sich selbst in der Erfahrung der kanaanäischen Frau repräsentiert sah[40]. Das „tiefe

---

39 Emanuel Hirsch: Antwort an Rudolf Bultmann, in: ZSTh 4 (1926/27), 631–661, 634.

40 Vgl. dazu Horst Beintker: Art. Anfechtung III. Reformations- und Neuzeit, in: TRE 2, 695–704, 700f; Hans-Christian Knuth: Zur Auslegungsgeschichte von Psalm 6 (BGBE 11), Tübingen 1971, 270ff; Hirsch: Antwort an Rudolf Bultmann (s. Anm. 39), 633f, verweist auf Äußerungen in dieser Predigt, die das Prädestinationsproblem berühren (WA 17 II, 203, 3ff), und findet darin vor allem Luthers eigene Erfahrung ausdrücklich gemacht.

heymliche Ja unter und uber dem Neyn"[41] ist offenbar nicht zureichend verstanden, wenn es nur als lehrhafte und distanzierte Äußerung aufgefaßt wird und nicht auch und wesentlich als Luthers eigener und auf sich selbst bezogener Satz.

Unverkennbar gehört danach zum vollen Sinn des Exempels in Luthers Predigt diese Perspektive hinzu: Was in ihm zu Wort und Sprache kommt, ist exemplarisch auch für die Erfahrung des Predigers und bringt eben diese Erfahrung mit zur Sprache. In solchem Exempel versammelt sich diejenige Erfahrung, die am Individuellen das Allgemeingültige abbildet und erschließt. Luthers Interesse an der Individualität der Glaubenserfahrung ist deutlich genug belegt. Er versteht sie gerade nicht als das Prinzip, das für jeden einzelnen Fall identisch bliebe und damit dessen Individualität zur Aufhebung brächte. Die exemplifizierende Kraft des Beispiels liegt vielmehr gerade darin, an der eigenen Individualität das für jeden anderen individuellen Fall Gültige sichtbar zu machen. Deshalb folgt die Predigt nicht der logischen Deduktion. Sie soll beim Individuellen einsetzen, um sich dem Individuellen verstehbar zu machen.

Exemplarisch in diesem Sinn vermag nun indessen nicht jedes mögliche Beispiel der Glaubenserfahrung zu sein. Luther zitiert keineswegs beliebige und zufällige Geschichten, und er verweist auch nur selten auf die eigene Biographie[42]. Er findet das gültige Exempel in den biblischen Texten und bei den Situationen, Begegnungen, Verstrickungen oder Widerfahrnissen, die darin festgehalten sind. Biblische Namen bilden den Kanon der homiletischen Beispiele Luthers. Das hat seinen Grund offenbar in der Nähe aller dieser Episoden und biographischen Berichte zur Person Jesu Christi und in der Priorität, die diesen Begebenheiten allen folgenden gegenüber zukommt. Die exemplifizierende Kraft dieser Texte aber liegt vor allem darin, daß sie unbegrenzt auslegungsfähig sind. Die in ihnen bewahrte Erfahrung läßt sich immer wieder und immer neu gültig zur Sprache bringen. Was in ihnen vorgestellt wird, ist ein bleibendes Exempel, dessen Vor- und Urbildlichkeit sich

---

41 WA 17 II, 203; vgl. auch Karl Holl: Gesammelte Aufsätze I (s. Anm. 8), 75.

42 Gelegentlich spricht er davon, daß er sich selbst zum Exempel setzen könnte, WA 36, 476.

auf alle Gebiete der christlichen Lebens- und Glaubenserfahrung erstreckt und von keiner Zeit überholt wird.

Eine Hauspredigt aus dem Jahr 1532[43] zeigt, wie Luther die exemplarische Auslegung ausweitet und zur Anwendung bringt. Petri Fischzug soll in zweifacher Hinsicht betrachtet werden: daß Christus uns tröstet, er wolle uns nicht Hungers sterben lassen, und daß wir nicht verdammt werden sollen, so große Sünder wir auch seien. Zu beidem ist Petrus uns Exempel: zum ersten für das, worin wir ihm folgen sollen, zum zweiten für etwas, wovor wir uns hüten sollen[44]. Gemeint ist zunächst, daß Petrus dem Wort Christi vertraut, und zwar mehr als der eigenen Handwerkskunst. Das gibt Luther Anlaß zu ausführlichen Erwägungen über das Gelingen des Lebens, das sich am Ende immer nur der Vertrauenswürdigkeit Gottes verdankt. Deshalb sollen auch wir alles auf sein Wort hin tun, wie Petrus, und sagen: „auff dein wort wil ich ein weib nehmen, predigtampt annhemen …“[45]. Ein schlechtes Beispiel gibt Petrus sodann, wenn er sich fürchtet und zurückweicht vor Christi Wort und Gegenwart. Der Mensch will lieber Buße tun, er will selbst etwas leisten und beitragen, wenn er seine Sünden erkannt hat, als einfach Gottes Vergebung annehmen. Luther gibt diesen Widerspruch als Disputation zwischen Petrus und Christus wieder, um dann in vielfachen Wendungen auf die Bedeutung des noli timere für alle Gebiete des Lebens und Glaubens hinzuweisen. Diese Worte sollen so hoch geachtet werden wie Himmel und Erde, „Gott helffe uns, das wirs ein mal lernen. Amen“[46].

III.

Nach Luthers Äußerung zur Homiletik in den Tischreden ist die dritte der drei Predigtaufgaben offenbar die wichtigste und die schwierigste: Im Medium des Beispiels soll die Erfahrung des Glaubens zur Sprache gebracht und jedem einzelnen Hörer für sein Herz oder Gewissen und also für seine subjektive Erfahrung

43 WA 36, 201–206; Text ist Lk 5,1 ff.

44 WA 36, 205.

45 Ebd.

46 WA 36, 206.

zugänglich gemacht werden, mit dem Ziel, daß die Schäflein, die ihres Hirten Stimme hören, „haben nu jres eigen gewissens erfarung und des heiligen Geistes zeugnis in irem hertzen, das kein ander Lere noch ... Wort das hertz troesten kan“[47].

Luther hat diese homiletischen Grundfragen auch direkt und praktisch in einer Predigt behandelt[48]. Im Anschluß an Kol 2,18 kritisiert er gegen Ende der Predigt die Schwärmerei und fährt fort:

> Als solt er sagen: Das ist gewislich aller rotten art, das alles, was sie furbringen, das hat jr keiner gesehen noch erfaren, Sondern gleich wie sie der Schrifft und zeugnis des Worts manglen, also auch haben sie kein zeugnis der erfarung ... Nu sind es ja schendliche geister, die da thuren unverschampt leren, davon sie selbs nichts wissen und weder schrifft noch exempel konnen anzeigen, kein zeugnis der lere noch des wercks darbringen ... Des gleichen auch des Babst hauffe, mönche und pfaffen mit jrer werck lere, Denn das ist jrer aller predigt: wenn ein fromer monch lebt nach seiner regel, so wird er, ob Gott wil, selig, Item, Wenn ein mensch viel almosen gibt und Gottes dienst stifftet, so kriegt er eine gute zuversicht gegen Gott, daß er jm dafur werde den himel geben. Also predigen und leren sie alle auff ungewissen wahn, welches nie keiner erfaren hat, noch einen vermogen auffzubringen, der davon zeugen und sagen konne, Ja ich hab es erfaren, Denn jch bin auch ein solcher fromer Moͤnch gewest wol funffzehen jar, noch habe jchs noch nie kein mal koͤnnen dazu bringen mit alle meinen Messen, beten, fasten, wachen, keuscheit, das jch hette konnen sagen: Nu bin jch gewis, das mir Gott gnedig sey odder nu hab jchs versucht und erfaren, das mich mein orden und streng leben geholffen hat ... Darumb sollen wir solche wort S. Pauli an nemen als eine vermanung, das wir feste bey der selben lere und predigt bleiben, der wir beide, gewisse Schrifft und auch erfarung haben, Das sollen zwey zeugnis und gleich als zween prufestein sein der rechten lere, Wer nu den zweyen nicht wil glewben und noch daruber anders suchet odder sich an andere henget, da er solcher keines findet, der wird billich verfuret, Noch hat es nicht geholffen und hilffet auch noch nichts bey dem grossen hauffen, die da wollen betrogen und verfuret sein und nur darnach sehen, wo man etwas newes bringet und desselben mit einen hubschen schein kan fur geben, Wer sich aber wil lassen weisen ..., der sehe nach diesen zweyen stuͤcken, wer seiner lere zeugnis aus der Schrifft und gewisse erfarung zeigen kan, Wie wir unser lere und predigt beweisen koͤnnen, Denn ich kan auch Gott lob predigen aus der erfarung, das mich keine werck nicht helffen noch troͤsten koͤnnen widder die sund und Gottes gericht, sondern Christus allein das hertz und gewissen stillet und troͤstet, Und habe des alle Schrifft

---

47 WA 21, 503.

48 WA 36, 505f.

zu zeugen und viel fromer leute exempel, die es auch sagen und erfaren haben ...[49]

Diese Erörterungen zeigen, wie sehr Luther von seiner homiletischen Grundfrage bewegt war. Sie sind freilich eher eine Anleitung für Predigthörer als ein praktisches Beispiel nach Luthers eigener Theorie. Dieser Übergang ist offenbar auch für Luther selbst nicht immer einfach gewesen.*

---

49 Predigt über 1Kor 15 vom 11. 8. 1532, WA 36, 478–507 (Zitat 505f). – Daß das Predigtverständnis Gerhard Ebelings wesentlich an der Luther-Auslegung entwickelt ist, zeigt die systematische Interpretation, die Werner Jetter ihm jetzt gewidmet hat (Redliche Rede vor Gott. Über den Zusammenhang zwischen Predigt und Gebet, in: Verifikationen. Festschrift für Gerhard Ebeling zum 70. Geburtstag, hg. v. Eberhard Jüngel, Tübingen 1982, 385–424). Einige wenige aber bezeichnende Sätze können das belegen: „Diese Grundsituation meint die Gewissenssituation: daß der Mensch als Gewissen vor Gott und die Welt, ja zwischen beide gestellt ist. Sie meint die grundlegende Orts- und zugleich Zeitbestimmung menschlichen Lebens, die ihn vor dem Angesicht Gottes und in seiner Gegenwart zu leben bestimmt. Man könnte sie auch die ontologische Grundstruktur des Menschseins überhaupt nennen ... Oder darin, daß jeder Mensch sich immer nach seinem Selbstsein gefragt sieht, sich selbst danach fragen und darauf nicht bloß sich selber, sondern auch seiner ganzen Umwelt antworten muß. Auch daß wir uns bei unseren Erfahrungen immer wieder danach fragen müssen, ‚was denn darin eigentlich zur Erfahrung drängt', ist unsere Grundsituation und zugleich eine Frage nach ihr." (408)

* Erstveröffentlichung in: Reformation und Praktische Theologie. Festschrift für Werner Jetter zum 70. Geburtstag, hg. v. Hans Martin Müller und Dietrich Rössler, Göttingen 1983, 202–215. – Abdruck mit freundlicher Erlaubnis des Verlags Vandenhoeck & Ruprecht, Göttingen.

Albrecht Beutel

Aphoristische Homiletik

Johann Benedikt Carpzovs ‚Hodegeticum' (1652), ein Klassiker der orthodoxen Predigtlehre

I. Biographische Orientierung

Johann Benedikt (I.) Carpzov entstammt einer bedeutenden sächsischen Gelehrtenfamilie.[1] Sein Vater *Benedikt (I.) Carpzov* (1565–1624) war Professor der Rechte an der Universität Wittenberg und Rat am Dresdner Appellationsgericht. Sein älterer Bruder *Benedikt (II.)* (1595–1666) schlug ebenfalls den Berufsweg des Vaters ein: Nach einer ausgedehnten Bildungsreise durch Westeuropa bekleidete er seit 1645 ein Ordinariat an der Leipziger Juristenfakultät. Wissenschaftsgeschichtliche Bedeutung erlangte er ebenso durch seine Schrift ‚Practica nova imperialis Saxonica rerum criminalium' (1638), mit der er das erste System des deutschen Strafrechts entwarf, wie durch die Etablierung des Evangelischen Kirchenrechts als eines ordentlichen akademischen Lehrfachs, für das er mit seinem Werk ‚Jurisprudentia ecclesiastica seu consistorialis' (1649) unter umfassender Berücksichtigung von evangelischen Kirchenordnungen, landesherrlichen Reskripten und konsistorialen Erlassen sowie der Entwicklung, die die Geschichte des Rechts in den protestantischen Gebieten seit der Reformation genommen hatte, die erste vollständige systematische Grundlegung vorlegte. Indessen ist sein Andenken durch eine 1675 geäußerte Bemerkung des Juristen und Publizisten Philipp Andreas Oldenburger überschattet, wonach er während seiner Amtszeit über 20 000 Todesurteile verhängt haben soll, was man seit der Mitte des 18. Jahrhunderts dann hauptsächlich auf seine

[1] Eine genealogische Übersicht zu den wichtigsten Gelehrten dieser Familie bietet Georg Müller: Art. Carpzov, in: RE³ 3, 1897, 725–731, 726.

Mitwirkung an Hexenprozessen zu beziehen pflegte. Inzwischen ist freilich eindeutig erwiesen, daß Benedikt (II.) Carpzov „in seiner langen praktisch-gutachterlichen Tätigkeit durchaus zurückhaltend entschieden hat (etwa 300 Todesurteile ...), dabei sehr auf die Beachtung der Rechtsstellung der Inquisiten bedacht war" und „in Hexenprozessen ... offensichtlich nur in vier Fällen ..., die nicht mit einem Todesurteil endeten", mitgewirkt hat.[2]

Als vierter Sohn von Benedikt (I.) Carpzov kam am 22. Juni 1607 in Rochlitz[3] *Johann Benedikt (I.) Carpzov* zur Welt.[4] Nachdem er an der Universität Wittenberg 1623 seine Studien aufgenommen und 1627 den Magistergrad erworben hatte, setzte er sie 1628 an der Universität Leipzig mit einem Theologiestudium fort. 1632 wurde er als Pfarrer nach Meuselwitz (Thüringen) berufen – eine geplante Bildungsreise ist dadurch verhindert worden –, 1633 kehrte er, einem Ruf auf das Subdiakonat an der Thomaskirche folgend, nach Leipzig zurück, 1637 rückte er dort zum Diakonus, 1643 zum Archidiakonus auf. Daneben bekleidete er seit 1641 an der Universität Leipzig ein theologisches Ordinariat.

Aus seinem wissenschaftlichen Œuvre[5] haben ihm vor allem zwei Schriften zu bleibender theologiegeschichtlicher Bedeutung verholfen. Sein aus Vorlesungen entstandenes Hauptwerk ‚Isagoge in libros ecclesiarum lutheranarum symbolicos', das ihn zum „Vater der Disziplin der Symbolik"[6] gemacht hat, bot eine Satz für Satz fortschreitende historische und systematische Erklärung der lutherischen Bekenntnisschriften, der jeweils die einschlägigen

---

2 Wolfgang Schild: Art. Benedikt II. Carpzov, in: DBE 2, 1995, 286f (Literatur).

3 Auf der Flucht vor einer Epidemie war die Familie dorthin ausgewichen (vgl. Müller [s. Anm. 1], 727).

4 An älterer biographischer Literatur ist zu nennen: Theophil Spizel: Vetus Academia Jesu Christi, 1671, 227–233. – Henning Witten: Memoria theologorum nostri seculi, Frankfurt 1685, 1247–1258. – Erdmann Uhse: Das Leben der berühmtesten Kirchen-Lehrer und Scribenten des 16. und 17. Jahrhunderts, Leipzig 1710, 541–543. – August Hermann Kreyßig: Album der evangelisch-lutherischen Geistlichen im Königreiche Sachsen, Dresden 1883, 265–267.

5 Ein (unvollständiges) Verzeichnis bietet Witten (s. Anm. 4), 1257f.

6 Wilhelm Gaß: Geschichte der protestantischen Dogmatik, Bd. 1, Berlin 1854, 22.

Antithesen der theologischen Gegner angefügt waren. Nachdem allerdings Carpzov, der am 21. Oktober 1657 fünfzigjährig in Leipzig verstarb, darin nur bis zur Kommentierung der ‚Apologia' gelangt war, wurde das Werk durch den Magdeburger Generalsuperintendenten Johannes Olearius vollendet und 1665 zum Druck gebracht.[7] Auf dem Gebiet der Predigtlehre hat sein ebenfalls aus der akademischen Lehrtätigkeit hervorgegangenes ‚Hodegeticum' (1652) eine wichtige, wenn auch erst postum zu epochalem Rang stilisierte Bedeutung erlangt.

In seinen theologischen Anschauungen ganz orthodox – darin kamen alle namhaften Vertreter seines Geschlechts überein –, teilte Carpzov im synkretistischen Streit die Position seines Lehrers und Kollegen Johann Hülsemann (1602–1666), ohne sich indessen in dem respektvollen brieflichen Umgang, den er mit Georg Calixt (1586–1656), später auch mit dessen Schüler Gerhard Titius (1620–1681) pflegte, beirren zu lassen. „Wer den Mann näher gekannt hat, wird gestehen, daß er eine wahre Frömmigkeit im Herzen trug, die sich auf mannigfache Weise offenbarte"[8].

In Carpzovs Sohn *Johann Benedikt (II.)* (1639–1699) schien sich die Laufbahn des Vaters zu wiederholen. Nach einer Studienreise durch Süddeutschland trat er in Leipzig in den kirchlichen (1662 Prediger an der Nikolaikirche, 1668 Diakonus, 1674 Archidiakonus, 1679 Pastor an der Thomaskirche) und akademischen Dienst (1665 Professor für Moraltheologie, 1668 Professor für orientalische Sprachen, 1684 Professor der Theologie). Anders als den Vater, haben ihn die pastoralen Amtsgeschäfte in seiner literarischen Tätigkeit auf die Veröffentlichung von kleineren Abhandlungen und Predigtbänden sowie auf die Herausgabe fremder Werke beschränkt.[9] Als Repräsentant der Leipziger Orthodoxie hat er sich in den pietistischen Streitigkeiten (mit Ph. J. Spener, A. H. Francke, J. K. Schade und anderen) einen Namen gemacht.[10]

---

[7] Eine zweite, vermehrte Auflage erschien 1675.

[8] Theophil Spizel: Templum honoris reseratum, in quo illustrium aevi huius orthodoxorum ac beate defunctorum Theologorum Philologorumque imagines exhibentur, Augsburg 1673, 230.

[9] Vgl. die ausführlichen Nachweise bei Christian Gottlieb Jöcher: Allgemeines Gelehrtenlexikon, Bd. 1, Leipzig 1750, 1699f.

[10] Daß er bisweilen als „einseitiger und gehässiger Gegner der Pietisten" verunglimpft wird (Franz Xaver Schühlein: Art. Carpzov, Johann Benedikt [II.],

Als der letzte namhafte theologische Vertreter seines Geschlechts hat Carpzovs Urenkel *Johann Benedikt (V.)* (1720–1803) eine gewisse Bedeutung erlangt. Nach kurzer Lehrtätigkeit in Leipzig wurde er 1748 Professor für griechische Sprache in Helmstedt, im darauf folgenden Jahr zugleich Professor der Theologie. Mit seinem 1768 veröffentlichten ‚Liber doctrinalis theologiae purioris' trat er der neologischen Theologie seines Helmstedter Kollegen Wilhelm Abraham Teller (‚Lehrbuch des christlichen Glaubens', 1764) entgegen.[11]

II. Rezeptionsgeschichte

„Habent sua fata libelli": Die alte römische Weisheit hat sich in der Rezeptionsgeschichte des Carpzovschen ‚Hodegeticum' von 1652[12] auf eigentümliche Weise verifiziert. Wenn dieses klassische

---

in: LThK[1] 2, 1931, 767), ist als der Ausdruck einer durch das kirchengeschichtlich siegreiche Bild des Pietismus bestimmten positionellen Geschichtswahrnehmung zu verstehen. Eine kritische historische Rekonstruktion des am Ende des 17. Jahrhunderts zwischen Leipzig und Halle ausgetragenen Streits um den Pietismus, wie sie jüngst in literaturgeschichtlicher Perspektive exemplarisch unternommen worden ist (Martin Gierl: Pietismus und Aufklärung. Theologische Polemik und die Kommunikationsreform der Wissenschaft am Ende des 17. Jahrhunderts [Veröffentlichungen des Max-Planck-Instituts für Geschichte 129], Göttingen 1997), bezeichnet in der kirchengeschichtlichen Forschung noch immer ein Desiderat.

11 „Mit ihm ragt der Altprotestantismus in das 19. Jahrhundert" (Joachim Weinhardt: Art. Carpzov, Johann Benedikt V., in: LThK[3] 2, 1994, 960).

12 HODEGETICUM, // BREVIBUS APHORISMIS // Olim pro Collegio Con- // cionatorio,[!] // Conceptum et nunc revisum // JOH. BENEDICTO CARPZOV, // S. Theol. Doct. & Prof. P. & c. // Leipzig 1652. – Im folgenden zitiert als: Hodegeticum.

Die Erstauflage des ‚Hogedeticum' wird bis heute auf das Jahr 1656 datiert. Nun hatte jedoch Martin Schian bereits 1912 darauf aufmerksam gemacht, daß das von ihm benutzte Exemplar der Gießener Universitätsbibliothek die Jahreszahl 1652 trage (Martin Schian: Orthodoxie und Pietismus im Kampf um die Predigt. Ein Beitrag zur Geschichte des endenden 17. und des beginnenden 18. Jahrhunderts [SGNP 7], Gießen 1912, 14, Anm. 4). In der Hauptbibliothek der Franckeschen Stiftungen (Halle) sind ebenfalls zwei Exemplare des ‚Hodegeticum' mit der Jahresangabe 1652 vorhanden (Signaturen: 68 G 14

Lehrbuch der lutherisch-orthodoxen Homiletik noch immer bekannt ist, dann zumeist nur als das extremste Beispiel für den inhaltsleeren Formalismus und die geistlose Pedanterie, die man der Predigtlehre der lutherischen Orthodoxie nachzusagen bis heute nicht müde geworden ist. Das ‚Hodegeticum' genießt diesen zweifelhaften Ruhm, weil es, wie in nahezu ungebrochener Übereinstimmung mitgeteilt wird, nicht weniger als einhundert Dispositionsmethoden unterschieden und durch Beispiele erläutert habe. Damit verbindet sich zumeist die Kritik an seiner „begriffsspaltende[n] Methode" und dem „logisch-abstrakte[n] Charakter", der dadurch befördert worden sei und der „in der Predigt an die Stelle der unmittelbaren Herzenssprache die Kunst der Schule" habe treten lassen.[13] Erich Beyreuther hat das ‚Hodegeticum' für die „pedantisch-schulmeisterliche Verkünstelung der orthodoxen Predigt" mitverantwortlich gemacht.[14] Nur vereinzelt erfährt die Unterscheidung der einhundert Methoden eine günstigere Bewertung, etwa als eine wertvolle Variationsanleitung angesichts des damals auf lutherischer Seite unerbittlich herrschenden Perikopenzwangs[15], demzufolge ein Pfarrer in vierzig Amtsjahren vierzigmal über dieselben Sonntagsevangelien zu predigen hatte. Aber ob nun tadelnd oder einfühlend interpretiert: Der Tatbestand selbst ist niemals in Frage gestellt worden.[16]

Keiner von denen, die dieses Unisono der Carpzov-Rezeption bis heute perpetuieren, hat das ‚Hodegeticum' gelesen oder auch

---

und 45 G 15). Damit ist das Erscheinungsjahr des ‚Hodegeticum' auf 1652 zu korrigieren. Vorläufig lassen sich folgende Auflagen nachweisen: 1652^1, 1656^2, 1667^3. Zu der durch Carpzovs Sohn Johann Benedikt (II.) erweiterten Ausgabe des ‚Hodegeticum' vgl. Anm. 22. – Für bibliographische und andere Hilfe danke ich Frau Dr. Veronika Albrecht-Birkner, Halle.

13 Müller (s. Anm. 1), 727.

14 Erich Beyreuther: Art. Carpzov, in: RGG^3 1, 1957, 1623.

15 Art. Carpzov, Johann Benedikt I., in: BBKL 1, 1975, 937. – Verhalten positiv urteilt auch Werner Schütz: Geschichte der christlichen Predigt, Berlin, New York 1972, 119.

16 Zuletzt hat Wolfgang Schöllkopf behauptet, das ‚Hodegeticum' von 1656 (!) habe „die orthodoxen Schemata der Predigtdisposition in unübersichtliche 100 Varianten untergliedert" (Johann Reinhard Hedinger [1664–1704]. Württembergischer Pietist und kirchlicher Praktiker zwischen Spener und den Separatisten [AGP 37], Göttingen 1999, 108).

nur oberflächlich durchgemustert. Denn von den angeblich einhundert Dispositionsmethoden findet sich darin nicht die geringste Spur. Vielmehr unterscheidet Carpzov lediglich zwei Verfahrensweisen – „methodus est vel Analytica vel Synthetica“[17] –, während er in der Dispositionsanleitung der damals üblichen fünfteiligen Gliederung[18] folgt, die er freilich nicht mechanisch, sondern in verantwortlicher Freiheit angewandt wissen möchte. Nicht einmal den für die Predigt der Orthodoxie entscheidenden, bis heute nicht überholten Forschungsbeitrag von Martin Schian[19] haben die genannten Carpzov-Rezipienten zur Kenntnis genommen. Schian hatte nämlich als einziger (und offenbar vergeblich) daran erinnert,[20] daß erst Philipp Heinrich Schuler 1792 jenes Fehlurteil eingeführt hat.[21] Ermöglicht wurde dieser Irrtum durch die Neuausgabe des ‚Hodegeticum‘, die Carpzovs Sohn Johann Benedikt (II.) 1675 besorgt hatte.[22] Hier ist der Text der Erstausgabe zwar unverändert abgedruckt, dann aber durch die ausführliche Anleitung ergänzt worden, wie sich die von Carpzov 1652 eingeräumte Dispositionsfreiheit praktisch gebrauchen und das gängige Schema des fünffachen Usus, nach dem die Textanwendung üblicherweise gestaltet wurde,[23] variieren lasse. Um zu zeigen, daß dem Prediger praktisch unendlich viele Dispositionsmöglichkeiten offenstehen,[24] hat Johann Benedikt (II.) Carpzov

---

17 Carpzov: Hodegeticum, 15.

18 Vgl. die knappe Darstellung bei Schian (s. Anm. 12), 13.

19 Siehe Anm. 12.

20 Schian, 14.

21 Philipp Heinrich Schuler: Geschichte der Veränderungen des Geschmacks im Predigen, insonderheit unter den Protestanten in Deutschland, mit Actenstücken im Auszug belegt, Bd. 1, 1792, 180.

22 Hodegeticum, brevibus aphorismis olim pro collegio concionatorio conceptum et postea revisum. Accedit in hac novissima editione brevis admonitio de Concionum dispositione, dispositionumque variatione, Leipzig 1675 (1683², 1689³, 1701⁴). – Die Angabe der Auflagen fixiert nur ein vorläufiges Ergebnis.

23 Vgl. dazu Schian, 20–23.

24 Der Prediger könne „non modo de una eademque re ipse saepius, sed de iis, quae dicta iam sunt ab aliis, iterum sine taedio et cum gratia auditorum dicere, ut licet idem vel de eodem dicat dicere tamen diversa, vel de diversis videatur“ (Carpzov: Hodegeticum [1675], 67f).

in seiner Ergänzung von 1675 anhand eines einzelnen Textes (Ps 14,7) in exemplarischer Absicht dann in der Tat einhundert Dispositionsentwürfe geboten und erläutert.

Die Freiheit und Variationsvielfalt, die Carpzov 1652 für den Predigtaufriß ausdrücklich gefordert und die sein Sohn 1675 anhand der einhundert Beispiele exemplifiziert hat, läßt – auch darauf hatte bereits Schian hingewiesen[25] – die Berufung nicht weniger Predigtbände des 18. Jahrhunderts auf „die Leipziger Methode" als absurd erscheinen. Sie ist wohl in den meisten Fällen aus der Absicht zu erklären, durch den meist im Buchtitel hervorgehobenen Anschluß an die bedeutende Leipziger theologische Fakultät, an der im 17. Jahrhundert den praktischen Fächern ein besonderes Gewicht beigemessen wurde,[26] dem jeweiligen Predigtband gleichsam ein akademisches Qualitätssiegel zu geben und dadurch dessen Verkaufserfolg zu verbessern.[27] Wie wenig die beiden Carpzovs auf eine bestimmte Methode fixiert waren, läßt sich im übrigen anhand ihrer eigenen Predigtpublikationen eindrucksvoll verifizieren.[28]

So ergibt sich bei den beiden bedeutendsten Söhnen von Benedikt (I.) Carpzov eine eigentümliche rezeptionsgeschichtliche Analogie. Während der Nachruhm von Benedikt (II.) Carpzov jahrhundertelang durch die unzutreffende Behauptung, er sei an über 20 000 Todesurteilen in Hexenprozessen beteiligt gewesen, beschädigt blieb, hat bei Johann Benedikt (II.) Carpzov das Fehlurteil, seine Homiletik sei der Inbegriff geistloser Pedanterie und Dispositionswut, sein Bild in der Theologiegeschichte bis heute verzerrt. Indem nun das ‚Hodegeticum' von 1652 in gedrängter Werkbeschreibung vorgeführt wird, soll es aus seiner verhängnisvollen Rezeptionsgeschichte befreit und dadurch als ein wichtiges geschichtliches Dokument für die Predigtlehre der lutherischen

25 Schian, 102.

26 Vgl. dazu Schütz (s. Anm. 15), 124f.

27 Schian (s. Anm. 12), 102.

28 Eine Auswahl der Predigtpublikationen verzeichnen Witten (s. Anm. 4), 1258, und Jöcher (s. Anm. 9). – Hans Leube: Die Reformideen in der deutschen lutherischen Kirche zur Zeit der Orthodoxie, Leipzig 1924, bietet ein knappes Referat der am 22. September 1655 anläßlich der hundertjährigen Wiederkehr des Augsburger Religionsfriedens gehaltenen Jubelpredigt (57).

Orthodoxie wiederentdeckt werden.[29] Es mag sich darin zugleich die Maxime bewähren, die für die theologische Wissenschaft auch in der Erforschung ihrer eigenen Geschichte jederzeit verpflichtend sein sollte: ad fontes!

III. Werkbeschreibung

1. Äußere Gestalt

Carpzovs ‚Hodegeticum' von 1652 ist ein schmales Büchlein: Es umfaßt 62 bedruckte Seiten im Oktavformat. Abgesehen von Titel und Motto (Mk 1,39a), nimmt die eigentliche Predigtlehre lediglich 44 Druckseiten in Anspruch. Ihr folgt eine anhand von Gen 3,15 ausgeführte exemplarische Anleitung, wie sich die kurze Homiletik in die konkrete Predigtpraxis umsetzen lasse (44–60). Ergänzend – „quia duae pagellae vacuae sunt" – hat Carpzov die den Predigtdienst betreffenden Passagen der kursächsischen Kirchenordnung zum Abdruck gebracht (60–62).

Die Predigtlehre wird, nach kurzer Vorrede (1f), in zwei Hauptteilen entfaltet. Sie handelt erstens „de apparatu concionis" (3–21), zweitens „de applicatione apparatus ad concionem" (21–44). Beide Teile bieten erfahrungsgesättigte Theorie – sie profitieren ebenso von Carpzovs eigener Predigtpraxis wie von seiner Erfahrung im homiletischen Unterricht, aus dem das Büchlein erwachsen ist[30] – und werden in komprimierter Konzentration und durchgehender Sachnähe entwickelt. Dabei hat Carpzov den homiletischen Stoff in einige Hauptsätze („aphorismi") gebündelt,[31] die jeweils in einem oder mehreren Paragraphen erläutert werden. Der Kursivdruck der wichtigsten Wörter und Wendungen verstärkt noch einmal den ganz auf den handlichen Gebrauch ausgerichteten Charakter des Lehrbuchs. Unter den homiletischen Autoritäten, die Carpzov zitiert, ragen in ihrer Häufigkeit und

29 Eine lateinisch-deutsche Neuausgabe des ‚Hodegeticum' von 1652 würde für sich in Anspruch nehmen können, der Erforschung der protestantischen Homiletik- und Theologiegeschichte einen wichtigen Dienst geleistet zu haben.

30 Der Titel der Schrift (s. Anm. 12) weist darauf ausdrücklich hin.

31 Der erste Teil umfaßt 11 Aphorismen, der zweite Teil 8 Aphorismen.

Gewichtung zwei Männer hervor: sein Leipziger Lehrer und Kollege Johann Hülsemann (1602–1661)[32] und Martin Luther.

2. Vorrede

Carpzov beginnt die Vorrede des ‚Hodegeticum' mit einem Literaturverweis: In bemerkenswerter Reihenfolge zählt er die wichtigsten der „ex Lutheranis", „ex Papistis" und „ex Calvinistis" hervorgegangenen Verfasser von homiletischen Lehr- und Hilfsbüchern auf, aus denen der Leser die vorliegenden kurzen Aphorismen ergänzen möge. Dann erläutert und begründet er knapp die von ihm gewählte Zweiteilung, die den beiden Arbeitsschritten auf dem Weg zur Predigt entspricht. Gleichwie, wer ein Haus zu bauen sich anschickt, das Baumaterial zuerst bereitstellen muß, um es dann zu ordnen und zu einem Ganzen zusammenzufügen, habe auch der Prediger erst den *apparatus* der Predigt zu besorgen, um daraus dann die eigentliche Predigt zu formen. Fernab jedes konsequenzmacherischen Methodenpurismus, hat Carpzov damit die gleichsam natürliche rhetorische Elementarbewegung auf den Prozeß der Predigtvorbereitung unprätentiös übertragen.

3. Erster Hauptteil

a) „Pietas suprema lex esto!"[33] Mit dieser Mahnung eröffnet Carpzov seinen knappen Abriß der Homiletik. Es mag erstaunen, ausgerechnet in einem orthodoxen Lehrbuch dem Leitmotiv der *pietas* zu begegnen. Aber auch wenn der Hallesche Pietismus später mit der Leipziger Orthodoxie nicht zuletzt über die Predigt des „impius" aneinandergeriet,[34] ist der programmatische Gebrauch des pietas-Begriffs keineswegs ein Spezifikum des

---

32 Johann Hülsemann: Methodus concionandi, Wittenberg 1638¹, 1648³, 1657⁴, 1667⁵, 1671⁶. – Die Angabe der Auflagen fixiert nur ein vorläufiges Ergebnis.

33 Carpzov: Hodegeticum, 3. – Die Binnengliederung der Abschnitte III.3 und 4 dieser Arbeit richtet sich nach der Abfolge der Aphorismen, ist jedoch aus Gründen der gliederungstechnischen Deutlichkeit mit Minuskeln durchgezählt worden.

34 Vgl. dazu Schian (s. Anm. 12), 86–97.

Pietismus, sondern begegnet mindestens ebenso, wenn nicht noch mehr in der lutherischen Orthodoxie.[35] Johannes Wallmann hat den Gegensatz der beiden Parteien unlängst sogar auf die Formel „Pietas contra Pietismus" gebracht.[36] Was ist bei Carpzov unter dem Leitmotiv der *pietas* näherhin zu verstehen?

Martin Schian monierte, das ‚Hodegeticum' beginne zwar mit dem Ruf nach *pietas*, doch sei davon in der weiteren Durchführung dann nichts mehr zu spüren.[37] Offenbar hat ihm dabei unbemerkt ein pietistisch konnotierter pietas-Begriff das Urteil getrübt. Sonst hätte ihm schwerlich entgehen können, daß Carpzov den pietas-Begriff noch ganz in seiner klassischen semantischen Klangfülle gebraucht: „Arbeite redlich: Meyne es treulich: und bete fleißig".[38] Natürlich stellt Carpzov dabei die Gottesfurcht an die oberste Stelle, auf deren Erläuterung sich denn auch die Paragraphen dieses ersten Aphorismus beschränken: Anstatt nach der „gloria nostra" zu trachten, dieser „fons peccati et ruinae"[39], sei die Predigtarbeit allein der Herrlichkeit Gottes, der Heiligung seines Namens, der Erbauung der Kirche und dem ewigen Heil ihrer Hörer verpflichtet.[40] Während nun freilich die Propheten und Apostel dieser Vorgabe durch die auf ihnen ruhende Vollmacht des Geistes zu entsprechen vermochten, sei sie von uns nur mit harter Arbeit, Mühe und Schweiß zu erfüllen. Wenn Carpzov dann in der Durchführung seiner Homiletik den Prediger durch strenge Konzentration auf das ihm aufgetragene Amt in die Pflicht nimmt, rückt er nicht etwa von seiner programmatischen Verpflichtung

---

35 Vgl. dazu: Pietas in der Lutherischen Orthodoxie. Tagungsband zum Zweiten Wittenberger Symposium zur Erforschung der Lutherischen Orthodoxie 8. bis 10. 12. 1995 (Themata Leucoreana), hg. v. Udo Sträter, Wittenberg 1998.

36 Johannes Wallmann: Pietas contra Pietismus. Zum Frömmigkeitsverständnis in der lutherischen Orthodoxie (in: Pietas in der Lutherischen Orthodoxie, hg. v. Udo Sträter [s. Anm. 35], 6–18).

37 Schian (s. Anm. 12), 12.

38 Carpzov: Hodegeticum, 3.

39 Carpzov: Hodegeticum, 4.

40 Carpzov: Hodegeticum, 3: „Omnino autem pietas suprema lex est, cui a primis ungviculis innutritus esse debet praeco VERBI, et non scopum alium sibi figat, praeter DEI gloriam, sanctificationem nominis ejus, aedificationem Ecclesiae, ac salutem aeternam auditorum". – Hier und im folgenden werden die kursiven Hervorhebungen des ‚Hodegeticum' stillschweigend getilgt.

zur Frömmigkeit ab, sondern erhellt damit im Gegenteil überhaupt erst ihre wahre Bedeutung und ihren wirklichen Ernst.

b) Grundlage aller homiletischen Arbeit, so Carpzov, ist die genaueste Kenntnis des auszulegenden Textes. Ihn soll der Prediger so lange lesen und meditieren, bis er ihn auswendig weiß.[41] Dieses eindringende Textstudium möchte Carpzov mit einem dreifachen Ratschlag unterstützen: Der Prediger möge den Text erstens sowohl in der biblischen Ursprache als auch in verschiedenen lateinischen und deutschen Übersetzungen mehrfach lesen, zweitens ihn mit Fleiß und Sachverstand analysieren und dazu drittens auch die einschlägigen Kommentare konsultieren und anwenden. Nirgendwo könne die studierende Jugend den professionellen Umgang mit den Texten der Bibel besser erlernen als in den exegetischen Vorlesungen, die er denn auch ihrer Aufmerksamkeit mit allem Nachdruck empfiehlt.[42]

c) Eine intensive Wahrnehmung des Textes habe insbesondere auf die in ihm gewählte Redeweise zu achten. Die fünf genera dicendi, nach denen in der orthodoxen Predigtlehre üblicherweise die *applicatio* unterteilt wird – usus didascalicus, elenchticus, paedeuticus, epanorthoticus, consolatorius[43] –, bringt Carpzov als die Palette der möglichen biblischen Redeweisen in Anschlag. Dagegen hat er auf die traditionelle Fünfteilung der *applicatio* dann gänzlich verzichtet.[44] Nicht ein schematisches Auswalzen des Textes, sondern die distinkte Wahrnehmung seines eigenen genus dicendi habe die Predigtarbeit zu leisten.[45]

d) Auf die Bestimmung von Skopus, Inhalt und rhetorischer Gattung folgt die Einzelanalyse des Textes. Sie ist unter den drei im Trivium gelehrten Aspekten zu leisten: als grammatische Analyse, in der die einzelnen Wörter und Wendungen abgewogen und mit biblischen Parallelen verglichen werden, ferner als logische Bestimmung des Textgefüges, schließlich als rhetorische Rekonstruktion der darin gebrauchten Argumentationsstruktur.[46]

---

41 Carpzov: Hodegeticum, 5f.
42 Carpzov: Hodegeticum, 6.
43 Vgl. dazu Schian (s. Anm. 12), 20f.
44 Siehe dazu Abschnitt III.4.f.
45 Carpzov: Hodegeticum, 6–8.
46 Carpzov: Hodegeticum, 8.

e) Mit Hilfe der logischen und rhetorischen Analysen ist dann der thematische Gehalt des Textes auszuarbeiten, damit er auch in der Predigt klar hervortreten kann. Carpzov hütet sich freilich, eine schematische Übertragung des Textgehalts auf die Predigt zu fordern. Vielmehr stellt er es der homiletischen Kompetenz des Predigers anheim, nur diejenigen Textaussagen in die Predigt einzubringen, die für ein gegenwärtiges Verständnis des Textes und in der jeweiligen homiletischen Situation („conditio auditorii") als sachdienlich erscheinen.[47]

f) Um diesen Transfer des Textgehalts in die Predigt sachgemäß zu vollziehen, ist es unabdingbar, daß der Prediger von dem, was er zu übernehmen für angezeigt hält, auch selber bewegt wird. Diese conditio sine qua non seines Predigens kann er dadurch methodisch herbeiführen, daß er den betreffenden Sachgehalt des Textes für sich systematisch expliziert und mit der Erfahrung des eigenen Lebens verbindet.[48]

g) Es entspricht dem Wohl und dem Interesse der Hörer, daß der Sachgehalt, den der Prediger aus dem Text in die Predigt übernehmen möchte, in der Nutzanwendung auch in anderen genera dicendi – also, wenn es ein Lehrtext ist, auch unter dem Aspekt der Ermahnung, des Trostes usw. – zur Sprache gebracht wird. Freilich soll der Prediger dabei nicht alles sagen, was ihm gerade in den Sinn kommt („qvicqvid in buccam venit"[49]), sondern seine Einfälle einer kritischen, an den Loci communes orientierten Prüfung unterwerfen. Dabei ist es ratsam, sich auf das zu beschränken, was einerseits der sensus literalis des Textes aussagt und was andererseits in der konkreten homiletischen Situation zweckdienlich erscheint.[50]

h) Des weiteren soll der Prediger darauf achthaben, daß die einzelnen Sachgehalte, Redeweisen und Gliederungsteile der Predigt geistreich und gefällig miteinander verknüpft werden, damit diese nicht zu einem „monstrosum corpus"[51] mißrät.

---

47 Carpzov: Hodegeticum, 8f.
48 Carpzov: Hodegeticum, 9–11.
49 Carpzov: Hodegeticum, 12.
50 Carpzov: Hodegeticum, 12: „... qvae loco, tempori, ac praesenti etiam auditorio conveniunt".
51 Ebd.

i) Ebenso wichtig wie eine angemessene Wiedergabe des Sachgehalts ist es, daß sich der Prediger darauf versteht, mit seiner Predigt auch die Affekte zu bewegen. Für diese Aufgabe stellt Carpzov vier formale Aspekte bereit, unter denen die Hörer affiziert werden können: „rhetorice" – indem der Prediger den Formenschatz der rhetorischen Figuren gebraucht –, „logice" – indem er das, was der Text nicht direkt sagt, die homiletische Situation aber erfordert, gewissenhaft beibringt –, „comice et repraesentative" – indem er den intentionalen Gehalt der Predigt nicht nur ausspricht, sondern zugleich bei den Hörern hervorbringt –, sowie „theologice" – indem er die Affekte auf Gott bezieht und so ihre religiöse Grundierung anschaulich macht. In materialer Hinsicht unterscheidet Carpzov drei Klassen von Affekten, die in der Predigt bewegt werden sollen: den Haß auf Sünde und Verfehlungen („Odium peccati et vitiorum"), die Liebe zu Tugend und Frömmigkeit („Amor Virtutum et pietatis") sowie Hoffnung und Vertrauen („Spes ac Fiducia").[52] Um die homiletische Umsetzung dieser drei Grundaffekte zu erleichtern, ergänzt sie Carpzov jeweils um eine Liste von acht Gesichtspunkten, deren meditative Betrachtung den betreffenden Affekt auslösen kann.[53]

j) Wenn alle diese Vorarbeiten geleistet sind, hat sich der Prediger für die Methode, der er in seiner Predigt folgen möchte, zu entscheiden. In dieser Hinsicht kennt Carpzov nur zwei Möglichkeiten: einerseits die „methodus analytica", die den Text in seine Teile zergliedert und schrittweise erläutert, andererseits die „methodus synthetica", die den Text anhand des ihm entsprechenden dogmatischen Locus traktiert. Es ist dies, cum grano salis geredet, die Grundentscheidung zwischen Homilie und Themapredigt. Carpzov räumt freilich ein, daß die beiden Methoden nicht nur exklusiv, sondern auch in sinnvoller Verbindung angewandt werden können. Allerdings hält er eine sorgfältige methodische Reflexion für unerläßlich. Den Einwand, „noster Lutherus" habe ganz unmethodisch gepredigt, läßt er nicht gelten: In seiner

52 Bemerkenswert, wenn auch wohl unreflektiert ist die Analogie dieser Trias zu der dreigliedrigen Katechismusformel, mit der Luther das erste Gebot erklärt hat: „Wir sollen Gott über alle Ding fürchten, lieben und vertrauen" (BSLK 507).

53 Carpzov: Hodegeticum, 13–15.

Predigtweise sei Luther der heroischen Methode gefolgt, die zu imitieren den Nachgeborenen freilich nicht zusteht.[54] Um das Fehlurteil, Luthers Predigt sei formlos, zu entkräften, zitiert Carpzov eine längere Passage aus Luthers Postillenpredigt über Lk 18,9–14 (11. Sonntag nach Trinitatis)[55], in die er immer wieder eigene rhetorische Erklärungen einfügt.[56] Schließlich nennt Carpzov die Gefahren, vor denen sich der Prediger in der rhetorischen Ausarbeitung zu hüten habe. Keinesfalls dürfe er sich dem Diktat einer Methode so weit unterwerfen, daß dadurch dem biblischen Text Gewalt angetan wird. Indem die Erläuterung dieses Gesichtspunktes den größten Umfang einnimmt,[57] läßt sich schon äußerlich unschwer ermessen, daß Carpzov der Methodenfrage eine besondere Bedeutung beimißt, nun aber gerade nicht im Sinne eines ausgefeilten Methodenpurismus, vielmehr – der gängigen Rezeption des ‚Hodegeticum' zuwiderlaufend[58] – in der Weise, daß die Methodenreflexion des Predigers gefördert, die Verfahrensmöglichkeiten elementarisiert[59] und in alledem der subsidiäre Charakter der Methodenfrage eingeschärft wird.

k) Carpzov beschließt den ersten Hauptteil mit einigen Hinweisen zur rhetorischen Ausgestaltung der Predigt. Ihre Sprache soll wesentlich und schlicht sein („proprius et purus"), von ungekünstelter Klarheit („simplex et non affectatus"), ernsthaft und ohne Effekthascherei („gravis, omnem histrionicam levitatem excludens"). Der Prediger möge in kurzen Sätzen sprechen und sich aller Fachbegriffe enthalten. Um ihm eine diesen Maßgaben genügende *elocutio* zu erleichtern, fügt Carpzov am Ende eine Liste der zehn für die Predigt am besten geeigneten *colores rhetorici* bei.[60]

---

54 Carpzov: Hodegeticum, 16: „Utut enim aliqvid Heroici Spiritus etiam hic devenerari oporteat nos, qvod imitari nec possumus nec debemus".

55 WA 52, 444–450 (Hauspostille 1544).

56 Carpzov: Hodegeticum, 16–18.

57 Carpzov: Hodegeticum, 15–20.

58 Siehe dazu Abschnitt II.

59 Carpzov: Hodegeticum, 15: „Methodus est vel Analytica vel Synthetica".

60 Carpzov: Hodegeticum, 20f.

4. Zweiter Teil

Dem zweiten, der konkreten Predigtausarbeitung gewidmeten Teil seiner Homiletik schickt Carpzov eine Erinnerung an die übliche fünfteilige Gliederung der Predigt voraus,[61] der entlang er dann einige knappe Erläuterungen gibt.

a) Im *exordium* soll der Prediger den vorgesehenen Predigtweg ankündigen und die Aufmerksamkeit und Geneigtheit der Hörer erwecken. Dieses Ziel läßt sich am besten erreichen, wenn dabei vier Elemente berücksichtigt werden: Einmal soll man die Dignität des der Predigt zugrunde liegenden Textes herausstreichen, dann die konkrete homiletische Situation namhaft machen, ferner das Auditorium an den Hauptgegenstand der Predigt heranführen. Das vierte Element richtet sich nach der gewählten Auslegungsweise: Wer der analytischen Methode zu folgen beabsichtigt, möge hier die kontextuelle Einbindung der Perikope kurz schildern, während sich bei einem synthetischen Verfahren an dieser Stelle eine paraphrasierende Wiedergabe des Textes empfiehlt. Insgesamt aber soll man sich im *exordium* vor jeder Weitschweifigkeit hüten und alle Abwege meiden, um nicht schon gleich zu Beginn den Widerwillen des Hörers zu provozieren.[62]

b) Als Aufgabe der *propositio* bestimmt Carpzov die klare Benennung von Skopus und Inhalt sowohl des Textes wie auch der nachfolgenden Predigt. Wird dafür die analytische Methode gewählt, so ist hier das *argumentum* des Textes in knappen Worten anzuzeigen. Folgt man statt dessen der synthetischen Methode, so ist in der *propositio* das dogmatische Lehrstück, auf das der Predigttext dann bezogen wird, zu benennen, ohne es bereits an dieser Stelle auf die eigene religiöse Praxis zu applizieren. Auch die *propositio* hat sich, so Carpzov, an den Hörerinteressen zu orientieren: Damit die Gemeinde über das, was sie erwartet, nicht im Unklaren bleibt, soll die Themenvorstellung deutlich, distinkt, schlicht, knapp und klar formuliert sein.[63]

c) In der *partitio* soll der Hörer erfahren, welche Teile – geht es nach der analytischen Methode: des Textes, geht es nach der syn-

---

61 Carpzov: Hodegeticum, 21f.

62 Carpzov: Hodegeticum, 22–24.

63 Carpzov: Hodegeticum, 24–26.

thetischen Methode: des betreffenden Lehrstücks – nachfolgend unterschieden werden. Dabei soll die Gliederung nicht mehr Teile als nötig umfassen und außerdem so übersichtlich gestaltet werden, daß sie nicht allein der Prediger, sondern auch der Hörer sich einprägen kann. Dabei soll man nicht, wie es manchmal geschieht, nur in einzelnen Teilen der Durchführung gegliedert vorgehen. Vielmehr rät Carpzov, für die gesamte Predigt eine klare *partitio* zu entwerfen, was er dann an einem konkreten Beispiel auch extensiv vorführt.[64]

d) Was nun die *tractatio* angeht, so ist Carpzov keineswegs auf die herkömmliche fünfteilige Ordnung fixiert. Mehr noch: Er möchte dem Prediger dafür überhaupt nicht eine feste Regel vorgeben. Zwar kommt eine sachgemäße *tractatio* nicht ohne *explicatio* und *applicatio* aus. Wie man dabei jedoch im einzelnen vorgehen soll, hat der Prediger je nach Text und Situation individuell zu entscheiden. Wichtig ist dabei im Grunde nur, daß er die Ausführung besonnen und zielstrebig entwickelt und sich keine Abschweifung von seinem Thema erlaubt.[65]

e) Für die *explicatio* rät Carpzov zu einem dreigliedrigen Vorgehen. Der Sachgehalt des Textes solle erstens analysiert, zweitens grammatisch erläutert und drittens integrativ interpretiert werden. Zu berücksichtigen sind dabei ebenso Anlaß und Skopus des Textes wie seine äußeren Umstände, sein intentionaler Gehalt und die daraus resultierenden Folgen. Auch in schwierigen Fällen soll die Predigt auf ein möglichst einfaches Verstehen des Textes abzielen und, damit der Hörer nicht in Verwirrung gestürzt wird, auf rhetorische oder theologische Fachbegriffe, desgleichen auf die Zitation altsprachlicher Wörter und Wendungen gänzlich verzichten. Für die integrative Deutung des Textes reicht es nicht aus, ihn nur zu paraphrasieren oder in logischer und rhetorischer Hinsicht zu analysieren. Vielmehr soll sie den Geist, der den Text inspiriert hat, auch auf die Erfahrungen und Anfechtungen des gegenwärtigen Lebens beziehen. Dabei hat sich die Darstellung an der Fassungskraft der Einfältigsten („rudissimi") zu orientieren: „Omne quod ad populum dicitur, etiam populariter id dici necesse

64 Carpzov: Hodegeticum, 26–30.

65 Carpzov: Hodegeticum, 30–32.

est".[66] Diese Regeln sind für das analytische und synthetische Verfahren gleichermaßen verbindlich: Durchgehend soll der Prediger den Text als den Ursprung der Lehre im Auge behalten, damit ihn auch der Hörer in seinen Geist und sein Herz aufnehmen kann.[67]

f) Bei der *applicatio* ist darauf zu achten, daß die Schlußfolgerungen, die der Prediger anstellt, nicht in den Text eingetragen werden, sondern aus diesem hervorgehen. Dabei ist immer eine verantwortliche Auswahl notwendig, die sich an der jeweiligen Situation und an der Fassungskraft der Hörer orientiert. Die *applicatio* hat ihre Aufgabe erst erfüllt, wenn sie über die logischen und dogmatischen Erläuterungen hinausgehend die konkrete religiöse Praxis erreicht. In der Ermahnung soll der Prediger maßvoll bleiben, damit die Hörer nicht zerstört, sondern erbaut werden.[68] Jedoch darf er dabei nicht in der allgemeinen Beschreibung der Sünden verharren, sondern muß auch in die Konkretionen des menschlichen Lebens hinabsteigen, nicht freilich bis zu den individuellen Personen, es sei denn, man hätte sie zuvor mehrfach vergeblich ermahnt.[69] Wenn man in diese *applicatio* durchgehend die Worte des biblischen Textes einbindet, werden die Hörer verstehen, daß nicht ein Mensch, sondern Gott selbst zu ihnen spricht.[70]

g) Für die Art und Weise, fährt Carpzov fort, in der innerhalb der *explicatio* und *applicatio* des Textes die Teile miteinander verbunden werden, läßt sich keine feste Regel bestimmen. Vielmehr ist die Ausführung dem Urteil eines jeden Einzelnen anheimgestellt.[71] Um diese Verfahrensfreiheit plausibel zu machen, zeigt

---

66 Carpzov: Hodegeticum, 35.

67 Carpzov: Hodegeticum, 32–36.

68 Carpzov: Hodegeticum, 39: „Correctio prae ceteris meretur prudentiam, ne ad interitum auditorum, sed in ipsorum aedificationem cedat".

69 Carpzov: Hodegeticum, 40: „Non tamen in genere vitiorum haerendum semper est, sed qvandoqve etiam ad ipsos Ordines ac Status vitae humanae descendi debet in specie … Ad speciem inqvam vitiorum, non ad personas seu Individua, nisi post frustra adhibitos gradus praecedentium admonitionum".

70 Carpzov: Hodegeticum, 36–41.

71 Carpzov: Hodegeticum, 41: „In modo miscendi et contemperandi tum Explicationem textus, tum ejus Applicationem, nihil certi determinari potest, sed uniuscujusque judicio id committendum est".

Carpzov in exemplarischer Auswahl die ganze Bandbreite des Möglichen auf. Die Väter haben für das Verhältnis von *explicatio* und *applicatio* kunstvolle Regeln entwickelt. Manche, beispielsweise die Wittenberger Homiletiker, mischen die beiden Elemente ganz durcheinander. Andere durchforsten, wenn sie synthetisch verfahren, alle Sachgehalte auf deren applikatives Potential. Etliche, die analytisch vorgehen, beziehen dann, zur synthetischen Methode übergehend, eine oder mehrere Lehren auf die homiletische Situation. Aus dieser heterogenen homiletischen Praxis, die Carpzov erhoben hat und respektiert, kann es für ihn nur eine einzige Konsequenz geben: Wie man verfahren soll, ist der Freiheit und dem Vermögen jedes einzelnen Predigers zu überantworten.[72] Er begnügt sich denn auch mit der Ermahnung, dabei jedenfalls streng auf Skopus und Inhalt des Textes zu achten, die Hauptsachen von den Nebensachen sorgsam zu unterscheiden und die Affekte gebührend einzubeziehen.[73]

h) Was schließlich den Ausgang („exitus") der Predigt angeht, so beschränkt sich Carpzov auf die Mahnung, ihn kurz und knapp zu gestalten. Hier halte er es mit seinem verstorbenen Wittenberger Kollegen Balthasar Meisner (1587–1626):

> „Deine Predigt schleuß kurtz / rund und gut /
> Lang Predigt hört man mit Unmuht.
> Ists eine Kunst wol predigen können?
> So ists auch eine das Ende finden.
> Wer den Schlüssel nicht finden kan /
> Der macht verdrossen jederman"[74].

Etliche zwar pflegten ihre Predigt ganz abrupt zu beenden oder nur mit einem Segensspruch zu beschließen – offenbar entsprach die landauf, landab geübte Predigtpraxis durchaus nicht immer den gedruckten Kanzelreden und homiletischen Anweisungen der theologischen Elite! Sachgemäßer und der Würde des Amts angemessener sei es indessen, wenn die Predigt nicht einfach formlos beendet werde, sondern in einen *epilogus* münde. So könne der Prediger die Gelegenheit wahrnehmen, den Skopus seiner Rede

---

72 Carpzov: Hodegeticum, 42: „Nihil hic determinari potest, sed cuilibet, qvi judicio pollet, libertas sua relinqvitur".

73 Carpzov: Hodegeticum, 41–43.

74 Carpzov: Hodegeticum, 43.

noch einmal dem Gedächtnis der Hörer einzuprägen und zugleich in ihren Herzen einen Ansporn („stimulus“) zu hinterlassen. Carpzov beschließt seine Homiletik mit dem Hinweis, die kurzen Aphorismen des ‚Hodegeticum‘ seien auf praktische Einübung angelegt, und mit dem Segenswunsch, Gott möge die Kräfte und den Verstand, die dazu nötig sind, schenken, zu seiner Ehre allein.[75] So behält die *pietas,* zu der Carpzov eingangs ermahnte, am Ende auch das letzte Wort.

IV. Würdigung

Für eine umfassende Würdigung des ‚Hodegeticum‘ wäre es unerläßlich, die Predigtlehre Carpzovs im Horizont der gesamten lutherisch-orthodoxen Homiletik, vor allem aber im Vergleich mit seinen bevorzugten Referenzpartnern, unter denen Johann Hülsemann sowohl äußerlich – auf ihn beziehen sich die meisten Verweise – wie auch innerlich – mit ihm besteht die breiteste homiletische Übereinstimmung – die wichtigste Bedeutung zukommt, zu profilieren. Ebenso wäre die Frage zu prüfen, wie sich das ‚Hodegeticum‘ in der unmittelbaren predigtpraktischen Umsetzung bewährt hat: bei Carpzov selbst, aber auch – sollte es dafür brauchbare Quellen geben – bei seinen Schülern und zeitgenössischen Lesern. Das alles ist im Rahmen dieser knappen Werkbetrachtung nicht zu leisten. Doch mögen am Ende immerhin drei Leitsätze stehen, die einem tiefer dringenden Interesse an der besonderen Bedeutung und dem individuellen Charme dieser Homiletik möglicherweise eine erste Orientierungshilfe sein können.

1. Quellgrund, Maßstab und Vermittlungsauftrag der Predigt ist das im jeweiligen Perikopentext sich individuierende biblische Wort. Es ist bemerkenswert, mit welcher Beharrlichkeit die Anleitungen des ‚Hodegeticum‘ durchgehend den konkreten biblischen Text im Auge behalten. Im ersten Hauptteil legt Carpzov größtes Gewicht auf eine präzise Wahrnehmung des Textes: seiner Sprachgestalt (I.3)[76], seines Skopus, seines Inhalts, seiner Gattung

---

[75] Carpzov: Hodegeticum, 43f.

[76] Die römischen Ziffern bezeichnen den Hauptteil des ‚Hodegeticum‘, die arabischen Ziffern die Nummer des jeweiligen Aphorismus.

(I.3) und seiner logisch-rhetorischen Struktur (I.4). Wenn er im übrigen dem Prediger verschiedene Vorgehensmöglichkeiten an die Hand gibt, soll damit die Individualität des Textes profiliert, keinesfalls aber der Text durch übertriebenen Methodenpurismus und falsche Rhetorik nivelliert werden (I.10). Aber auch im zweiten Hauptteil bleibt der auszulegende Text durchgehend im Blick: Er ist die Quelle der Lehre und der eigentliche Vermittlungsgegenstand der homiletischen Arbeit (II.5), und zugleich ist er seitens der Hörer der entscheidende Garant dafür, daß in der Kanzelrede Gott selbst zu ihnen spricht (II.6). In dem Nachdruck, mit dem Carpzov – selbstverständlich unter den Bedingungen seiner Zeit – zu einer biblischen Predigt anleiten möchte, liegt ein wesentliches Merkmal seiner Homiletik.

2. Auf dem Weg vom Text zur Predigt muß der Prediger eine weitreichende homiletisch-rhetorische Entscheidungsfreiheit, aber auch die entsprechende theologisch-seelsorgerliche Verantwortung wahrnehmen. Die erstaunliche Entscheidungsfreiheit, die Carpzov dem einzelnen Prediger einräumt, erfordert ein hohes Maß an theologischer und homiletischer Kompetenz. Einerseits soll er die Gehalte des Textes in einer verantwortlichen, an den Umständen und Erfordernissen der jeweiligen homiletischen Situation orientierten Auswahl in die Predigt übernehmen (I.3.5). Andererseits eröffnet auch die rhetorische Ausarbeitung der Predigt einen erheblichen Entscheidungsspielraum. Den gliederungstechnischen Vorgaben soll man sich nicht unterwerfen, als wären es starre Regeln, sondern sie als Gestaltungsmöglichkeiten wahrnehmen, von denen der Prediger wiederum je nach Text und Situation Gebrauch machen muß. Was Carpzov dem Prediger als unbedingte Verpflichtung auferlegt, ist nicht ein bestimmtes Dispositionsschema, sondern allein die besonnene, die Treue zum Text mit einem verantwortlichen Gebrauch der eigenen theologischen Kompetenz verbindende Predigtarbeit (II.4.7). Das ist für eine Zeit, deren Predigtkultur man gern geistlosen Schematismus und Dispositionswut vorhält, ein durchaus bemerkenswertes Resultat.

3. Der durchgängige Bezug auf die Situation und die Bedürfnisse der Hörer, der die spezifische Institution der kirchlichen Predigt überhaupt erst legitimiert, bezeichnet zugleich das Kriterium ihrer materialen und formalen Gestaltung. Es gehört zu den bemerkenswerten Besonderheiten der Carpzovschen Homiletik, daß sie schlechterdings jeden Schritt auf dem Weg zur Predigt im Blick auf die Hörer der Predigt vollzieht. Das begleitet bereits die exegetisch-systematische Arbeit am Text (I.5), setzt sich in der applikativen Textmeditation fort (I.7) und bestimmt auch die sprachliche Ausgestaltung der Kanzelrede (I.11). Naturgemäß intensiviert sich die Ausrichtung auf den Hörer dann noch einmal im zweiten, der Predigtkonzeption gewidmeten Hauptteil. Mehrfach mahnt Carpzov dazu, den Hörer nicht zu verwirren, sei es durch die Demonstration eigener Klugheit und Bildung (II.5), sei es durch mangelnde Luzidität (II.2). Vielmehr soll sich der Hörer als Adressat der Predigt ernstgenommen fühlen: Gleich zu Beginn der Predigt soll er erfahren, was ihn erwartet (II.1), die Disposition soll er sich einprägen können (II.3), und am Ende soll er die Botschaft der Predigt mental und affektiv in sich aufgenommen haben (II.8). Wie ernst es Carpzov mit der Orientierung am Hörer ist und wie respektvoll er dessen Funktion im homiletischen Akt einschätzt, tritt nirgendwo deutlicher als in dem über die rechte Gestalt der Ermahnung handelnden Abschnitt hervor (II.6): Hier, schärft Carpzov ein, soll die *applicatio* nicht in die Unverbindlichkeit einer nur abstrakten Erörterung der Sünden ausweichen, sondern durchaus die konkrete Lebenswelt des Hörers erreichen, dabei jedoch die individuelle Anverwandlung, anstatt sie bevormundend zu diktieren, der durch die Predigt geschärften religiösen Selbstwahrnehmung des Einzelnen überlassen. Auf die Erbauung des Einzelnen[77] – nicht in der Verengung auf religiöse Innerlichkeit, sondern, der alten semantischen Klangfülle des Wortes entsprechend,[78] in der Verbindung von individueller Frömmigkeit und kirchlicher Religion – läuft am Ende alles hinaus.

Carpzovs ‚Hodegeticum' von 1652 ist nicht die monströse Predigtlehre, die die Nachwelt teilweise daraus gemacht hat. In Wirklichkeit enthält sie eine konzentrierte, knappe und luzide Anleitung zur Predigtarbeit, in der sich die unbedingte Verpflichtung auf den biblischen Text, die Anmutung eigener Urteils- und Entscheidungskompetenz und die Maßgabe einer durchgehenden Hörerorientierung zu organischer Einheit verbinden. Sie ist, mit

[77] Erinnert sei noch einmal an den in Anm. 68 zitierten Satz.

[78] Vgl. dazu Albrecht Beutel: Art. Erbauung, in: RGG^4 2, 1999, Sp. 1385f.

einem Wort, das eindrückliche Dokument einer auf die Verantwortung vor Gott, dem eigenen Amt und den Menschen, kurz: auf *pietas* verpflichteten und verpflichtenden Homiletik.

Albrecht Haizmann

Erbaulichkeit als Kriterium der Predigt bei Philipp Jakob Spener

I. Einführung

Philipp Jakob Spener (geb. 1635), der hochbegabte Sohn eines Juristen am Hof der Grafen von Rappoltstein im Elsaß, war nach seinem Studium in Straßburg (mit Studienreisen nach Basel, Genf, Lyon und Tübingen), das er mit der Promotion zum Doktor der Theologie (1664) abschloß, eigentlich prädestiniert für eine wissenschaftliche Laufbahn an der Universität. Doch es kam anders, er wurde Pfarrer[1]: Nach einer kurzen „Freiprediger"-Tätigkeit in Straßburg wurde der erst Dreißigjährige überraschend zum Senior der lutherischen Pfarrerschaft nach Frankfurt am Main an die Barfüßerkirche berufen, wo er zwanzig Jahre lang blieb (1666–1686); danach ging Spener für fünf Jahre als Oberhofprediger an den kursächsischen Hof nach Dresden (1686–1691) und wirkte schließlich bis zu seinem Tod (1705) als brandenburgischer Konsistorialrat und Propst an der Nikolaikirche in Berlin.[2]

---

1 Spener war „nach Bildungsgang, Gelehrsamkeit und Scharfsinn ein wissenschaftlicher Theologe, der gemäß der damals gültigen Begriffe jedem theologischen Lehrstuhl im lutherischen Deutschland zur Zierde gereicht hätte". Andererseits trägt er „in keiner Weise das Gepräge des Forschers und Denkers. Er ist Seelsorger und Kirchenmann" (Emanuel Hirsch: Geschichte der neuern evangelischen Theologie im Zusammenhang mit den allgemeinen Bewegungen des europäischen Denkens, Bd. 2, Gütersloh 1951, 94. 96).

2 Zu Spener als Prediger in Frankfurt, Dresden und Berlin vgl. Johannes Wallmann: Philipp Jakob Spener und die Anfänge des Pietismus (BHT 42), Tübingen [2]1986, 206 bis 215; Dietrich Blaufuß, Erich Beyreuther: Einleitung zu: Philipp Jakob Spener ‚Schriften' Bd. 3.1.1, hg. v. Erich Beyreuther, Hildes-

Alles in allem etwa vierzig Jahre lang hat Spener regelmäßig gepredigt. An Sonntagen, Wochentagen, in Gottesdiensten und bei Kasualien, insgesamt mehr als dreitausendmal. Was er an veröffentlichten Predigten hinterlassen hat, ist enorm. Und sein ‚Vollständiger Catalogus aller dererjenigen Predigten, welche von ... Spenern ... gehalten worden' (von ihm selbst „eigenhändig aufgesetzt", aber erst 1715 postum im Druck erschienen)[3], der auch die nicht gedruckten Predigten auflistet, ermöglicht uns noch heute den Einblick in ein Predigtwerk, das in seinem Umfang wie in seiner Geschlossenheit – nicht nur im 17. Jahrhundert – einzig dasteht.

„Speners hauptsächliche Tätigkeit in Frankfurt am Main hat wie später in Dresden und Berlin in seiner Predigttätigkeit bestanden. Man kann darüber streiten, ob die hauptsächlichen Wirkungen Speners von seinen Predigten ausgegangen sind und ob der Spenersche Pietismus als eine Predigtbewegung verstanden werden kann. Daß Spener den größten Teil seiner Zeit auf die gründliche Vorbereitung und wörtliche Ausarbeitung seiner Predigten verwendet hat und daß er selbst in der Predigt die Hauptaufgabe seines Amtes sah, die er vor allen anderen Aufgaben recht zu erfüllen suchte, daran ist kein Zweifel möglich. Auch machen die Predigten den weitaus größten Teil seines vielgelesenen und oft aufgelegten Schrifttums aus. Die Frankfurter Jahre vor den Pia Desideria sind die ersten, in denen die Predigttätigkeit in den Mittelpunkt seines Wirkens tritt. Sie lösen damit die Zeit eines vorwiegend der Wissenschaft gewidmeten Schaffens endgültig ab"[4].

---

heim 1986, 10*ff, 100*ff, 130*ff; Albrecht Haizmann: „Wie unser Christentum eine schwere und leichte Sache sei". Erläuterungen zu einer Predigt Philipp Jakob Speners, in: Wegmarken protestantischer Predigtgeschichte. FS für Hans Martin Müller zum 70. Geburtstag, Tübingen 1999, 38–48. Der letztgenannte Beitrag über eine Berliner Wiedergeburts-Predigt Speners enthält neben einem Predigtbeispiel (abgedruckt ebd. 27–37) mit Kommentierung auch einige ergänzende Bemerkungen zu Speners Predigtverständnis, auf die hier verwiesen sei.

3 Schriften, Sonderreihe Bd. 2, hg. v. Dietrich Blaufuß, Hildesheim 1999; vgl. besonders die Einleitung des Herausgebers: Philipp Jacob Spener, der Prediger, 11*ff.

4 Wallmann: Spener (s. Anm. 2), 206f.

Speners Predigtarbeit steht wie auch seine umfangreiche briefliche Korrespondenz und seine zahlreichen theologischen Schriften im Dienst – und ist zu verstehen im Horizont – einer umfassenden Kirchenreformbewegung, zu der er selbst in seiner Frankfurter Zeit entscheidende Impulse gegeben und die wichtigsten programmatischen Grundsätze formuliert hat.[5] Er hat es verstanden, das Verlangen nach Veränderung und den Erneuerungswillen vieler evangelischer Christen wahrzunehmen und ernstzunehmen, indem er ihre Klagen, ihre „pia desideria", aufgriff, sie öffentlich zur Diskussion stellte und ein Gespräch darüber in Gang brachte. Sein Anliegen war es, die Potentiale einer Reform in der Kirche zu bündeln, die Kräfte zu konzentrieren – und Wege zu weisen, Formen zu finden, in denen die Erneuerung Gestalt gewinnen konnte. Das macht schon den jungen Frankfurter Senior in einem qualifizierten Sinne zum Begründer des lutherischen Pietismus. Auch von Dresden aus hatte er engen Kontakt zu der pietistischen Bewegung und den Streitigkeiten in Leipzig und anderswo in Deutschland. Seine klaren Stellungnahmen, Parteinahmen, aber auch Vermittlungsbemühungen ließen Spener schließlich spätestens in der Berliner Zeit zum weit über Deutschland hinaus bekannten Patriarchen der Pietisten werden.[6]

II. Die Hauptquellen

1. ‚Pia Desideria' (1675)

Die kleine, aber wirkungsreiche Reformschrift[7] erschien 1675 zunächst als Vorrede zu Speners Neuausgabe von Johann Arndts ‚Evangelienpostille' (Erstausgabe Leipzig, Jena 1615/1616), einer besonders in frommen Kreisen beliebten Predigtsammlung, die zu einem gefragten evangelischen Erbauungsbuch geworden war und

5 „Die Bedeutung, welche Speners Predigt für das Leben der evangelischen Kirche gewann, kann nur aus dem Ganzen dessen, was Spener als Reformer des religiösen Lebens war, erkannt werden, nicht aber das Ganze seiner Kraft und seines Wertes aus seiner Predigt" (Hermann Hering: Lehrbuch der Homiletik, Bd. 1, Berlin 1897, 158).

6 Zu Spener als Begründer des Pietismus vgl. Wallmann: Spener (s. Anm. 2); Johannes Wallmann: Der Pietismus (KiG 4), Göttingen 1990.

zu deren Leserkreis auch Speners kirchliche Amtskollegen zählten. Sie waren denn auch neben vielen anderen „guten Gemütern" unter den evangelischen Christen die Hauptadressaten seiner Postillenvorrede.

Überblick

Die – aufgrund der großen Nachfrage bald auch separat gedruckte – Vorrede hat drei Teile: Im ersten Teil (9–43) diagnostiziert und beklagt der vierzigjährige Frankfurter Senior die äußeren und inneren Mißstände in allen drei Ständen der lutherischen Kirche, wie sie von vielen evangelischen Christen seiner Zeit empfunden wurden. Im zweiten Teil (43–52) hält er diesen kirchlichen Zuständen die biblischen Verheißungen entgegen und prognostiziert aufgrund der Tatsache einer noch ausstehenden Erfüllung vieler dieser göttlichen Verheißungen seine Hoffnung auf zukünftig bessere Zeiten für die Kirche. Im dritten Teil (52–80) macht Spener sechs Vorschläge zur „gottgefälligen Besserung der wahren evangelischen Kirche", nach welcher seines Erachtens „unzählig viele" (3) ein „herzliches Verlangen" (pia desideria) tragen.

Gleichsam als Leitsatz aller sechs Reformvorschläge fordert der erste: *„daß man dahin bedacht wäre, das Wort Gottes reichlicher unter uns zu bringen"* (53, vgl. Kol 3,16). Diesem Ziel sollen „neben den gewöhnlichen Predigten über die verordneten Texte" (54) auch private Bibellektüre, öffentliche Schriftlesungen und Versammlungen zum Bibelgespräch (Collegia Pietatis) dienen. „Da in Ermangelung [von] dergleichen Übungen die Predigten, wo einer allein in stets fließender Rede seinen Vortrag tut, nicht eben allemal so recht und genüglich gefaßt werden, weil keine Zeit dazwischen ist, der Sache nachzudenken, oder wo man einem

---

7 Pia desideria: oder Hertzliches Verlangen / Nach Gottgefälliger Besserung der wahren Evangelischen Kirchen / sampt einigen dahin einfältig abzwekkenden Christlichen Vorschlägen ..., Frankfurt am Main 1676, d. i. 1675, hg. v. Kurt Aland (Kleine Texte für Vorlesungen und Übungen, 170), Berlin ³1964; die Seitenangaben in Klammern beziehen sich auf diese Ausgabe. Die Zitate sind behutsam dem heutigen Sprachgebrauch angeglichen. Alle Hervorhebungen sind von mir. – Der vollständige deutsche und lateinische Text mit allen Anhängen und Zusätzen liegt jetzt kritisch ediert vor in: Die Werke Philipp Jakob Speners. Studienausgabe, Bd. 1.1, hg. v. Kurt Aland und Beate Köster, Gießen 1996, 55–407.

nachdenket, indessen so viel von der Folge entgehet" (56).[8] Spener betont: Als praktische Konsequenz aus dem reformatorischen Schriftprinzip gehört diese Forderung an den Anfang. Denn es „ist gewiß, daß die fleißige Handlung des göttlichen Worts (die nicht nur bloß in Anhörung der Predigten bestehet, sondern auch lesen, betrachten, davon unterreden ... in sich fasset) das vornehmste Mittel, etwas zu bessern, sein muß" (56f).

Wie für den ersten, so beruft sich Spener auch für seinen zweiten Reformvorschlag auf Luther: „*die Aufrichtung und fleißige Übung des Geistlichen Priestertums*" (58), die Spener in diesem Zusammenhang interpretiert als das Recht und die Pflicht aller Christen, einander zu erbauen und so an Aufbau und Erneuerung der Kirche mitzuwirken.[9] Diese Mitwirkung aller, nicht nur der Hauptamtlichen, sieht Spener als unerläßliche Voraussetzung einer durchgreifenden Reform der Kirche.

Seine dritte Reformthese besteht in der Erinnerung an den Grundsatz: „*daß es mit dem Wissen in dem Christentum durchaus nicht genug sei, sondern es vielmehr in der Praxis bestehe*" (60f). Und diese Praxis geschieht im Glauben, der in der Liebe tätig ist, denn „freilich bestehet eines gläubigen und durch den Glauben seligen Menschen ganzes Leben und Erfüllung der göttlichen Gebote in der Liebe" (61).

---

8 Die von ihm selbst jahrelang veranstalteten Bibelgespräche (Collegia Pietatis) mit ihrem dialogischen Charakter hat Spener – im Vergleich (vor allem jedoch als Ergänzung) zu den Defiziten der monologischen Predigt – gewissermaßen als den homiletischen Idealfall betrachtet. Denn sie boten „so wohl jeglichem, welcher die Sach nicht gnugsam verstünde", die Möglichkeit, „seine Dubia vorzutragen und deren Erläuterung zu begehren, als auch denjenigen, die nunmehr weiter gekommen, samt den Predigern, ihr Verständnis, das sie von jeder Bibelstelle haben, beizubringen"; „was jeder vorgebracht", könne dann daraufhin, „wie es der Meinung des Heiligen Geistes in der Schrift gemäß sei, von den übrigen, sonderlich den berufenen Lehrern, untersucht, und damit die ganze Versammlung erbauet" werden (56). Die am Sonntagnachmittag stattfindenden Versammlungen konnten nach Speners Vorstellung durchaus auch den Charakter von Predigtnachgesprächen haben.

9 Zu Speners Verständnis und Konzept von Erbauung vgl. Albrecht Haizmann: Erbauung als Aufgabe der Seelsorge bei Philipp Jakob Spener (APTh 30), Göttingen 1997.

Der vierte Reformvorschlag (62ff) knüpft direkt daran an und bezieht sich auf das Verhalten in *„Religionsstrittigkeiten"*. Auch bei diesem, im Zeitalter des Konfessionalismus höchst virulenten Thema möchte Spener das Kriterium der Erbaulichkeit zur Geltung gebracht wissen: Die Wahrheit des Evangeliums soll in Liebe gesagt, mit dem Leben bezeugt und nicht nur durch kontrovers-theologische Streitigkeiten verteidigt werden. Andersgläubigen soll ohne unlautere Affekte, vielmehr mit Toleranz begegnet werden. Im Vertrauen auf die Kraft des Gebetes und die Macht des Wortes Gottes werden Irrende nicht mit Heftigkeit überwunden, sondern durch Überzeugung im Herzen gewonnen.

Der fünfte Vorschlag (67ff) zielt – als unverzichtbare Voraussetzung für eine Besserung der Kirche – auf die Erneuerung des Pfarrerstandes durch eine Reform der theologischen Ausbildung an den *Universitäten*. Spener weist auf die Bedeutung der Studienbegleitung und des guten Vorbildes der Professoren für die Studierenden hin, er fordert Differenzierung im Ausbildungsgang für unterschiedlich begabte oder interessierte Studenten und plädiert für Seminare, weil diese Arbeitsform im Unterschied zur Vorlesung das Gespräch ermöglicht und selbständiges theologisches Arbeiten fördert. Im Interesse einer geistlichen Vertiefung des Studiums empfiehlt Spener den Dozenten, Studierende zu freiwilligen – „ihrem eigenen Christentum dienlichen" (78) – Gesprächsrunden einzuladen. Und zur Vorbereitung auf die pfarramtlichen Aufgaben schlägt er die Einrichtung praktischer Predigtübungen vor. Grundsätzlich betont Spener den Zusammenhang von theologischem Studium und geistlichem Leben: Weil „Theologia ein habitus practicus ist" (69, 76), müsse alles „zu der Praxis des Glaubens und Lebens gerichtet werden" (69). Insgesamt wünscht er sich, daß „die ganze Theologie", die im Zeitalter der Orthodoxie sich allzusehr auf spitzfindige dogmatische Differenzierungen verlegte, „wieder zu der apostolischen Einfalt gebracht werden möchte" (74).

Zur Predigtlehre

Im direkten Anschluß an diese Vorschläge zur Studienreform setzt Spener schließlich – bevor er einige einleitende Bemerkungen zu Johann Arndts ‚Postille' macht (80–85) – als letzten der sechs Vorschläge die Forderung an Theologieprofessoren und Studierende:

„vornehmlich aber in den Predigten sich also zu üben, daß ihnen bald gezeigt werde, *wie sie alles in solchen Predigten zu der Erbauung einzurichten*" haben, so daß „der Zweck derselben, nämlich Glaube und dessen Früchte, bei den Zuhörern bestmöglich befördert werden" (78f).

Die Formulierung und die Stellung dieses sechsten Reformvorschlages im Gesamtzusammenhang zeigen an, welche Bedeutung Spener der Predigt – und folglich der Homiletik – für die als bleibende Aufgabe verstandene Reform der evangelischen Kirche beimißt. Das gilt gerade auch auf dem Hintergrund seiner ersten These, die einer Überschätzung der Möglichkeiten der Predigt gewehrt und für ihre Ergänzung durch andere Formen der Kommunikation des Evangeliums plädiert hatte.[10] Speners Forderung nach einer Verbesserung der Predigtausbildung zielt darauf ab, daß durch eine daraus resultierende Verbesserung der Predigtpraxis „der christlichen Kirche zu besserm Stand geholfen werden möchte" (78f).

Im Rahmen dieser Forderung nach Verbesserung der homiletischen Ausbildung formuliert Spener nun auch seine Kritik an der herrschenden homiletischen Praxis seiner Zeit: Sie geht nicht dahin, daß etwa zu wenige Predigten gehalten würden. „Aber viele gottselige Gemüter finden gleichwohl nicht wenig Mangel an vielen Predigten" (79). So gebe es Prediger, „welche öfters ihre meiste Predigten mit dergleichen Dingen zubringen, damit sie sich als gelehrte Leute darstellen, obwohl die Zuhörer es nicht verstehen" (79), z.B. viele fremdsprachige theologische Fachausdrücke, die kein einziges Gemeindeglied kennt. Der erste Mangel, den Spener kritisiert, ist also eine deplazierte theologische Gelehrsamkeit. Theologie verfehlt ihre Funktion für die Predigt, wenn sie – aufgrund einer falsch verstandenen lehrhaften Orientierung – die Umsetzung der Lehre in die Sprache der Predigt (des Glaubens)

---

10 Siehe oben, S. 51f. – Die Predigt ist als einziges Mittel der Kommunikation des Evangeliums allein gar nicht ausreichend. Das hat Spener früh erkannt. Die Einbindung homiletischer Überlegungen in ein pastoraltheologisches und ekklesiologisches Gesamtkonzept, das durch andere Formen der Kommunikation auch die Beteiligung der sogenannten Laien vorsieht, ist deshalb ein wesentliches Charakteristikum seines Ansatzes.

nicht leistet, sondern die Sprache der Lehre auf die Kanzel bringt.[11] Recht verstanden müßten alle lehrhaften Bemühungen in der Predigt dahin gehen, daß zur Sachorientierung eine Hörerorientierung hinzukommt. Deshalb hat nach Speners didaktischer Grundregel sich „*der Prediger vielmehr nach seinen Zuhörern,* weil sie nach ihm nicht können, *zu richten* …, allezeit aber *mehr auf die Einfältigen,* die den größten Teil ausmachen, als auf die etlichen wenigen Gelehrten, wo sich dergleichen antreffen lassen, *zu sehen*" (79).[12]

Als zweiten Mangel kritisiert Spener an der Predigttheorie und -praxis seiner Zeit die übertrieben formalhomiletische Orientierung. Er stellt ihr eine (im oben entfalteten recht verstandenen Sinne) materialhomiletische Priorität entgegen: Die rhetorische Bemühung darum, daß in einer Predigt alles „recht nach der Redekunst abgemessen und aufgeziert" ist, darf nicht wichtiger werden als die Sorge um die Auswahl und Auslegung solcher „*Materien …, davon der Zuhörer im Leben und Sterben Nutzen haben mag*" (79).

Beide von Spener kritisierten Fehlformen, eine deplazierte Dogmatik und eine überschätzte Rhetorik, bergen die Gefahr der Verselbständigung zum Selbstzweck. Darauf macht Spener eigens aufmerksam, indem er in einer prinzipienhomiletischen Bemerkung daran erinnert, es sei doch „die Kanzel nicht derjenige Ort, da man seine Kunst mit Pracht sehen lassen, sondern das Wort des

---

11 Eine lehrhafte Orientierung der Predigt besteht schon seit der Reformation (vgl. etwa CA 5; 7; 14: „*evangelium pure docetur* …", „*ministerium docendi evangelii* …", „*publice docere*"), zunächst freilich bezogen auf das Evangelium, in der altprotestantischen Orthodoxie dann jedoch zunehmend auf die „doctrina" im Sinne der Dogmatik und ihrer Loci. – Die eigentliche Funktion der Dogmatik für die Predigt beschreibt Manfred Josuttis recht treffend mit dem Satz: „Es geht darum, an der Sprache des Textes in der Sprache der Lehre die Sprache der Verkündigung zu verantworten" (Homiletik und Rhetorik, abgedruckt in: Homiletisches Lesebuch. Texte zur heutigen Predigtlehre, hg. v. Albrecht Beutel u. a., Tübingen ²1989, 299f).

12 Hörerorientierung bedeutet für Spener freilich nicht nur das Rücksichtnehmen auf die Einfältigen, sondern vor allem auch das Ernstnehmen der „Zuhörer" insgesamt als Glieder einer – im Sinne des geistlichen Priestertums aller Glaubenden – qualifizierten Öffentlichkeit, deren Mündigkeit zugleich Voraussetzung und Ziel der Predigt darstellt.

Herrn einfältig aber gewaltig predigen und dieses das göttliche Mittel sein sollte, die Leute selig zu machen". Und weil dies die Aufgabe der Predigt sei, „so solle billig alles auch nach diesem Zweck gerichtet werden" (79).

Beide in Speners Kritik enthaltenen Desiderate – sowohl die den Formalismus disziplinierende Priorität der materialen Homiletik als auch die in der Vermittlung von Sach- und Hörerorientierung bestehende Didaktik der Predigt – verbinden sich mit der Forderung nach Elementarisierung. Spener empfiehlt deshalb seinen Kollegen, was er selbst seit fünf Jahren mit Erfolg praktizierte, nämlich in (Katechismus-) Predigten ganz elementar „dasjenige immer den Leuten wieder vorzulegen, was sie einmal gelernet, und sich selbst dessen nicht zu schämen" (79). Nicht zu unterschätzen ist hierbei, daß einc solche Elementarisierung jede Fixierung auf (einzelne) dogmatische Loci oder (isolierte) Perikopen verhindert, indem sie biblische, thematische und existentielle Zusammenhänge zur Geltung bringt.

Spener verzichtet nun im knapp bemessenen Rahmen der Postillenvorrede auf einzelne homiletische Anweisungen. Er schließt mit dem seines Erachtens wichtigsten theologischen Grundsatz und seinen homiletischen Konsequenzen: *„weil ja unser ganzes Christentum bestehet in dem innern oder neuen Menschen, dessen Seele der Glaube und seine Wirkungen die Früchte des Lebens sind: Daß dann die Predigten insgesamt dahin gerichtet werden sollten.* Nämlich einesteils die teuren Wohltaten Gottes, wie sie auf den innern Menschen zielen, so vorzutragen, daß daher der Glaube und in demselben solcher innere Mensch immer mehr und mehr gestärket werde; und anderenteils die Werke so zu treiben, daß wir ... den Grund recht in dem Herzen legen und zeigen, es sei lauter Heuchelei, was nicht aus diesem Grunde hervorgeht" (79f). Anstatt scholastischer Gelehrsamkeit und dogmatischer Belehrung, konfessionalistischer Kontroversen oder gesetzlicher Moral, die sämtlich dem Äußerlichen verhaftet bleiben, fordert Spener von einer evangelischen Predigt die Gründung und Stärkung des Glaubens, der aus der Kraft des Evangeliums von innen nach außen wirksam wird. „Darauf, weil darin die rechte Kraft des ganzen Christentums besteht, sind billig insgemein die Predigten auszurichten. Und würde gewißlich, wo solches geschähe, viel mehr Erbauung ... erfolgen" (80). Aufgrund also einer theologischen Wesensbestimmung[13] des christlichen Glaubens als Innerlichkeit[14] formuliert Spener die Aufgabe der Predigt, um dann aus dieser Zielformulierung den Gegenstand und die Methodik der Predigt herzuleiten.[15]

Seine Vorrede zu Johann Arndts Postille endet mit dem Wunsch, „daß auch viele Lehrer [i.e. Pfarrer] selbst angefrischet werden, mit solcher Einfalt und Nachdrücklichkeit den Kern des Christentums in ihren Predigten nach diesem Modell zu treiben ..." (84).

2. ‚De impedimentis studii theologici' (1690)

Fünfzehn Jahre nach den in Frankfurt verfaßten ‚Pia Desideria' hat Spener – mittlerweile seit vier Jahren Oberhofprediger in Dresden – sich noch einmal ausführlich zur Reform der theologischen Ausbildung geäußert, die er schon 1675 als fünftes Desiderium gefordert hatte. Er tat dies wieder im Rahmen einer Vorrede, diesmal zu der von ihm selbst als dogmatisches Kompendium in Tabellen zusammengefaßten Dogmatik seines Straßburger Lehrers J. C. Dannhauer.[16]

---

13 „Wahres Christentum" 16; „Grund" 79f; „Kern" 84.

14 Die „ernstliche innerliche Gottseligkeit" (18) des „innern oder neuen Menschen" (79).

15 Es ist deshalb ein krasses und inzwischen überholtes Fehlurteil, wenn Alfred Niebergall in seiner Darstellung der Geschichte der Predigt meint, „der theologische Ertrag des Pietismus" sei gering zu veranschlagen (in: Leiturgia. Handbuch des evangelischen Gottesdienstes, Bd. 2, Kassel 1955, 294f).

16 De impedimentis studii theologici (Vorrede zu den von Spener angefertigten ‚Tabulae hodosophicae, seu ... D. Joh. Conradi Dannhaweri ... Hodosophia christiana in tabulas redacta'), Frankfurt am Main 1690; wiederabgedruckt in: Consilia et iudicia theologica latina, Halle 1709, Bd. 1, 200–239 [CL]; Separatausgabe: Praefatio, Tabulis hodosophicis B. Dannhaueri praemissa, De impedimentis studiis theologici, In gratiam studiosorum theologiae seorsim typis iterum exscripta, Leipzig 1736; deutsche Übersetzung in: Philipp Jakob Speners Kleine Geistliche Schriften, hg. v. Johann Adam Steinmetz, Halle 1741, Bd. 1, 1010–1079 [KGS]; gekürzt in deutscher Übersetzung in: Hauptschriften Philipp Jakob Speners, bearbeitet und eingeleitet von Paul Grünberg (Bibliothek theologischer Klassiker 21), Gotha 1889, 184–231. – Die Seitenangaben in den Anmerkungen 17–23 beziehen sich jeweils auf Vorrede/CL/KGS.

Überblick

Speners Vorrede über die Hindernisse („impedimenta") des theologischen Studiums nennt neben schlechten äußeren Voraussetzungen und Verhältnissen, die er am Anfang und am Schluß aufführt, vor allem zwei Haupthindernisse, innere Gründe für Mißstände in Theologie und Kirche, die in den beiden Hauptteilen entfaltet werden. Das erste Haupthindernis sieht Spener in einem falschen Theologiebegriff, „*ignorantia naturae Theologiae, vel falsa de hac persuasio ...*"[17], der ein zu großes Vertrauen auf die eigenen menschlichen Geisteskräfte (1.) nach sich ziehe,[18] eine Heiligung der theologischen Arbeit (2.) verhindere,[19] folglich zu einem unheiligen Leben (3.)[20] und einer ausschließlich irdischen Zielsetzung (4.) führe[21] und insgesamt bei einer bloß buchstäblichen Erkenntnis (5.) stehen bleibe.[22] Aus diesem ersten resultiert

17 „... tanquam ea habitus esset humanus, aliis habitibus naturalibus in eo aequalis, quod fundamentum ejus sit intellectus humanus ejusque vigor vivax, media autem industria propria, & pertinax studium, legendi, audiendi, meditandi, cum aliis se exercendi: adeoque plane eadem, quibus aliae scientiae, sine peculiari numinis gratia ..." (15/208a/1026). Zum Wesen der Theologie hatte sich Spener ja schon in den ‚Pia Desideria' (5. Reformforderung, 67ff) geäußert.

18 „... ingenio & industriae suae cuncta tribuet, divinae gratiae nihil ..." (16/208b/1027).

19 „... quod homines hi precibus parum tribuent, nec non aliis pietatis exercitiis, tantum abest, ut cum Megalandro nostro [i.e. Luthero] agnoscerent, orationi aeque ac meditationi, nec non tentationi, in studii Theologici methodo locum esse dandum"; „... talique modo omnem operam sanctificari" (16/208b/1027).

20 „Aliud accedit incommodum, quod si Theologia aliis humanis tantum aequiparatur habitibus, ejusdem cultores sibi neutiquam necessariam arbitrantur vitae sanctitatem ..." (17/209a/1028).

21 „Ita 4. omnis studii scopus temporalis manet, & vix alia meta obversatur oculis, quam ut acquiratur ἱκανότης, ad munus aliquod sacrum, quo vita ducatur honoratior, & quantum fieri potest commodior, tum ex cujus reditibus familia lautius alatur" (17f/209b/1028).

22 „Haec cum ita se habeant, nemo dubitare potest, quod 5. plurimi, tali nempe sensu imbuti, in academiis non aliud quaerant, nec aliud omni industria sua inveniant, quam literalem aliquam rerum divinarum cognitionem & eruditionem ventosam, omni divina virtute vacuam" (18/210a/1029).

ein zweites Haupthindernis, das unsachgemäße Studieren: „*studiorum inordinata tractatio vel electio*“[23].

Zur Predigtlehre

Im zweiten Hauptteil seiner Vorrede geht Spener nun (nach einer ausführlichen Vorbemerkung über die Bedeutung der Philosophie und der Philologie für das Theologiestudium) auf die Theologie selbst und ihre einzelnen Disziplinen ein. Hier kommt er nach Dogmatik, Kontroverstheologie, Kirchengeschichte und Ethik (noch vor einem ausführlichen Abschnitt zur Exegese, die ihm besonders am Herzen lag, und einem Exkurs zur mystischen Theologie) auf das Studium der Homiletik zu sprechen. Der ganze Abschnitt über das Studium der Homiletik wird im folgenden, wegen der schwierigen Erreichbarkeit des Textes, im lateinischen Original und in einer deutschen Übersetzung abgedruckt.[24]

---

23 19/210 b/1031.

24 Der lateinische Text folgt dem Wortlaut der Vorrede von 1690, 37–40 (im Original unpaginiert). Der Auszug entspricht im Abdruck in den ‚Consilia latina‘ I, 1709 (Schriften Bd. 16.1, 1989) den Spalten 222a-223b und in der Separatausgabe von 1736 den Seiten 57–62. Meine Übersetzung versucht, das lateinische Original möglichst gut nachvollziehbar zu erschließen. Die alte Übersetzung von Johann Adam Steinmetz in KGS I (1741) und die gekürzte deutsche Fassung in Paul Grünbergs Ausgabe der ‚Hauptschriften‘ von 1889 (s. Anm. 16) wurden herangezogen.

De *Homiletica* etiam aliquid dicendum est, cujus, quatenus hermeneuticae & exegeticae contradistinguitur, & in oratoria sola consistit, cultum nimium non ego solum, sed mecum multi alii cordati inter praecipua impedimenta studiorum sacrorum reponunt, idque omni jure.

Postquam enim pretium oratoriae isti Ecclesiasticae pro sua dignitate nimium ab annis non ita multis, nam avorum memoria minus operae ei impendi solebat, a quibusdam constitui coepisset, multi judicio hoc occupati juvenum in Academias abeuntium animos illa noxia admodum persuasione impleverunt, cum suggestui destinati sint, & praecipua ministerii pars consistat in concionibus habendis, non melius se studiis consulturos suis, quam si concionandi artem calleant.

Unde quorundam hac opinione fascinatorum prima & ultima cura haec est, ut homiletica tractent, dicendique ex arte modum discant, quid olim dicant ut discant omnino incurii; illis non absimiles, qui de calceorum affabre consuendorum poliendorumque artificio unice soliciti, de mediis corii comparandi vel etiam aptandi plane securi sunt, unde fit, ut aliquando hoc mendicando quaerere necesse habeant, aut eo deficiente ex charta, membrana aut alia materia inepta calceos ad regulas artis consuant satis elegantes, sed usus nullius.

Quid enim aliud speremus de hominibus, qui cum nec credenda nec agenda debita cum cura animo conceperint, eumque habitum sibi comparaverint, ex quo olim dicenda, accedente debita meditatione, ultro succurrant, omnem operam oratoriae Ecclesiasticae impendunt, de disponendi, amplificandi, illustrandi artificio soliciti, & quicquid huc facere videtur, omni labore congerentes, quam ut aliquando methodice et ornate dicant, non tam quod coetui ad aedificationem inprimis profuturum erat, quam quod methodum, quam sibi elegere, suppeditare aut postulare opinantur?

Unde si bona dicunt, dicunt ex aliis, utinam non magna plerumque cum ἀκρισίᾳ, mutuo sumta aut exscripta, quae saepe nec satis intelligunt, adeoque nec recte applicant; hi subsidiarii autores spem si fallant, dicunt inepta, & qualia expectes ab hominibus Theologiae verae ignaris, quorum praecipua cura fuit oratoriae leges discere, & dispositionum formulas, tanquam unicum sapientiae thesaurum, colligere, atque in his omnem suam collocare fiduciam.

Hoc tam noxium cacoëthes, quo tot juvenum, ingenio alias satis valentium, studia plane pessundantur, dignum esset publica etiam, ne latius serperet, coërcitione; saltem non rectius doctores Academici de auditoribus suis mereri possent, quam si omni occasione, omnique animi contentione dirum istum errorem illorum animis evellant, ostendentes, hunc praecipue scopulum esse innumeris naufragiis infamem.

Auch von der *Homiletik* ist etwas zu sagen. Sofern diese von der Hermeneutik und Exegese unterschieden wird und allein in der Redekunst besteht, rechne nicht nur ich, sondern mit mir viele andere redliche Männer – und zwar mit vollem Recht – deren übermäßige Pflege zu den Haupthindernissen des theologischen Studiums.

Nachdem seit nicht allzu vielen Jahren (denn zur Zeit unserer Großväter verwendete man weniger Fleiß darauf) einige angefangen haben, der geistlichen Redekunst einen an ihrer Bedeutung gemessen zu hohen Stellenwert einzuräumen, haben viele von dieser Ansicht eingenommene Leute die an die Universitäten gehenden Jugendlichen von der sehr schädlichen Meinung überzeugt, sie könnten, weil sie sich für die Kanzel entschieden hätten und der wichtigste Teil des Pfarramtes im Predigten halten bestehe, mit ihrem Studium nicht zufriedener sein, als wenn sie die Predigtkunst beherrschten.

Manche, die von dieser Einstellung fasziniert sind, lassen daher ihre erste und letzte Sorge die sein, Homiletik zu treiben und zu lernen, wie sie kunstgerecht reden sollen, ohne sich überhaupt darum zu kümmern, zu lernen, was sie denn einst sagen wollen. Sie gleichen denen, die nur bemüht sind, zu lernen, Schuhe gut zusammenzunähen und zu polieren, sich aber nicht darum kümmern, welches die Mittel zur Beschaffung und Bearbeitung von Leder sind. Daher kommt's, daß sie später dieses entweder erbetteln müssen, oder, weil sie keines haben, aus Papier, Pergament oder anderen ungeeigneten Materialien zwar zierliche, nach den Regeln der Kunst gefertigte, aber unbrauchbare Schuhe machen.

Denn was sollen wir anderes von solchen Leuten erwarten, welche – da sie weder die Glaubenslehren noch die Lebenspflichten mit gehöriger Sorgfalt sich angeeignet oder die Fertigkeit erworben haben, aufgrund deren (mit Hilfe der nötigen Meditation) ihnen später mit Leichtigkeit die nötigen Worte zufließen – allen Fleiß an die geistliche Redekunst wenden, um die Kunst der Disposition, Amplifikation und Illustration besorgt, und alles, was dazu dienlich scheint, mit allem Aufwand zusammenraffen, als daß sie dann später methodisch und schmuckreich reden [können], nicht so sehr über das, was der Gemeinde zur Erbauung gereichen wird, als vielmehr, was ihnen die einmal gewählte Methode zuzulassen oder zu erfordern scheint?

Bringen sie also (nachher dennoch) etwas Gutes hervor, so sprechen sie – leider meist ohne jedes Urteilsvermögen – von anderen Entlehntes und Abgeschriebenes nach, das sie oft nicht genügend verstehen und demgemäß auch nicht recht anwenden. Werden sie von ihren Nothelfern im Stich gelassen, so reden sie ungereimtes Zeug, wie man es von Leuten erwarten muß, die von der wahren Theologie nichts wissen, deren Hauptsorge dahin gegangen ist, die Gesetze der Rhetorik zu lernen und gewisse Einteilungsformeln als ihren einzigen Weisheitsschatz zu sammeln und darauf ihr ganzes Vertrauen zu setzen.

Dieses so schädliche Übel, durch das die Studien so vieler, ansonsten mit gutem Verstand begabter junger Menschen ganz verdorben werden, bedürfte auch offizieller Einschränkung, damit es nicht weiter um sich griffe. Jedenfalls könnten Universitätsdozenten sich nicht besser um ihre Hörer verdient machen, als wenn sie bei jeder Gelegenheit und mit allem Fleiß diesen greulichen Irrtum aus ihren Köpfen tilgten und ihnen zeigten, daß vor allem

De me profiteri possum, cum plurium candidatorum examinandorum munus etiam mihi incumbat, ex illis, qui de methodo studii sui in genere quaesiti, se Homileticae operam navasse mihi responderunt, rarissimos in examine ita stetisse, ut non praeposterae istius industriae noxa ad oculum apparuerit.

Queras ergo, nullumne credam Homiletices usum? Hoc vero non dixerim, id tamen asserere confidens, tantum non esse, quantus plerisque creditur.

In plurimis concionibus plus demonstrationis Spiritus & virtutis (ἀπόδειξιν πνεύματος και δυνάμεως) quam artis & πειθῶν ἀνθρωπίνας σοφίας λόγων deprehendi optarim, ad istam vero quam ad illam oratoria haec magis ducit, imo ad illam ducere non potest, quam vellem ut non saepius abduceret! cum qui ejus amore nimio capti sunt, quomodo quave serie quam quid dicant plerumque magis pensi habeant, malintque auditoribus minus profutura, si methodi leges id exigere credantur, proponere, quam contra harum praescriptum, ac ita ἀμεθόδως inhaerere iis, quibus salus hominum efficacius promoveretur.

De hisce methodi equidem legibus in universum judicare meum non est, miror tamen esse, qui rem liberam, nimirum de rebus divinis ad populum ejus aedificationi, uti haec exposcit, verba faciendi studium, ausint certis legibus ita determinare, ut in vitio ponatur, si hae non ante oculos semper sint, praecipuam vero laudem reportet oratio ad superstitionem usque ad illas exacta.

Spero equidem, qui Ecclesiasticam hanc oratoriam tradunt, non ea esse temeritate, ut hanc suis tribuant regulis autoritatem, quam discipuli plures, forte praeter ipsorum sententiam jactant, seque & alios omnes istis astrictos volunt, tanquam legibus, cum qui praescripserunt, consilia dare voluerint, quae sequi, & ad lubitum ommitere cuivis sit integrum.

Interim non abnuerim, quibus sermones formare difficilius est, aliquod subsidium sibi ex eo parare posse, si ex oratoriis praeceptis rem satis cognitam, ut ab audientibus facilius percipiatur, certo & commodo ordine disponere & dicendi facilitate clariora reddere discant: qui meo quidem sensu Homiletices aut unus aut praecipuus fructus apud illos est, quibus non laus eloquentiae, sed profectus auditorum solus finis est.

Unde talibus potissima cura est, dum studiis operam navant, ut apparatum cognitionis solidae de omni re divina locupletem admodum comparent, quo Theticum & Exegeticum studium faciunt, ex quo suo tempore larga manu

dieser die berüchtigte Klippe sei, an der schon Unzählige Schiffbruch erlitten haben.

Ich kann selbst bezeugen, da ich von Amts wegen auch viele Kandidaten zu examinieren habe: Von denen, die nach ihrer Studienmethode im allgemeinen gefragt wurden und antworteten, sie hätten sich aufs Predigen verlegt, bestanden im Examen die wenigsten so, daß nicht der durch ihren verkehrt angewandten Fleiß entstandene Schaden vor Augen gelegen hätte.

Man könnte daher fragen, ob ich denn der Homiletik gar keinen Nutzen beimesse. Das würde ich freilich nicht sagen, jedoch getraue ich mich zu behaupten, daß der Nutzen nicht so groß ist, wie von den meisten geglaubt.

In den meisten Predigten wünschte ich mehr vom Erweis des Geistes und der Kraft anzutreffen als von Kunst und Überredung durch Worte menschlicher Weisheit. Die Rhetorik aber führt mehr zu dieser als zu jenem, ja kann zu ersterem nicht führen, und ich wünschte, sie führte nicht öfter davon weg! Denn diejenigen, welche gar zu sehr darin verliebt sind, legen meistens mehr Wert darauf, wie und in welcher Reihenfolge sie reden wollen, als darauf, was sie sagen sollen; und, wenn sie meinen, die Gesetze ihrer Methode verlangten dies, tragen sie den Hörern eher Dinge von geringerem Nutzen vor, als daß sie gegen das, was diese [Gesetze] vorschreiben, und also unmethodisch bei dem verbleiben, was das Heil der Menschen kräftiger befördern würde.

Es ist hier nicht meine Aufgabe, diese Gesetze der Methode insgesamt zu beurteilen, ich wundere mich jedoch, daß es Leute gibt, die sich unterstehen, diese freie Sache – nämlich die Bemühung darum, von göttlichen Dingen zur Erbauung des Volkes, wie es dieselbe verlangt, zu reden – dergestalt auf bestimmte Gesetze festzulegen, daß es als Fehler betrachtet wird, wenn diese nicht jederzeit vor Augen sind, eine Rede hingegen höchstes Lob erntet, die geradezu sklavisch nach denselben abgefaßt ist.

Ich hoffe allerdings, daß diejenigen, welche diese geistliche Beredsamkeit lehren, nicht so verwegen sind, daß sie ihren Kunstregeln eine solche Autorität beilegen, wie es manche ihrer Schüler – sicher gegen deren Intention – hinausposaunen, und sich und alle andern daran binden wollen als an [unverbrüchliche] Gesetze; wo doch diejenigen, welche sie aufstellten, nur Ratschläge geben wollten, die zu befolgen oder nach Belieben auch fahren zu lassen jedem selbst freigestellt sei.

Ich will freilich nicht leugnen, daß solche, denen das Verfassen von Predigten schwerer fällt, daraus eine Hilfestellung gewinnen können, wenn sie aus den rhetorischen Vorschriften lernen, einen hinreichend begriffenen Stoff treffend und angemessen zu gliedern und durch Redegewandtheit klarere Worte hervorzubringen, so daß die Zuhörer [die Sache] leichter fassen können. Dies ist jedoch nach meinem Urteil der einzige oder doch der hauptsächliche Nutzen der Homiletik – und zwar für diejenigen, deren einziges Ziel nicht das Lob ihrer Beredsamkeit, sondern der Fortschritt der Zuhörer ist.

Die vornehmste Sorge solcher Studierenden wird daher sein, während ihres Studiums einen sehr reichen Vorrat gründlicher Erkenntnis im ganzen Bereich der Theologie sich zu erwerben, womit sie das dogmatische und exegetische Studium bestreiten; hieraus können sie später reichlich schöpfen, was

admetiantur, quae concioni fidei & vitae proderunt, eo dicendi genere, quod omnem vim suam non a verborum & φράσεως artificio vel aures demulciente elegantia, sed a rerum, quas tractant, insita virtute & dicentium serio zelo repetat: rhetorices praeceptis illi tantum futuris usui, ut assuescant majori perspicuitate & commodo ordine, quae velint, eloqui.

Intra hos terminos redacta Homiletica prodesse potest, quae immoderatius exculta nunc multis nocet, facitque, ut qui concionatores istius beneficio, aliis literis neglectis, evadere unice laborant, nequidem concionibus aliquando, nempe ex vero usu auditorii, habendis, idonei fiant, verborum plerumque fluxu aures demulcentes, cordibus manentibus intactis.

Inprimis in ipsa Homiletica illum quorundam naevum observandum, vel vitandum potius, existimo, qui grammaticandi nimio studio tenentur, & ex hoc vocis, quae forte occurrit, usum grammaticum prolixe ex concordantiis recensent, etsi materia, ubi vox occurrit, plane loco non sit parallela, nec omnino analoga. Quae recitatio vocabulorum Hebraicorum & Graecorum prolixa aedificare populum non potest, cum tamen hujus salus suprema lex concionatoris, adeoque etiam Homiletices, esse debeat.

für die Predigt über Glauben und Leben nützlich ist; und zwar mit einer solchen Redeweise, die ihre ganze Stärke nicht aus der Kunst der Worte und der Formulierung noch aus einer den Ohren schmeichelnden Eleganz, sondern aus der inneren Kraft der Gegenstände, die sie behandeln, und dem ernsthaften Eifer der Redenden bezieht, während ihnen die rhetorischen Vorschriften lediglich dazu dienen, daß sie sich angewöhnen, das, was sie sagen wollen, in größerer Klarheit und hilfreicher Ordnung zu formulieren.

Innnerhalb dieser Grenzen gehalten, kann die Homiletik nützen, wohingegen sie, weil sie unmäßig ausgedehnt wird, heute vielen schadet und bewirkt, daß diejenigen, welche unter Vernachlässigung anderer Studien allein mit deren Hilfe Prediger zu werden trachten, bisweilen nicht einmal fähig werden, später Predigten zu halten – nämlich zum wahren Nutzen der Hörer –, sondern sie kitzeln meist mit einer Flut von Worten die Ohren, lassen aber die Herzen unberührt.

In der Homiletik selbst muß meines Erachtens insbesondere die Unsitte derjenigen beachtet, oder besser: vermieden werden, die von einem allzu großen Grammatikeifer beseelt sind und daher den grammatischen Gebrauch eines vorkommenden Wortes aus Konkordanzen weitläufig erzählen, obgleich der Zusammenhang, in dem es steht, der [herangezogenen] Stelle gar nicht parallel oder vergleichbar ist. Diese weitläufige Anführung hebräischer und griechischer Vokabeln kann das Volk nicht erbauen, dessen Heil doch das oberste Gesetz des Predigers und mithin auch der Homiletik sein soll.

Hauptpunkte

Der Abschnitt über die Homiletik folgt der kritisch-analytischen Struktur der gesamten Vorrede über die Hindernisse des Theologiestudiums. Ein falsches Verständnis, ein unzureichender Begriff von Predigtlehre (Z. 1–13) bedingt – wie auch bei anderen Disziplinen und der Theologie insgesamt – ein unsachgemäßes Studium der Homiletik (14ff). Das Ergebnis ist eine mangelhafte homiletische Ausbildung, welche sich dann in einer kraftlosen Predigtpraxis niederschlägt (34–41), die ihren Aufgaben nicht gerecht wird. Schon in der Einleitung schlägt Spener kritische Töne an: Die Homiletik darf nicht losgelöst von Exegese und Hermeneutik verstanden oder betrieben werden. Diese können (das macht er am Schluß deutlich) freilich auch nicht ersetzt werden durch Grammatik, Worterklärungen und Konkordanzmethode. Predigtlehre darf also nicht reduziert werden auf Sprachlehre und Redekunst. Denn eine so verstandene Homiletik isoliert und verabsolutiert den formalen Aspekt (14–17). Die materiale Frage „Was ist zu predigen?“ darf nicht vernachlässigt, sie kann nicht ersetzt werden durch die formale Frage „Wie ist zu predigen?“

Speners Kritik der geistlichen Redekunst („oratoria Ecclesiastica“) seiner Zeit ist Kritik im Sinne von rechter Unterscheidung, von nötiger Prioritätensetzung und Grenzziehung. Denn der von ihm kritisierte formalistische Ansatz, der die Homiletik auf eine instrumentell verstandene Rhetorik reduziert, birgt seines Erachtens mehrere Gefahren. Folgende acht Punkte lassen sich herausarbeiten: Die Abtrennung der Homiletik von Exegese und Hermeneutik (1.) bedeutet eine Reduzierung der Predigtarbeit auf ihren formalen Aspekt (2.). Diese Reduktion bedingt eine Vertauschung der Prioritäten von Form und Inhalt (3.) und führt deshalb zu einer unsachgemäßen Ausdehnung der Zuständigkeit und Leistungsfähigkeit (4.), die dieser überbewerteten formalen Homiletik zugeschrieben wird. So kommt es, daß die Studierenden durch die übermäßige Pflege (5.) dieser Disziplin an den theologischen Fakultäten dazu verleitet werden, „unter Vernachlässigung anderer Studien allein mit deren Hilfe“ Prediger werden zu wollen (104ff). Mit diesem Übergewicht im Studium geht sodann die Überschreitung der Geltungsgrenzen (6.) einher: Die formalhomiletischen Regeln werden nicht, wie sie ursprünglich gemeint sind, im Sinne von eigenverantwortlich anzuwendenden „Kunstregeln" und „Ratschlägen" genommen, sondern als „Gesetze" mißverstanden, auf die man sich und alle anderen verpflichten zu müssen meint (68–81). Damit überschätzt man nicht nur deren Geltung, sondern auch die erhoffte, durch sklavische (wörtlich: abergläubische) Anwendung zu erzielende Wirkung (7.). Spener bescheinigt solchem instrumentellen Formalismus eine Künstlichkeit ohne Kraft. Was nicht inhaltlich erarbeitet und verstanden wurde, kann nicht verständlich mitgeteilt werden; was nicht angeeignet ist, kann nicht zugeeignet werden; „*quae saepe nec satis intelligunt, adeoque nec recte applicant*" (35f); was nicht von Herzen kommt, geht nicht zu Herzen. Schließlich droht bei einer dergestalt sachlich reduzierten und methodisch aufgeblähten Homiletik auch in prinzipieller Hinsicht eine Gefahr für die Predigt: die Verschiebung der Zielsetzung (8.) des Predigers hin zur Demonstration seiner Beredsamkeit oder Gelehrsamkeit, weg von der Erbauung der Hörer.

Speners Kritik ist scharf, aber dennoch konstruktiv. Sie enthält positive Grundsätze, an denen sich nicht nur die kritische Auseinandersetzung (mit der von der Barockrhetorik geprägten homiletischen Praxis der lutherischen Orthodoxie), sondern auch seine eigene Vorstellung von Theorie und Praxis der Predigt orientiert. Erstens die Priorität des Materialen vor dem Formalen: Spener wendet – gegen jeden methodischen Formalismus – schlicht den rhetorischen Grundsatz *rem tene, verba sequuntur* auf die Homiletik an. Zweitens die Priorität der prinzipiellen Zielsetzung: Der wahre Nutzen der Hörer, die Erbauung der Gemeinde, das Heil des Volkes ist „finis ultimus" jeder Predigt, und deshalb „suprema lex" der Homiletik (115f). Drittens die Durchsetzung dieser Prioritäten *durch* deren methodische Umsetzung: Die Aufgabe lautet demnach, „*von* göttlichen Dingen *zur* Erbauung des Volkes, *wie* es dieselbe verlangt, zu reden" (70f).

3. Weitere Quellen

Außer in den beiden besprochenen Texten hat sich Spener an verschiedenen anderen Stellen aus jeweils gegebenem Anlaß zu Fragen der Predigt und der Homiletik geäußert. Drei Quellenhinweise sollen hier genügen.

a) ‚Natur und Gnade' (1687)

Einem Handbuch zur seelsorglichen Selbstprüfung, das Spener zu Beginn seiner Dresdner Zeit unter dem Titel ‚Natur und Gnade' veröffentlichte, stellte der neue kursächsische Oberhofprediger, der in dieser Eigenschaft zugleich dem Oberkonsistorium angehörte, als Grußwort einen „Anspruch" (Anrede) an die lutherischen Geistlichen in Sachsen voran.[25] Darin stellt er sich selber seinen neuen, ihn mit einiger Reserve empfangenden Kollegen vor und ruft sie mit ernsten, aber herzlichen Appellen („Lasset uns ...") auf zur gemeinsamen treuen Wahrnehmung der im Pfarramt auferlegten Verantwortung: „Lasset uns fleiß anwenden in unsern predigten / daß wir doch solches heilige amt / wo wir allemal vor der gemeinde des HErrn / die er mit seinem GOttes-Blut erworben hat / nicht als blosse menschen / sondern als gesandte Christi / aufftreten / und daher ja nimmermehr unser eigen, sondern wahrhafftig das Wort GOttes / rein und lauterlich vortragen sollen / dermassen verrichten / daß es den zweck erreiche / dazu es verordnet ist".[26] Ausführlich geht er dann auf die Predigt ein, und zwar vor allem auf prinzipielle und materiale Gesichtspunkte.[27]

---

25 Natur und Gnade / Oder der Unterscheid der Wercke / So aus natürlichen kräfften und aus den gnaden-würckungen des Heiligen Geistes herkommen / und also eines eusserlich erbarn und wahrhafftig Christlichen gottseligen lebens / nach der regel Göttlichen Worts einfältig aber gründlich untersucht von Philipp Jacob Spenern / D. ..., Frankfurt am Main 1687 (Schriften Bd. 4, hg. v. Erich Beyreuther, Hildesheim 1984); der „Anspruch" dort 401–454; vgl. dazu die Einleitung von Dietrich Blaufuß, 58*-62*.

26 Natur und Gnade (s. Anm. 25), 430.

27 Die wichtigsten Stichworte in Kürze: 1. als Gesandte Christi sein Wort predigen – 2. fleißig studieren, Predigten nicht aus dem Ärmel schütteln – 3. das Wort Gottes selbst unsere wichtigste Quelle – 4. Vorsatz, das beste zur Erbauung zu tun – 5. Strafamt in Liebe, ohne Heftigkeit üben – 6. Evangelium statt gesetzliche und donnernde Predigten – 7. Gnadengüter zuerst – 8. dann auch Gnadenordnung – 9. Schwache mit verdaulicher Speise stärken – 10. Gründung in der Erkenntnis der Wahrheit wichtiger als Streitsachen – 11. lebendige Erkenntnis Christi unser erstes und letztes, sodann Rechtfertigung und Heiligung – 12. alle Glaubensartikel gründlich aber einfältig behan-

b) ‚Theologische Bedenken' (1700–1711)

Spener hat am Ende seines Lebens eine großangelegte Edition seiner Briefe unter dem Titel ‚Theologische Bedenken' begonnen. Zu seinen Lebzeiten erschienen noch vier Teile. Sein Nachlaßverwalter brachte nach Speners Tod sechs weitere Teile, ‚Consilia et judicia theologica latina' und ‚Letzte Theologische Bedenken', heraus.[28] Diese teils chronologisch, teils thematisch, nach Art eines pastoraltheologischen Nachschlagewerkes gegliederten Sammlungen enthalten jeweils im zweiten Kapitel zahlreiche Briefe, Gutachten und Stellungnahmen Speners zum Thema Theologiestudium und Predigtamt und darin (besonders jeweils im ersten und vierten Artikel) auch viele Äußerungen zu homiletischen Fragen.[29]

c) Predigten

Auch die gedruckten Predigtsammlungen sind eine ergiebige Quelle für das Studium von Speners Predigtweise und Predigttheorie. Zunächst natürlich die Predigten selbst als Zeugnisse sei-

---

deln – 13. bei allen Wahrheiten auch ihre Früchte (applicatio) darstellen … alles aber im Evangelium gründen; (14.) Nachbemerkung: Erbauliche Materien nicht mit viel Wohlredenheit und Gelehrtheit auszieren.

[28] Philipp Jacob Speners … Theologische Bedencken / Und andere Briefliche Antworten auff geistliche / sonderlich zur erbauung gerichtete materien …, 4 Teile, Halle 1700 bis 1702, (^{2}1707–1709, ^{3}1712–1715) (Schriften Bd. 11–14, Hildesheim 1999). – Consilia et judicia theologica latina; Opus posthumum …, 3 Teile, Frankfurt am Main 1709 (Schriften Bd. 16, Hildesheim 1987). – Letzte Theologische Bedencken / und andere Briefliche Antworten / welche von dem seel. Autore, erst nach seinem Tode zu ediren / anbefohlen …, 3 Teile, Halle 1711 (^{2}1721) (Schriften Bd. 15, Hildesheim 1987) – Zu Aufbau, Inhalt und Wirkungsgeschichte des Werkes vgl. Albrecht Haizmann: Ein vergessener Klassiker der Pastoraltheologie. Zur Neuauflage von Philipp Jakob Speners Theologischen Bedenken, in: PThI 12, 1992, 269–280.

[29] Besonders Paul Grünberg (Philipp Jakob Spener, Bd. 2: Spener als praktischer Theologe und kirchlicher Reformer, Göttingen 1905 [Schriften Sonderreihe Bd. 1.2, 1988]) hat für seine Darstellung von Speners Homiletik (31–58) auf die ‚Theologischen Bedenken' als Quelle zurückgegriffen.

ner Predigtpraxis und seiner Theologie.[30] Dann jedoch auch die Vorworte zu den Predigtbänden, in denen Spener nicht selten Rechenschaft ablegt über den seiner Predigtarbeit (oder speziell einer bestimmten Predigtreihe) zugrundeliegenden „methodus". Schließlich kommen auch etliche Predigten als Quellen zu Speners Predigttheorie in Frage: so z. B. ethische Predigten, in denen er etwa über die christliche Pflicht der „Anhörung göttlichen Worts"[31] spricht, oder Investiturpredigten, sogenannte „Pastoralpredigten", in denen Spener die pfarramtlichen Aufgaben behandelt.[32]

III. Schluß

Spener kann auf dem Gebiet der Homiletik nicht eigentlich als schulbildend bezeichnet werden, dagegen jedoch mit einigem Recht als epochemachend. Wie ist das zu erklären? Seine persönliche Predigtweise, deren Defizite er zeitlebens selbst schmerzlich empfunden hat, war wohl in mancher Hinsicht nicht dazu an-

---

30 Vgl. dazu mein in Anm. 2 genanntes Portrait einer der berühmten Wiedergeburtspredigten Speners. – In der Ausgabe der ‚Schriften' (hg. v. Erich Beyreuther, Hildesheim 1979 ff) sind bislang folgende Predigtsammlungen Speners als Reprints erschienen: Kurze Katechismuspredigten, 1689 (Bd. 2.2, 1982); Die Evangelische Glaubenslehre, 1688 (Bd. 3.1, 1986); Die Evangelischen Lebenspflichten, 1692 (Bd. 3.2, 1992); Der hochwichtige Artikel von der Wiedergeburt, 1699 (Bd. 7, 1994).

31 Die Evangelische Lebens-Pflichten In einem Jahrgang der Predigten Bey den Sonn- und Fest-Täglichen ordentlichen Evangelien Aus H. Göttlicher Schrifft / In der Chur-Sächsischen Hoff-Capelle zu Dreßden ... vorgetragen ... Von Philipp Jacob Spenern / D., Frankfurt am Main 1692, [2]1707 (Schriften 3.2.1/2), 1, 298 ff.

32 Philipp Jacob Speners ... Erklärung Der Episteln an die Ephesier und Colosser / Des hocherleuchteten Apostels Pauli ... Wie auch einige desselben Pastoral-Predigten / darinnen von des Predigtamts Beschaffenheit / Verwaltung und Frucht / sowol auch den Pflichten beyde der Lehrer und Zuhörer gehandelt wird, Halle 1706. Schon der (barocktypisch ausführliche) Buchtitel deutet an, daß selbst in Speners Pastoralpredigten nicht einseitig die Perspektive der Prediger eingenommen wird, sondern auch die „Zuhörer" gebührende Berücksichtigung finden.

getan, Schule zu machen. Ein großer Redner oder – wie man so sagt – begnadeter Prediger war Spener nicht.[33] Auch hat er keine ausformulierte neue homiletische Methode eingeführt. Die Übertreibung des methodischen Aspektes in der zeitgenössischen Barock-Homiletik hatte ihn in dieser Hinsicht sehr zurückhaltend, ja geradezu skeptisch werden lassen. Ein Lehrbuch der Homiletik hat er nicht geschrieben. Aber neue Voraussetzungen hat Spener geschaffen, indem er eine neue theologische Orientierung etablierte und eine Basisbewegung förderte, die veränderte kirchliche Verhältnisse schuf. Im Kontext dieser theologischen und kirchlichen Reformarbeit hat er, indem er „alte", sprich reformatorische Kriterien und Grundsätze neu formulierte und geltend machte, der evangelischen Predigt in Praxis und Theorie entscheidende Impulse gegeben.

Speners Werk war reformerisch und mußte deshalb kritisch ansetzen, nicht auf Kosten, sondern zu Gunsten eines konstruktiven Neuansatzes. Die dreigliedrige Struktur seiner ‚Pia Desideria' liegt – mutatis mutandis – auch seiner homiletischen Arbeit zu Grunde. Zunächst: die Analyse der herrschenden Predigtpraxis und -theorie (Diagnose); dann: die kritische Konfrontierung der kirchlichen Realität mit christlichen Grundsätzen oder biblischen Verheißungen (Prognose); daraus entwickelt: die Darlegung der Kriterien und Grundsätze zur Überwindung der Mißstände (Therapie). Bei allen drei Schritten war der neutestamentliche Begriff der Er-

33 Auch bei Spener selbst gab es im Laufe seiner vierzigjährigen Tätigkeit in dieser Hinsicht keine entscheidenden Veränderungen: „Die Eigenart der Spenerschen Predigtweise, die in einer gründlichen Erklärung des Wortsinnes des Textes und in der bedachtsamen Deduzierung dogmatischer, ethischer und seelsorglicher Wahrheiten besteht, die sich von allem rhetorischen Schwulst und gelehrten Beiwerk freihält und auf das sonst übliche Zitieren von Autoritäten fast ganz verzichtet, die immer aus der Sache zu argumentieren sucht und in oft umständlicher, immer aber folgerechter Gedankenführung den Weg von der biblischen Wahrheit zur inneren Erbauung und zum tätigen Leben sucht – diese von der barocken Kunstpredigt der Orthodoxie deutlich unterschiedene, hingegen der Predigt Johann Arndts wie dem Stil der englischen Erbauungsbücher verwandte und deshalb nicht grundlegend neue Predigtart steht von allem Anfang her fest und hat nirgendwann wesentliche Veränderungen erfahren" (Wallmann: Spener [s. Anm. 2], 207).

bauung leitend.[34] Dessen spezifische, theologisch reflektierte Entfaltung und gezielte – kritische wie konstruktive – Anwendung auf die konkrete kirchliche (nicht nur die homiletische[35]) Praxis gehört zu den großen praktisch-theologischen Verdiensten Speners.

Der Ansatz der Homiletik Speners war in seinem historischen Kontext neu und erwies sich als zukunftsweisend. Das Urteil der neuen Epoche war deutlich: Den „Fehlern der [zeitgenössischen] geistlichen Redekunst setzte sich zuerst der berühmte Spener mit Nachdruck entgegen, der die alte Art zu predigen, die in den vori-

---

34 „Erbaulichkeit" ist als Zielformulierung gleichzeitig oberstes Kriterium allen Predigens. Dieser Grundsatz, in dem der prinzipielle Primat der *applicatio* enthalten ist, wendet sich kritisch gleichermaßen gegen scholastische Lehrhaftigkeit, moralisierende oder politisierende Gesetzlichkeit und kontroverstheologische Rechthaberei auf der Kanzel. Gleichzeitig bedeutet der Grundsatz der Erbaulichkeit – durch die damit gegebene Orientierung der *explicatio* an einem *finis ultimus* – eine Ausrichtung und Konzentration der Predigt auf das Wesentliche und wehrt jeder an Vollständigkeit oder Gleichwertigkeit aller Themen orientierten Nivellierung. Das hilft gegen langweilige Eintönigkeit ebenso wie gegen wort- oder geistreiche Überbetonung.
Am homiletischen Dreieck entlang läßt sich Speners Prinzip der Erbaulichkeit nach drei Seiten hin (in seinen materialen und formalen Implikationen) entfalten: 1. Für die *Auslegung des Predigttextes* und die Darlegung des Predigtthemas gilt der Grundsatz der Sachlichkeit. Der Wortsinn, nicht die Eigendynamik der Sprache, der Bilder oder der Assoziationen, bestimmt das Thema und strukturiert den Gedankengang der Predigt. Inhalt sucht und schafft Form. Und für die Form gilt das Gebot der Schlichtheit (gegen jeden, nicht nur den barocken Schwulst oder Manierismus). – 2. Einer dogmatisch-konfessionalistischen Ausrichtung wirkt das Kriterium der Erbaulichkeit durch seine Orientierung an der Subjektivität des Einzelnen, durch sein Interesse an den Hörern entgegen. Das prägt die Predigt durchgehend. Sachorientierung läßt sich nur als *Hörerorientierung* realisieren, weil es um die Sache des Hörers und der Hörerin geht, um Erbauung. Dem Mißverständnis einer Verteidigung der Orthodoxie durch Festschreibung der Reinheit der Lehre steht die in der Hörergemäßheit enthaltene Forderung der Zeitgemäßheit entgegen. – 3. Für die *Person des Predigers* bedeutet Erbaulichkeit als Kriterium, daß weder persönliche Überzeugung und Frömmigkeit durch theologische Gelehrsamkeit ersetzt, noch Gebet und Meditation durch homiletische Methodisierung der Predigtarbeit erübrigt werden können.

35 Vgl. dazu Haizmann: Erbauung als Aufgabe der Seelsorge bei Philipp Jakob Spener (s. Anm. 9).

gen Zeiten war üblich gewesen, wieder einführete … eine ganz andere Art zu predigen … die alle diejenigen Thorheiten bey Seite setzte, womit man das Volk so lange unterhalten hatte, und die besser zur Erbauung eingerichtet war"[36]. Den „Streit um die Predigt" mit der Orthodoxie, den Spener vorbereitete und indirekt auslöste, konnten seine pietistischen Nachfolger für sich entscheiden, woran auch Aufklärungstheologen beteiligt waren und später gerne anknüpften: „Seine Schüler setzten das fort, was er rühmlich angefangen hatte … Im Jahre 1700 gieng dieser homiletische Krieg an, und er ist so ausgeschlagen, daß die Spenerianer den Sieg erhielten, und die sogenannten Orthodoxen, welche der vorhin beschriebenen abgeschmackten Art zu predigen das Wort redeten, sich schämen mußten"[37].

Über seine historischen Verdienste hinaus behält Spener für die Predigtlehre eine bleibende Bedeutung dadurch, daß er an der Wende zum 18. Jahrhundert zeitgemäße, d.h. zukunftsweisende homiletische Grundsätze formuliert und vertreten hat, die auch unter den stark (doch nicht gänzlich) veränderten Rahmenbedingungen an der Schwelle zum 21. Jahrhundert noch plausibel sind und – als kritisch-konstruktive *pia desideria homiletica* – wohl bis auf weiteres ihre Relevanz behalten werden.

---

36 Johann Lorenz von Mosheim: Anweisung erbaulich zu predigen, Erlangen 1763, §12, 81f. – „Dieser rechtschaffene Theologus sahe ein, daß die damahlige Art zu predigen den lasterhaften Wandel des Volkes unterhielte, und er erkühnete sich, auf eine andere vernünftigere und erbaulichere Art zu predigen. Er war kein Redner, welches alle die bezeugen, so ihn gehöret haben; aber weil er erbaulich redete, leicht, faslich und ordentlich die Wahrheiten erklärete, und sie recht an das Herz des Menschen zu legen suchte, so waren seine ungekünstelten Predigten doch beliebt, so trocken und unangenehm auch sein Vortrag war" (ebd. 84).

37 von Mosheim: Anweisung erbaulich zu predigen (s. Anm. 36), 85; vgl. dazu Martin Schian: Orthodoxie und Pietismus im Kampf um die Predigt. Ein Beitrag zur Geschichte des endenden 17. und des beginnenden 18. Jahrhunderts, Gießen 1912, der natürlich die Sache um einiges differenzierter sieht – und behandelt – als Mosheim, ihm jedoch nicht grundsätzlich widerspricht (119).

Ulrich Dreesman

Erbauliche Aufklärung

Zur Predigttheorie Johann Lorenz von Mosheims

Johann Lorenz von Mosheim gilt als einer der bedeutendsten protestantischen Theologen der ersten Hälfte des 18. Jahrhunderts.[1] Sein umfangreiches und facettenreiches Werk[2] hat in jüngster Zeit wieder neu Beachtung gefunden.[3] Mosheim, der mit Ausnahme des Alten Testaments zu allen Gebieten der Theologie publiziert hat, hat insbesondere mit seinen Beiträgen zur Kirchengeschichte wissenschaftsgeschichtliche Bedeutung erlangt; sie haben ihm den Titel des „Vaters der neueren Kirchengeschichtsschreibung"

---

1 Geboren 1693 in Lübeck, erhält er 1723 einen Ruf an die theologische Fakultät der Universität Helmstedt. Neben seiner Tätigkeit als akademischer Lehrer bekleidet er wichtige administrative Positionen im Kirchenwesen von Braunschweig-Wolfenbüttel. In der wissenschaftlichen Welt weithin berühmt, folgt Mosheim 1747 einem Ruf nach Göttingen, wo er maßgeblichen Einfluß auf die Statuten der jungen Universität nimmt und ihr erster (und einziger) Kanzler wird. In Göttingen ist er 1755 gestorben. – Zur Biographie Mosheims s. Gottlieb Nathanael Bonwetsch: Art. Mosheim, Johann Lorenz von, in: RE³ 13 (1903), 502–506; Karl Heussi: Johann Lorenz Mosheim. Ein Beitrag zur Kirchengeschichte des achtzehnten Jahrhunderts, Tübingen 1906; Bernd Moeller: Johann Lorenz von Mosheim und die Gründung der Göttinger Universität, in: Theologie in Göttingen. Eine Vorlesungsreihe, hg. v. Bernd Moeller, Göttingen 1987, 9–40.

2 Eine leicht zugängliche Bibliographie Mosheims bietet Klaus-Gunther Wesseling: Art. Johann Lorenz von Mosheim, in: BBKL 6 (1993), 196–204, 199–201.

3 Johann Lorenz Mosheim (1693–1755). Theologie im Spannungsfeld von Philosophie, Philologie und Geschichte (Wolfenbütteler Forschungen 77), hg. v. Martin Mulsow, Ralph Häfner, Florian Neumann, Helmut Zedelmaier, Wiesbaden 1997.

eingetragen.[4] Daneben avancierte seine Homiletik zum theoriegeschichtlichen Klassiker. Schon in der zweiten Hälfte des 18. Jahrhunderts sieht man mit Mosheim eine Epoche der Predigttheorie beginnen[5], und die neuere Predigttheorie erkennt in ihm den „eigentliche[n] Schöpfer der modernen Predigt“[6] und den „Bahnbrecher der modernen Predigt“[7]. Mosheim hatte Gelegenheit, seine Predigttheorie auch selbst zu erproben – mit größter öffentlicher Resonanz: Seine Gottesdienste waren so gut besucht, daß man ihn fast auf die Kanzel tragen mußte.[8] Und seine von 1725 bis 1739 unter dem Titel ‚Heilige Reden über wichtige Wahrheiten der Lehre JEsu Christi‘ in sechs Bänden veröffentlichten Predigten, durchweg mehrfach aufgelegt, wurden von manchen Lesern so sehnsüchtig erwartet, daß Mosheim die Verzögerung, die bei der Publikation des zweiten Bandes eintrat, als Zeichen wissenschaftlichen Hochmuts ausgelegt werden konnte: „Mein Herz“, so referiert Mosheim den gegen ihn erhobenen Vorwurf, „wäre allem Ansehen nach von der Hoffnung des grossen Ruhmes verdorben, den ich bey der gelehrten Welt durch die Verfertigung anderer Schriften zu erlangen vermeynete, und daher nicht leicht zu bewegen, etwas zu unternehmen, das nur unter den Mittelmäßig-Weisen und Ungeübten Ansehen und Ehre verspräche.“[9]

---

4 Vgl. Karl Heussi: Die Kirchengeschichtsschreibung Johann Lorenz von Mosheims (Geschichtliche Untersuchungen 4), Gotha 1904, 2.

5 „Unter den bisherigen Reformatoren des Geschmacks im Predigen ... machte vorzüglich der unsterbliche Johann Lorenz von Mosheim ... eine Haupt-Epoche.“ (Philipp Heinrich Schuler: Geschichte der Veränderungen des Geschmacks im Predigen, insonderheit unter den Protestanten in Deutschland, Bd. 2, Halle 1793, 159) Ähnlich lautende Urteile von Homiletikern der zweiten Hälfte des 18. Jahrhunderts bei Martin Peters: Der Bahnbrecher der modernen Predigt Johann Lorenz Mosheim in seinen homiletischen Anschauungen dargestellt und gewürdigt. Ein Beitrag zur Geschichte der Homiletik, Leipzig 1910, 201.

6 Paul Drews: Die Predigt im 19. Jahrhundert. Kritische Bemerkungen und praktische Winke (Vorträge der theologischen Konferenz zu Giessen, 19), Giessen 1903, 8.

7 So Peters im Titel seiner Anm. 5 genannten Monographie.

8 Heussi: Johann Lorenz Mosheim (s. Anm. 1), 116.

9 Heilige Reden über wichtige Wahrheiten der Lehre JEsu Christi, Bd. 4, Hamburg [2]1741, unpag. Vorrede.

Mosheims umfangreichste und wirkungsgeschichtlich wichtigste homiletische Schrift ist seine postum erschienene ‚Anweisung erbaulich zu predigen'.[10] Nach Inhalt und Intentionen identisch, aber wesentlich knapper gehalten ist der predigttheoretische Abriß, den Mosheim unter dem Titel ‚Continuatio theologiae pastoralis'[11] seiner ‚Pastoral-Theologie'[12] angehängt hat.[13] Die vorliegende Einführung in Mosheims Homiletik orientiert sich in erster Linie an der ‚Anweisung erbaulich zu predigen'.[14] Sie sucht zunächst das wissenschaftliche Konzept der Homiletik zu rekonstruieren, um sie daran anschließend in ihren Grundzügen darzustellen.[15]

I.

Mosheims Homiletik ist vor dem Hintergrund des im 18. Jahrhundert einsetzenden Verwissenschaftlichungsprozesses der Theologie zu lesen, in dessen Verlauf die Theologie zu einer nach den zeitgenössischen wissenschaftlichen Rationalitätsstandards betriebenen akademischen Fachwissenschaft umgebildet wird. Nach Mosheim kann die Theologie wie jede andere Wissenschaft

10 Anweisung erbaulich zu predigen. Aus den vielfältigen Vorlesungen des seeligen Herrn Kanzlers verfasset und zum Drucke befördert von Christian Ernst von Windheim, Erlangen 1763 (^{2}1771).

11 Zit. Continuatio.

12 Pastoral-Theologie von denen Pflichten und Lehramt eines Dieners des Evangelii, Frankfurt, Leipzig 1754, neu hg. und eingeleitet von Dirk Fleischer, Waltrop 1991.

13 Weitere Ausführungen zur Homiletik finden sich in der ‚Pastoral-Theologie' (45–51), in den (unpaginierten) Vorreden zum ersten und zum sechsten Band der ‚Heiligen Reden über wichtige Wahrheiten der Lehre JEsu Christi' (Bd. 1, Hamburg 1725; Bd. 6, Hamburg 1739) und im ersten Band von Mosheims ‚Sitten-Lehre der Heiligen Schrift' (Helmstedt ^{3}1742, 501–516).

14 Alle nur mit Seitenzahl gekennzeichneten Zitate beziehen sich auf die ‚Anweisung erbaulich zu predigen' in erster Auflage.

15 Zur Homiletik Mosheims siehe neben Heussi (Johann Lorenz Mosheim [s. Anm. 1], 106–121) vor allem die Darstellung von Peters (s. Anm. 5) und die knappe und präzise Zusammenfassung bei Hermann Hering: Die Lehre von der Predigt, Berlin 1905, 166f; vgl. ferner Karl Rudolf Hagenbach: Laur. von Mosheim als Prediger, in: PMIZG 26 (2/1865), 228–246.

auch studiert werden und hat keine spezifisch religiöse Erfahrung – ein Bekehrungserlebnis o. ä. – zur Voraussetzung. Das reformatorische *tria faciunt theologum: meditatio, oratio, tentatio* hat für Mosheim den Rang eines unabdingbaren Konstitutionsprinzips des Theologen verloren[16]: Die Frömmigkeit hat keinen „unmittelbaren Einfluß ... in die Wissenschaft selbst"[17]. Der Verabschiedung von frömmigkeitspraktischen Zugangsvoraussetzungen zur Theologie entspricht das Verständnis der Theologie als einer nach rein zweckrationalen Gesichtspunkten aufgebauten Wissenschaft. Wie jede Wissenschaft hat auch die Theologie „ihren Zweck" (18). Er liegt darin, zum Beruf des Geistlichen auszubilden. Theologie soll dem angehenden Geistlichen die für seine Berufstätigkeit notwendigen Wissensbestände an die Hand geben und so „die Mittel" bereitstellen, „wodurch sich ein angehender Geistlicher die Fertigkeit ... erwerben muß, die Arbeiten, welche das Amt eines Lehrers und Hirten der Gemeinde, die sich nach Jesu Christo nennet, erfordert, mit Nutzen und zum Besten der Kirche zu verrichten".[18] Welcher „Mittel" der Geistliche bedarf, um zum Nutzen und Besten der Kirche wirken zu können, hat Mosheim in seiner als Studieneinführung konzipierten ‚Kurzen Anweisung, die Gottesgelahrtheit vernünftig zu erlernen' erläutert. Der angehende Geistliche muß sich demnach zum einen mit einem Komplex theoretischer Disziplinen (Dogmatik, Ethik, Exegese und Kirchengeschichte), zum anderen mit den „practischen Wissenschaften der Theologie"[19] beschäftigen. Die letzteren sind nicht etwa atheoretisch; sie heißen praktisch, weil sie unmittelbar für die Praxis des pastoralen Berufs relevant werden, weil sie – mit den Worten Mosheims – „einen unmittelbaren Einfluß in die Amtsverrichtungen eines Predigers haben"[20]. Zu den praktischen Disziplinen der

---

[16] Kurze Anweisung, die Gottesgelahrtheit vernünftig zu erlernen, in akademischen Vorlesungen vorgetragen. Nach dessen Tode übersehen und zum Druck befördert durch Christian Ernst von Windheim, Helmstedt ²1763, neu hg. und eingeleitet v. Dirk Fleischer, Waltrop 1990, 20–25 (zit. Gottesgelahrtheit).

[17] Mosheim: Gottesgelahrtheit, 33.

[18] Mosheim: Gottesgelahrtheit, 2.

[19] Mosheim: Continuatio (s. Anm. 11), 87.

[20] Mosheim: Gottesgelahrtheit, 182.

Theologie zählt Mosheim neben Pastoraltheologie, Kirchenrecht und Katechetik auch die Homiletik. Sie hat im Zusammenhang der Theologie die Aufgabe, zu einer kunstgerechten und für die Praxis zweckmäßigen Umsetzung der in den theoretischen Disziplinen gewonnenen Erkenntnisse anzuleiten: Die Homiletik „lehret nicht, was, sondern wie wir predigen sollen."[21] Deswegen steht sie sinnvollerweise am Ende des theologischen Studiums: „Ein junger Homilet muß schon durch die Philosophie seinen Verstand gebessert, durch die Oratorie und allgemeinen Regeln von dem schönen Denken seinen Witz[22] geschliffen, und seinen Kopf mit theologischen Wahrheiten angefüllet haben. Wenn dieses geschehen ist, so ist es die rechte Zeit, die Homilie zu treiben."[23]

Mit seinem Konzept einer die Ergebnisse von Dogmatik, Exegese und Kirchengeschichte voraussetzenden und zweckmäßig aufbereitenden Homiletik stellt sich Mosheim kritisch gegen eine im 17. Jahrhundert verbreitete Form der homiletischen Anleitungsliteratur, die dem Prediger den Predigtstoff selbst an die Hand geben sollte. So boten speziell für die Predigtvorbereitung konzipierte Konkordanzen dem Prediger biblische Verweisstellen zu den einzelnen Worten des auszulegenden Textes, die dieser dann referieren konnte. Neben den Konkordanzen standen „Predigerkünste" und sogenannte geistliche Schatzkammern, die „allerley Emblemata, Antitheses, Historien und Gleichnisse" (79) versammelten. Sie erlaubten, einen Predigtgegenstand beliebig ausführlich zu illustrieren und auszuschmücken.[24] Die Fülle des Illustrationsmaterials aber macht noch keine Predigt: Der sich in Bibelstellen und Gleichnissen ergehende Prediger war, wie Mosheim polemisch anmerkt, „ein geistlicher Schwätzer" (78) geworden, hatte er doch aus den Konkordanzen und geistlichen Schatz-

---

21 Mosheim: Gottesgelahrtheit (s. Anm. 16), 192.

22 Unter „Witz" versteht Mosheim das Vermögen des vielseitigen und gewandten Ausdrucks: „die Fertigkeit, die Dinge, wovon man reden soll, auf verschiedene Art und Weise einzukleiden, vorzustellen und abzuhandeln, daß man den Leuten gefalle." (Gottesgelahrtheit, 72)

23 Mosheim: Gottesgelahrtheit, 194.

24 Vgl. 73–81; zur homiletischen Anleitungsliteratur des 17. Jahrhunderts siehe Ernst Christian Achelis: Lehrbuch der Praktischen Theologie, Bd. 2, Leipzig [3]1911, 107–110.

kammern lediglich gelernt, wie er „ohne Wissenschaft und Gelehrsamkeit von einer Sache, die er nicht verstehet, doch ein Gewäsche machen, und eine Stunde lang eine Rede halten kann" (74). Diesem Mißstand will Mosheim mit seiner Predigtlehre Abhilfe schaffen. Statt der Predigtmaterie bietet sie dem Prediger die Regeln und Grundsätze dar, die ihn in die Lage versetzen sollen, seine Predigt methodisch kontrolliert auszuarbeiten. Sofern die Predigttheorie die Regeln zur Predigtausarbeitung bereitstellt, ist sie eine streng formale Disziplin. Ihren internen Zusammenhang gewinnt die Homiletik durch einen bestimmten Begriff von Wesen und Aufgabe der Predigt. Anstatt homiletische Maximen gleichsam aphoristisch aneinanderzureihen, ist die ‚Anweisung' als „eine vernünftige Sammlung" von Regeln konzipiert, die einen „Grund, woraus alle Regeln fliessen" (16), besitzt. Ihrem Theoriestatus nach ist sie ein organisches, systematisch konstruiertes Regelwerk, das von allgemeinen Grundannahmen von Wesen und Aufgabe der Predigt ausgeht und von dort zu Regeln für die Gestaltung und Ausarbeitung der Predigt fortschreitet.

Die allgemeine homiletische Grundlegung ist Thema des ersten Hauptstücks der ‚Anweisung erbaulich zu predigen' und steht unter dem Titel „Von den allgemeinen Regeln der geistlichen Beredsamkeit, oder von der homiletischen Klugheit". Die Regeln für die Gestaltung und Ausarbeitung der Predigt sind Gegenstand des zweiten („Von den besonderen Regeln der geistlichen Beredsamkeit, oder von den Theilen, woraus eine Predigt bestehet, und von der Natur und Einrichtung derselben") und des dritten Hauptstücks („Von der Ausarbeitung und der Abfassung einer Predigt").[25] Ein Novum in der Darstellung der Predigttheorie schließlich ist ihre historische Fundierung. Die Reflexion auf die „Geschichte der Predigten unter den Christen" (40), die vom neutestamentlichen Christentum bis ins 18. Jahrhundert reicht (38–108), erlaubt es Mosheim, das eigene homiletische Programm in kritischer Absetzung von den festgestellten Fehlentwicklungen der Predigtpraxis zu profilieren und die Wahrheitsmomente

[25] Die als Zitat gekennzeichneten Passagen des vorstehenden Abschnittes sind dem unpaginierten Inhaltsverzeichnis der ‚Anweisung erbaulich zu predigen' entnommen.

früherer Konzepte in sein Programm zu integrieren.[26] Der Durchgang durch die Predigtgeschichte hat zugleich einen pädagogischen Nutzen: Er liegt darin, dem Studenten an historischen Beispielen Stärken und Schwächen bestimmter Predigtauffassungen anschaulich vor Augen zu führen.[27]

II.

Die leitende systematische Grundannahme der Homiletik Mosheims besteht darin, daß die Predigt aus ihrem Zweck heraus zu verstehen sei. Alles, was in der Predigt geschieht, muß sich dadurch ausweisen, daß es zur Erreichung ihres Zweckes beiträgt; was dagegen als unzweckmäßig erscheint, hat in der Predigt keinen Platz. Worin besteht der Zweck der Predigt? Er liegt nach Mosheim darin, „die Seeligkeit der Menschen zu beförderen" (111; vgl. 132). Unter der Seligkeit des Menschen verstcht Mosheim

---

[26] Mosheim verfährt nach der Methodik des frühaufklärerischen Eklektizismus (vgl. dazu Horst Dreitzel: Zur Entwicklung und Eigenart der „eklektischen Philosophie", in: Zeitschrift für historische Forschung 18 [1991], 281–343), wenn er Predigtkonzepte zunächst analysiert und miteinander vergleicht, um dann selbst die „Mittelstrasse" (134) zu gehen. So stellt er beispielsweise der seines Erachtens lehrhaften und stilistisch spröden englischen Predigt den Stil der französischen Predigt gegenüber, die voll rhetorischen Esprits, dafür aber im Blick auf Inhalt und argumentative Klarheit unbefriedigend sei. Mosheims Fazit: Die englische Predigt ist im Blick auf ihren Inhalt, die französische im Blick auf ihren Stil als „Muster" (99) heranzuziehen. Ähnlich vermittelnd argumentiert er angesichts der Alternative „philosophische oder biblische Predigt" (81–89). Die Reihe der Beispiele ließe sich vermehren.

[27] Darin spiegelt sich sein „pragmatisches" Konzept der Historiographie, nach dem die Geschichtsschreibung nicht Faktensammlung, sondern gegenwartsorientierende Geschichtsauffassung sein soll; vgl. Heussi: Kirchengeschichtsschreibung (s. Anm. 4), bes. 34–38, 44f; Emanuel Hirsch: Geschichte der neuern evangelischen Theologie im Zusammenhang mit den allgemeinen Bewegungen des europäischen Denkens, Bd. 2, Gütersloh ³1964, 355–359; Dirk Fleischer: Einleitung, in: Johann Lorenz von Mosheim: Versuch einer unpartheiischen und gründlichen Ketzergeschichte, Helmstedt 1746, hg. und eingeleitet von Dirk Fleischer (Wissen und Kritik, 2), Waltrop 1995, III–XLV, bes. XXV–XXVII.

den festen „Vorsatz, Gott zu lieben, und seinen Geboten zu gehorsamen" (116). Er nennt die Seligkeit auch den Entschluß des Menschen, seinen „Willen dem Willen Gottes zu unterwerfen" (117; im Original hervorgehoben), oder auch nur kurz den „Vorsatz zum Guten" (119). Christliche Predigt soll nach Mosheim ihre Adressaten zu dem Entschluß bringen, dem göttlichen Willen gemäß zu leben: Sie hat die Aufgabe, zu gottgefälliger Lebensführung zu motivieren. Mosheim hat diese Funktionsbestimmung der Predigt auf den Begriff der *Erbauung* gebracht: Erbaulich heißt eine Predigt dann, wenn sie die Seligkeit des Menschen zu befördern vermag.

1. Zu zeigen, wie die Predigt ausgearbeitet werden muß, um im angegebenen Sinne „erbaulich" zu sein, ist die Aufgabe der homiletischen Theorie. Sie hat zunächst nach dem Erkenntnisgrund der erbaulichen Predigt zu fragen. Für Mosheim steht es außer Zweifel, daß die Bibel für den Christen die Quelle all dessen ist, was für eine dem göttlichen Willen gemäße Lebensführung zu wissen notwendig ist: „Die heilige Schrift ist der Hauptgrund und die Hauptquelle aller Erkenntniß eines Christen." (1; vgl. 342) Weil die heilige Schrift alles das bietet, worum ein Mensch für eine gottgefällige Lebenspraxis wissen muß, hat die christliche Predigt von biblischen Texten zu handeln. Allerdings ist die Predigt mit dem Inhalt eines biblischen Textes nicht einfach identisch; denn zum einen „stehen viele Dinge in der heiligen Schrift, welche der Mensch nicht nöthig hat genau zu wissen, und er kann doch seelig werden" (132) – so z.B. die Maße der Arche Noah. Zum anderen liegt in den Texten das für die Seligkeit notwendige Wissen – „die geoffenbahrten Heilswahrheiten" (131; im Original hervorgehoben) – nicht immer klar zutage: Am ehesten ist dies noch bei lehrhaften Texten der Fall (z.B. in der Bergpredigt); schwieriger gestaltet sich die Predigt über erzählende Texte sowie Weissagungen und Gleichnisse, die besonderer hermeneutischer Bemühungen bedürfen, um sie im Rahmen einer Erbauungspredigt zum Sprechen zu bringen. So gilt als homiletische Regel im Blick auf den Predigtinhalt zunächst nur, daß das, „was in einer Predigt gesagt wird, ... die heilige Schrift zur Richtschnur haben" muß (1).

2. Christliche Predigt ist zwar Predigt über einen biblischen Text, nicht aber Wiedergabe des Textes. Die Aufgabe der Homiletik läßt sich dahingehend präzisieren, daß sie zu zeigen hat, *wie*

die biblischen Texte zur Geltung gebracht werden müssen, um die im Gottesdienst versammelten Menschen zu „seligmachenden" Willensentschlüssen zu motivieren. Zur Beantwortung dieser Frage reicht exegetisches und dogmatisches Wissen allein nicht aus. Um über einen biblischen Text „erbaulich" zu predigen, muß die Reflexion auf die Predigthörer notwendig hinzutreten. Das homiletische Problem stellt sich für Mosheim also genauerhin als Frage nach den Adressaten der Predigt. Er arbeitet sie in doppelter Hinsicht aus: Zum einen als Frage nach den Voraussetzungen, die die Predigthörer als *Menschen* mitbringen; in dieser Perspektive geht es um die Bewußtseinsdisposition des Menschen überhaupt (a). In anderer Hinsicht kommen die Predigthörer als *empirische Subjekte* in den Blick, deren Voraussetzungen nach jeweiliger Sitte und lokalen Gegebenheiten variieren (b). Mosheim hat seine Auffassung, daß neben die Reflexion auf den Predigttext notwendig auch die auf den Adressaten der Predigt treten muß, treffend mit dem Bild des Arztes verdeutlicht, der ein Medikament nicht ohne Rücksicht auf den Patienten verabreichen wird: „Ein Mittel kann an sich gegen eine Krankheit gut seyn; allein es würde nichts fruchten, wenn es nicht nach der Beschaffenheit des Patienten eingerichtet würde." (113)

a) Für seine Analyse der Bewußtseinsdisposition des Predigthörers orientiert sich Mosheim an einem zeitgenössischen psychologischen Schema, nach dem das menschliche Bewußtsein durch die Grundfunktionen „Verstand" und „Wille" strukturiert wird. Den *Verstand* definiert er als das Vermögen der Wahrnehmung, der Reflexion und des Schlusses. Er ist „die Kraft der Seelen ..., die Dinge, die ihr vorkommen, zu vernehmen und zu begreifen, dieselbe zu überlegen, sich deutlich vorzustellen und unter einander zu vergleichen, und endlich zu urtheilen und zu schliessen, was für wahr oder falsch zu halten, was zu thun oder zu lassen sey."[28] Der *Wille* ist verstanden als „das Vermögen der Seelen, das zu begehren, was uns gut und angenehm und das zu verabscheuen, was uns böse und schädlich zu seyn scheinet, und dabey den Vorsatz zu fassen, alles das zu thun, was uns zu dem Genuß und Besitz der Dinge, die gut und nützlich scheinen, bringen und von

---

28 Mosheim: Sitten-Lehre I (s. Anm. 13), 89.

der Gewalt der schädlichen und bösen Dinge befreyen kan".[29] Die beiden menschlichen Seelenvermögen verhalten sich nach Mosheim zueinander wie der Lehrer zum unmündigen Kind[30]: Was der Verstand wahrnimmt und für richtig oder falsch erkennt, das bestimmt den Willen. Wo umgekehrt der Verstand schwankt und unsicher ist, da ist auch der Wille wankend und unbestimmt. „Unser Wille richtet sich nach dem Verstande, und entschliesset sich zu nichts ohne Bewegungsgründen." (116)

Die Konsequenz aus dieser Verhältnisbestimmung von Verstand und Wille müßte, so sollte man jedenfalls erwarten, lauten, daß die Predigt nichts als Belehrung über die geoffenbarten Heilswahrheiten zu sein hat. Aus dem Lehrvortrag müßte sich der vom Prediger intendierte Willensentschluß zwangsläufig ergeben. Allein „die Erfahrung lehret" etwas anderes: „die meisten Menschen sind zu träge und zu schläfrig, und wenden die Wahrheiten, wovon sie überzeuget sind, nicht an, wenn sie nicht dazu angeführet werden." (119) Deswegen darf sich die Predigt nicht nur auf Belehrung beschränken, sondern muß auch unmittelbar auf den Willen und seine Entschlüsse einzuwirken suchen – und zwar so, daß die Motivation des Willens organisch aus der Verstandesbelehrung hervorgeht (117). Belehrung des Verstandes und Motivation des Willens gehören für Mosheim untrennbar zusammen. Die im Pietismus verbreitete Auffassung, „daß erst das Herz des Menschen müsse gebessert werden, und sich die Bekehrung von dem Willen anfange" (119), weist er dagegen entschieden zurück. Eine Predigt, die sich ausschließlich an Herz und Willen wendete, könnte ihre Adressaten nach Auffassung Mosheims nur vordergründig bewegen. Ihr Effekt würde nicht von Dauer sein. Er verflüchtigte sich, „wenn die erste Hitze durch andere Vorstellungen gedämpfet ist" (119; vgl. 180–182).

Die Predigt hat nach Mosheim also eine Doppelaufgabe zu erfüllen: Sofern sie den Verstand beschäftigt, ist sie belehrend, sofern sie sich an den Willen wendet, ist sie ermahnend. Erbauliche Verstandesbelehrung bedeutet zunächst die Vermittlung und Vertiefung von religiösen Wissensbeständen (121). Gleichzeitig aber muß es dem Prediger darum zu tun sein, die vorgestellten

---

29 Mosheim: Sitten-Lehre I, 153.
30 Mosheim: Sitten-Lehre I, 154.

Wissensbestände zu „beweisen", denn: „Ein Unterricht, ohne Beweis, setzet den Verstand in kein Feuer." (122) In dieser zweiten Hinsicht geht es nach Mosheim darum, den in der Predigt verhandelten Lehrgegenstand zunächst deutlich darzulegen, um ihn dann durch Beispiele und Vergleiche „aus dem menschlichen Leben, oder aus der Natur" (158) zu plausibilisieren. Schließlich soll er in den Zusammenhang der christlichen Lehre eingeordnet und so seine Vereinbarkeit mit dem sonst im Christentum als wahr Erkannten aufgewiesen werden (352–356). Neben die interne tritt die externe Verifikation des verhandelten Lehrgegenstands. Mosheim geht mit der Philosophie und der Theologie seiner Zeit von der Widerspruchslosigkeit von Vernunft- und Offenbarungswahrheit aus.[31] Danach enthält die christliche Offenbarung zwar die Vernunft übersteigende, aber keine ihr widersprechende Wahrheit. Aus diesem Grund braucht der Prediger „Vernunftbeweise" (164; 172f), die Verifizierung eines Lehrgegenstandes an den Grundsätzen der natürlichen Religion also, nicht zu scheuen. Er kann sich ihrer, wenn es ihm zweckmäßig erscheint, frei bedienen.

Nur ein überzeugter und vergewisserter Verstand vermag den Willen nachhaltig zu bestimmen und ihn zu den Entschlüssen zu motivieren, auf die eine erbauliche Predigt abzielt. Um dieses Ziel zu erreichen, muß sich die Predigt nun aber auch unmittelbar an den Willen wenden. Mithin soll der Mensch durch die Predigt nicht nur intellektuell beschäftigt, sondern auch emotional bewegt werden. „Willenserbauung" heißt für Mosheim, das Streben des menschlichen Willens auf den Willen Gottes, wie er sich in den geoffenbarten Heilswahrheiten kundtut, auszurichten. Es gilt, den Menschen dazu zu bewegen, den göttlichen Willen zur Sache seines innersten Strebens zu machen. Dazu muß die Predigt „die Begierden und Affecten, die in dem Willen wohnen, aufbringen" (177; im Original hervorgehoben). Die Tätigkeit des Willens artikuliert sich nach Mosheim in Begierden und Affekten. Sie entstehen, wenn der Wille eine Sache erstrebt oder verabscheut.[32] Die Predigt hat ihr Ziel erreicht, wenn es ihr gelingt, dem Men-

---

[31] Zu Mosheims Bestimmung des Verhältnisses von Vernunft und Offenbarung vgl. Hirsch (s. Anm. 27), 361.

[32] Zu Mosheims Willens- und Affektbegriff vgl. Sitten-Lehre I (s. Anm. 13), 233–255.

schen die Setzungen des göttlichen Willens nicht nur evident zu machen, sondern sie ihm so nahe zu bringen, daß er sie auch affektiv bejaht.

b) Thema der Homiletik ist nicht allein der Mensch als abstrakt erkennendes und wollendes Wesen, sondern auch als durch konkrete Umstände bestimmtes Individuum. Die erbauliche Predigt muß der psychologischen Disposition des Menschen entsprechen, darf aber dabei den konkreten Adressatenkreis der Predigt nicht aus den Augen verlieren. In seiner ‚Pastoral-Theologie' erklärt es Mosheim zur unabdingbaren Voraussetzung jeder Tätigkeit im Pfarramt, die jeweilige Gemeinde „kennen zu lernen, und genau Acht zu haben, theils wie dieselbe überhaupt, theils wie die besondere [sic!] Glieder derselben beschaffen und bewand sind"[33]. Um sich auf die konkrete Situation seiner Gemeinde einstellen zu können, muß der Prediger „zuerst überhaupt den Zustand seiner Gemeine kennen, und auf die Meinungen, Vorurtheile, Lebensart, Sitten und andere Dinge sehen, die in seiner Heerde üblich sind."[34] Der hohe Stellenwert, den die konkrete Gemeinde für die Amtstheorie Mosheims hat, spiegelt sich auch in der ‚Anweisung erbaulich zu predigen' wider. In einem Abschnitt, der offensichtlich auf eigenen Erfahrungen beruht und den man insofern empirisch nennen kann, versucht Mosheim, den Adressatenkreis der Predigt zum einen hinsichtlich seines kognitiven, zum anderen hinsichtlich seines frömmigkeitspraktischen Profils zu erfassen. Nach Mosheims Einschätzung muß ein Prediger mit Hörern rechnen, die durch „schwachen Verstand" (195) und Unaufmerksamkeit ausgezeichnet sind. An Belehrung und Ermahnung sind sie kaum oder wenig interessiert; sie bringen „eben keine grosse Begierde mit sich ... zu lernen, und sich zu besseren." (194) Man kann bei ihnen zwar das Basiswissen des Katechismus voraussetzen, doch ist ihr Begriff vom Christentum recht unbestimmt und unsicher; zur frömmigkeitspraktischen Umsetzung ihres Wissens sind sie zum großen Teil weder willens noch in der Lage. Sind die Voraussetzungen, die die Predigthörer mitbringen, also denkbar schlecht, so wird dieses Bild durch das Aufkommen von aufklä-

33 Mosheim: Pastoral-Theologie (s. Anm. 12), 39.
34 Mosheim: Pastoral-Theologie, 40.

rerischer „Freygeisterey", deren Christentumskritik „an den Höfen ... bey nahe zu den Artigkeiten gezählet" (136) wird, noch zusätzlich verdunkelt. Alles in allem lebt man nach Mosheim in „verderbte[n] Zeiten ..., worin Zweifel und Unglaube immer mehr um sich greiffet, und viele Christen anstecket". (173)[35]

Für Mosheim ist klar, daß die Predigt an den beobachteten Krisenerscheinungen des gelebten Christentums nicht vorbeigehen darf. Sie hat sich zunächst auf die mangelnden kognitiven Fähigkeiten ihrer Hörer einzustellen und ihnen durch eine klare Disposition zu Hilfe zu kommen. Damit die Gemeinde die üblicherweise einstündige Predigt nachzuvollziehen und zu verinnerlichen vermag, muß sie klar gegliedert und stringent aufgebaut sein (211–216). Mosheim übernimmt das in der Homiletik der altprotestantischen Orthodoxie ausgearbeitete rhetorische Schema von *explicatio – applicatio*[36] und konzipiert die Großform der Predigt als genauen funktionalen Spiegel der vermögenstheoretischen Relation von Verstand und Wille. Der lehrhaften „Abhandlung", die den Menschen primär im Blick auf sein intellektuelles Vermögen anspricht, folgt die an den Willen gerichtete „Nutzanwendung", die „natürlich, ungezwungen, unwidersprechlich aus derselben fliessen" (450) und die lebenspraktische Applikation des verhandelten Lehrgegenstandes ermöglichen soll. Die Abhandlung, die Mosheim auch „die Seele der Predigt" (249) nennt, soll dem Hörer durch einen leicht nachvollziehbaren Aufbau das Verständnis erleichtern. Sie setzt zweckmäßig mit einer überschriftartigen Angabe des Predigtthemas – der sogenannten „Proposition" – ein und schließt daran die „Partition" – eine Zusammenfassung des Predigtinhaltes – an, ehe sie das Thema entfaltet: „Die Zuhörer bekommen durch solche Disposition einen Leitfaden, dem sie nachgehen können, und man kommet ihnen also in der Aufmerksamkeit zu Hülfe." (251)

---

35 In seiner ‚Sitten-Lehre' widmet Mosheim der religiösen Lage seiner Zeit einen ausführlichen Abschnitt, in dem sich Bestandsaufnahme und die Frage nach den Gründen für die Krise des Christentums verbinden (Bd. 1 [s. Anm. 13], 341–576).

36 Vgl. dazu Dietrich Rössler: Grundriß der Praktischen Theologie, Berlin, New York [2]1994, 367f.

In der von Mosheim diagnostizierten Krise der christlichen Lebenspraxis erhält folgerichtig neben der belehrenden Abhandlung die Nutzanwendung ein besonderes Gewicht. Mosheim hält zwar an dem in der altprotestantischen Orthodoxie ausgearbeiteten Schema der fünf *usus* fest[37], ohne jedoch der starren Anwendung dieses Schemas das Wort zu reden. Nur der Ermahnungs- und der Warnusus sind in jeder Predigt durchzuführen; denn mit trägen Christen unter den Predigthörern ist nach Mosheim in der zeitgenössischen Krise des Christentums stets zu rechnen (314f). Dagegen können der meist redundante Lehrusus und der häufig zu unproduktiver konfessioneller Polemik verführende Widerlegungsusus zumeist ausfallen. Der Trostusus soll, weil er tendenziell ethische Indifferenz fördert, nur mit Vorsicht zur Anwendung kommen. „Ein Prediger muß sich den größten Theil der Zuhörer als solche vorstellen, die noch unbekehrt sind, und daher nicht zu viel Gnade und Trost predigen, oder doch nur erinnern, daß der Trost nur die Gerechten angehe." (211; im Original hervorgehoben)

Auch in der Art und Weise der Textauslegung muß sich die Predigt den Anforderungen der neuen Zeit stellen: Sie soll ihre Themen möglichst nahe am biblischen Text entwickeln und den literalen Sinn des Textes – den „Wortverstand" (346, 347 u.ö.) – zur Geltung zu bringen suchen. Als Alternative zur sukzessiven Auslegung des Textes – der „analytischen" Predigt – empfiehlt Mosheim, „synthetisch" zu predigen, d.h. dem Text ein für Glaube und Leben relevantes Thema zu entnehmen und frei zu entwickeln. Von allegorischer Auslegung des Textes ist dagegen abzusehen, weil sie von den gebildeten Predigthörern nicht mehr akzeptiert wird: „Einfältige Zuhörer nehmen es so genau nicht; sie denken nicht daran, ob die Lehre mit Recht oder mit Unrecht aus dem Texte gezogen werde; aber klügere Leute, die solches [sc. allegorisches] Gewäsche hören, werden unwillig, verachten den Prediger, und ihre Gedanken beschäfftigen sich nicht mit der vorgetragenen Wahrheit" (359). Der Prediger muß mit einer urteilsfähigen Gemeinde rechnen, die keineswegs mehr gewillt ist, seinen Ausführungen kritiklos zu folgen. „Die Welt wird immer klüger." (357) Sowenig sie sich mit allegorischer Textauslegung zufrieden

---

37 Vgl. Achelis (s. Anm. 24), 103–106.

gibt, sowenig mag sie auf die selbstverantwortete Einsicht in die Gründe des Glaubens verzichten. Wenn Mosheim fordert, auf der Kanzel nicht nur zu lehren, sondern auch zu „beweisen"[38], so reklamiert er das Recht der Gemeinde darauf, mit Einsicht und aus vernünftigen Gründen zu glauben. War es die „Meinung der Alten", daß es ausreiche, den Menschen die zu glaubenden Heilswahrheiten vorzulegen, ohne sich um ihre Plausibilisierung zu bemühen, so hat man diese Auffassung „Gott Lob! anitzo meist fahren lassen, und alle Klugen nehmen an, daß auch Beweis zu dem Unterrichte kommen müsse; denn die Zuhörer ... sind Leute, welchen ihre Vernunft nicht ohne Ursache verliehen ist, und wir sind nicht berechtiget, von denen, die unser Heyland erlöset hat, zu fordern, daß sie unseren Worten glauben, und die Hofnung der Seeligkeit auf unser Vorgeben gründen sollen." (166) Der Gestus der Predigt darf dementsprechend nicht der einer autoritativen Belehrung sein. Die Predigt trägt vielmehr die Züge eines Transfergeschehens, in dessen Vollzug die in der Sprache der Bibel aufbewahrten Gehalte des christlichen Glaubens in die Gegenwart übersetzt werden. Sie ist daran zu messen, ob sie das, was früher galt, für die Gegenwart zu plausibilisieren vermag.

Dies bemißt sich nicht zuletzt auch an Stil und „Schreibart" (137) der Predigt, die dem Fassungsvermögen und den Hörgewohnheiten der Gemeinde entsprechen müssen. Die Forderung eines an den Adressaten orientierten Stils ist zusammengefaßt in der Forderung Mosheims, daß die Predigt als Rede auszuarbeiten sei. Das heißt negativ, daß sie keinesfalls die Züge eines akademischen Lehrvortrages tragen darf: Sie soll nicht im Ton „gelehrte[r] Abhandlungen und Dissertationen" (4) abgefaßt sein. Während nämlich der wissenschaftliche Lehrvortrag seine Gegenstände abstrakt verhandelt, trägt die Kanzelrede das Gepräge der direkten Kommunikation mit einem bestimmten Gegenüber. Der Grad der „Munterkeit und Lebhaftigkeit" (148) unterscheidet sie vom eher distanzierten wissenschaftlichen Vorlesungsstil; und ihre größere Lebhaftigkeit soll dann auch beim Hörer jene emotionale Bewegung erzeugen, die in erbauliche, „seligmachende" Willensentschlüsse einmündet. Doch nicht nur ihre Lebendigkeit und Konkretheit, auch ihre Ausführlichkeit unterscheidet die Predigt

---

38 Vgl. oben II. 2. a.

vom universitären Lehrvortrag. Während dieser konzentriert von Argument zu Argument, von Schluß zu Schluß fortschreiten kann, muß die Predigt einen Gedanken hin und her wenden. Sie soll dem Hörer Zeit lassen, einen Gedanken allmählich zu verinnerlichen. Und während die um präzisen Ausdruck bemühte Wissenschaftssprache ihre Gegenstände abstrakt erfaßt, soll die Predigt einen Gegenstand möglichst anschaulich und eingängig vor Augen führen. Statt mit abstrakter wissenschaftlicher Terminologie arbeitet die Predigt mit Bildern und Vergleichen aus der Alltagswelt. Sie sucht „die Wahrheiten gleichsam abzumahlen, und sie in Bildern dem Verstande vorzulegen" (158). Freilich sind ihrem Anspielungsreichtum auch Grenzen gesetzt. Er soll angemessen, und das heißt „der *Hoheit und Wichtigkeit* der Sache gemäß seyn" (137). Die Predigt hat die Mitte zwischen hohem und niedrigem Stil, zwischen Kunst- und Alltagssprache zu halten. Werden „die göttlichen Wahrheiten ... in schlechte und schmutzige Wörter und Redensarten eingehüllet, so werden sie den Klugen lächerlich, den Einfältigen verächtlich" (146). Die Predigt soll sich an einem mittleren Stil orientieren – dem Stil, der „in dem gemeinen Leben unter den Vernünftigen und Klugen gebräuchlich ist" (138; im Original hervorgehoben). Der ideale Predigtjargon ist für Mosheim der Alltagston des ästhetisch anspruchsvollen und gebildeten Bürgertums.

Die genannten homiletischen Maximen sollen dazu beitragen, eine den neuen Ansprüchen adäquate Predigt auszuarbeiten und damit einen Beitrag zur Überwindung der von Mosheim diagnostizierten Krise des gelebten Christentums zu leisten. Sie lassen sich noch um einen weiteren homiletischen Grundsatz vermehren, der die individuell-persönlichen Kompetenzen des Predigers betrifft. Mosheim widmet der Person des Predigers im Rahmen seiner Homiletik zwar keinen eigenen Abschnitt, bedenkt aber in verschiedenen Zusammenhängen die Konsequenzen, die sich aus den homiletischen Maximen für den Prediger ergeben. Sie betreffen zum ersten seine frömmigkeitspraktischen Voraussetzungen, zum zweiten seine Bildungsvoraussetzungen.

Zum ersten: Der Prediger wird von Mosheim als Bürge der auf der Kanzel vertretenen Glaubenswahrheit in die Pflicht genommen, der durch seinen Lebenswandel unterstreichen und verifizieren muß, was er auf der Kanzel vertritt: „Ein Mann, der gottseelig lebet, in einer guten Meinung stehet, wird allezeit gern gehöret. Aber dieienigen, denen dieses fehlet, werden mit aller Kunst nichts ausrichten." (199f) Ebenso wichtig wie die Glaubwürdigkeit des Lebenswandels ist für eine erbauliche Predigttätigkeit die Darstellung authentischer Frömmigkeit: „Wir mögen uns verstellen, wie wir wollen; auch der Einfältigste merket leicht, wie es mit unseren Herzen beschaffen ist" (185). Erbaulich zu predigen vermag nach Auffassung Mosheims am besten der, in dessen Worten eigene Erfahrung mitschwingt. Zwar kann auch ein Prediger erbauen, der nicht auf eine eigene Frömmigkeitsgeschichte zurückblickt. In diesem Punkt widerspricht Mosheim ausdrücklich Philipp Jakob Spener, der „behauptete ..., daß keiner ein wahrer Theologe seyn könne, als ein Wiedergebohrner" (84). Auch ein Nichtwiedergeborener kann nach Mosheim sein Predigtamt zweckmäßig versehen. Doch ist von einer frömmigkeitsgesättigten Predigt nach Mosheims Einschätzung eine größere Wirkung zu erwarten. In emotionale Bewegung gesetzt werden die Predigthörer am wahrscheinlichsten da, wo fromme Emotionen im Prediger selbst wach sind. Eine Predigt, die ohne erkennbare affektive Beteiligung gehalten wird, wird dagegen auch die Zuhörer kaum anrühren. Die Predigt sollte deswegen die „Sprache des Herzens" (184) sprechen. Weil das am besten der vermag, der selbst erfahren hat, wovon er redet, ist zu erwarten, „daß ein wiedergebohrner Prediger viel mehr fruchtet, als ein unwiedergebohrner. Jener hat die Wahrheiten, die er vorträgt, an sich selbst empfunden. Er weiß dieselben also viel lebhafter vorzustellen, als derienige, der sie nur theoretisch erkennet." (185)

Frommes Engagement allein reicht aber noch nicht hin, wenn es darum geht, unter den angedeuteten neuen gesellschaftlichen Bedingungen erbaulich zu predigen. Gelingende Predigttätigkeit setzt zum zweiten ein entwickeltes Sprachvermögen voraus, das nicht allein mit dem biblischen Text umzugehen, sondern auch die Sprache der „klugen Welt" zu sprechen versteht. Ein unkultiviertes Deutsch wird der Wirkung der Predigt dagegen abträglich sein: „in unsern Zeiten sehen die Weltleute auf den Vortrag, und rücken die Sprachfehler ihm [sc. dem Prediger] fast mehr auf, als andere Irrthümer, und verachten ihn"[39]. Wo fromme Authentizität

---

[39] Mosheim: Gottesgelahrtheit (s. Anm. 16), 87f.

und allgemeine Sprachkultur miteinander vermittelt werden, sind die Voraussetzungen des von Mosheim geforderten gebildet-anspruchsvollen Predigtstils gegeben. Ort dieser Vermittlung ist die Person des Predigers. So beruht die Erbaulichkeit der Predigt zuletzt darauf, daß er der eigenen emotionalen Bewegung eine schlüssige Sprachgestalt zu geben vermag. Im besten Falle gelingt es ihm, die Synthese von emotionaler Bewegung und sprachlichem Ausdruck spontan und lebendig zu inszenieren, oder – mit den Worten Mosheims – auf der Kanzel „die Freyheit seiner Seelen zu gebrauchen“ (473). Die Erbaulichkeit der Predigt wächst, je mehr sie die Züge einer freien, natürlich-ungezwungenen Kommunikation des Predigers mit seiner Gemeinde annimmt: „Ie natürlicher, ie freyer, ie lebhafter der Vortrag ist, ie mehr gefällt er, und ie mehr rühret er.“ (470)

III.

Mosheims Homiletik hält die zwischen Orthodoxie, Pietismus und frühaufklärerischem Rationalismus geführte Auseinandersetzung um das rechte Verständnis der Predigt in einem Stadium fest, in dem das Ergebnis des Streites noch völlig offen ist.[40] Sie kann als der Versuch gelesen werden, die Interessen und Anliegen der konfligierenden Konzepte miteinander zu vermitteln und auszugleichen. Mosheims Predigtlehre besticht ebenso durch ausgeprägtes Problembewußtsein wie durch immense Integrationskraft, verknüpft sie doch das rhetorische Konzept der Orthodoxie mit dem Predigtideal des Pietismus, das Orthodoxie und Pietismus einende Konzept der biblisch fundierten Predigt mit den Ansprüchen der frühaufklärerischen Vernunft. In Mosheims predigttheoretischer Vermittlungsbemühung kommt die Einsicht zum Tragen, daß für sich genommen weder das orthodoxe noch das pietistische Predigtkonzept den Anforderungen der sich formie-

---

[40] So die Einschätzung Mosheims (81–89). Zur predigttheoretischen Kontroverse zwischen Orthodoxie, Pietismus und Frühaufklärung s. Martin Schian: Orthodoxie und Pietismus im Kampf um die Predigt. Ein Beitrag zur Geschichte des endenden 17. und des beginnenden 18. Jahrhunderts (SGNP 7), Gießen 1912.

renden Moderne zu entsprechen vermag. Mosheim beweist ein waches Gespür für die gewandelten Bedingungen, unter denen die Predigt seit der Neuzeit steht. Seine Aktualität liegt denn auch weniger in seinen predigttheoretischen Leistungen im einzelnen, sondern vielmehr darin, daß er die Notwendigkeit erkennt, die Predigt auf eine sich von religiös-kirchlichen Deutungsmustern emanzipierende Moderne einzustellen. In dieser Hinsicht scheint es durchaus berechtigt, Mosheim den „Bahnbrecher der modernen Predigt" zu nennen.

Christian Albrecht

Schleiermachers Predigtlehre

Eine Skizze vor dem Hintergrund seines philosophisch-theologischen Gesamtsystems

Zwischen der enormen Wirkmächtigkeit der Predigtlehre Schleiermachers und ihrer relativ schweren Zugänglichkeit besteht ein auffälliges Mißverhältnis. Einerseits ist es kaum übertrieben, die homiletische Tradition des 19. Jahrhunderts in der Entwicklung ihrer Motive, Methoden und Resultate weitgehend als „Wirkungsgeschichte von Gedanken Schleiermachers"[1] zu bezeichnen. Andererseits sieht sich der Versuch einer *systematischen* Rekonstruktion der Predigtlehre Schleiermachers vor Schwierigkeiten gestellt. Denn zum einen erwecken die homiletischen Entfaltungen Schleiermachers in der ‚Praktischen Theologie' (nicht zuletzt aufgrund ihrer einstweilen noch äußerst unbefriedigenden editorischen Textgestalt) über weite Strecken den Eindruck, sich im homiletisch-technischen Detail zu verlieren, ohne daß die systematischen Bezüge der praktisch-theologischen Subdisziplin „Homiletik" auf die philosophisch-theologische Gesamttheorie immer ohne weiteres erkennbar wären. Zum anderen scheinen aber auch umgekehrt manche grundsätzliche Wesensbestimmungen der Predigt etwa in der ‚Glaubenslehre' oder in den ‚Reden' eben jene Zusammenhänge mit einer an der homiletischen Praxis orientierten Theorie eher im Dunkeln zu lassen.

Möglicherweise ist das so entstehende unvollständige oder gar disparate Bild der Schleiermacherschen Predigtlehre mitverantwortlich dafür, daß in der homiletischen Forschung des 19. und 20. Jahrhunderts die streng systemimmanent rekonstruierende

[1] Friedrich Wintzer: Die Homiletik seit Schleiermacher bis in die Anfänge der ‚dialektischen Theologie' in Grundzügen (APTh 6), Göttingen 1969, 13.

Untersuchung der Homiletik Schleiermachers keine besondere Zuwendung erfahren hat. Selbständige Monographien thematisieren eher das Predigt*werk* als die Predigt*lehre* Schleiermachers.[2] Und Einzelbeiträge widmen sich der Schleiermacherschen Homiletik eher unter Teilgesichtspunkten[3] oder in spezifischer Perspektive[4]. Homiletische und praktisch-theologische Gesamtentwürfe behandeln die Schleiermachersche Predigtlehre in der Regel zwar – ihrer Wirkungsgeschichte halber? – hochachtungsvoll, aber verhältnismäßig knapp. Dagegen fehlt in der Forschungsgeschichte bisher der Versuch, die Predigtlehre Schleiermachers einmal ausschließlich systemimmanent, nämlich in strenger Bezugnahme auf sein philosophisch-theologisches Gesamtsystem zu rekonstruieren.

---

[2] So z.B. Alexander Schweizer: Schleiermachers Wirksamkeit als Prediger, Halle 1834. – Johannes Bauer: Schleiermacher als patriotischer Prediger. Ein Beitrag zur nationalen Erhebung vor hundert Jahren, Gießen 1908. – Auch Wolfgang Trillhaas' Untersuchung ‚Schleiermachers Predigt' (Leipzig 1928; zweite, um ein Vorwort ergänzte Auflage [TBT 28], Berlin 1975) widmet sich weniger der Predigtlehre als vielmehr dem Predigtwerk Schleiermachers und ist überdies ausweislich der späteren Selbstauskunft des Verfassers durch „Spuren der Problemlage seiner Entstehungsjahre" belastet, insofern sie das Dokument einer „weithin unklaren Abkehr von der Theologie Karl Barths" (VII) bildet – und damit von theologiegeschichtlichem Interesse eigener Art sein mag.

[3] So z.B. Wilhelm Gräb: Predigt als kommunikativer Akt. Einige Bemerkungen zu Schleiermachers Theorie religiöser Mitteilung, in: Internationaler Schleiermacher-Kongreß Berlin 1984, hg.v. Kurt-Victor Selge, Teilband 2, Berlin, New York 1984 (SchlAr 1,2), 643–659.

[4] So z.B. Wilhelm Gräb: Predigt als Mitteilung des Glaubens. Studien zu einer prinzipiellen Homiletik in praktischer Absicht, Gütersloh 1988, 168–235. Zwar bezieht Gräb sich bei der Rekonstruktion der Schleiermacherschen Predigtlehre ebenfalls auf das Gesamtsystem Schleiermachers und greift dabei sogar weit über die hier in den Blick zu nehmende Textbasis hinaus. Aber seine Deutung der Schleiermacherschen Homiletik ist einem spezifischen Interesse verpflichtet – nämlich der Fragestellung, inwiefern im Horizont der gegenwärtigen Krise des dogmatischen Predigtbegriffes die Homiletik Schleiermachers (die Gräb vergleichend neben die Predigtlehren Barths und Hirschs hält) Lösungsperspektiven im Hinblick auf das Programm einer prinzipiellen Homiletik in praktischer Absicht eröffnet. Damit verdankt Gräbs Zugriff auf Schleiermacher sich, methodisch gesehen, einer außerhalb der Schleiermacher-Interpretation entstandenen Fragestellung, die nun den Kon-

Ein solche systemimmanente Rekonstruktion – zu der hier allenfalls Ansätze vorgelegt werden können – scheint aber aus zwei Gründen lohnend. Zum einen vermag sie Hinweise auf die systematische Geschlossenheit und Vernetztheit der Schleiermacherschen Homiletik zu geben, die sich als Verdichtungsgestalt seiner Dogmatik- und Ethikkonzeption präsentiert. Zum anderen kann die systematische Rekonstruktion der Schleiermacherschen Predigtlehre aber auch exemplarische Geltung für eine grundsätzliche Bestimmung des theologischen Theoriestatus der Homiletik beanspruchen. Homiletik als die theologische Theorie religiöser Rede im Rahmen des christlichen Gottesdienstes verdankt sich selbst ja ganz verschieden herkünftigen Versatzstücken. In ihr sind etwa biblisch-theologische und historisch-theologische, religionsphilosophische, religionssoziologische und kirchensoziologische, dogmatische und ethische – und schließlich auch kommunikationstheoretische und rhetorische Einsichten in ein ausgemitteltes Verhältnis zueinander zu bringen. In all dem hat die Homiletik obendrein so spannungsvoll entgegengesetzten Impulsen wie theoretischer und praktischer Verpflichtung, individuellem und allgemeinem Zuschnitt, historischer und systematischer Anforderung, Erfahrungs- und Programmbezogenheit Rechnung zu tragen. Dies begründet die herausgehobene Stellung der homiletischen Theorie im theologischen Fächerkanon: In ihr erweist sich die kulturpraktische Kompetenz des über sich selbst aufgeklärten, theoretisch reflektierten protestantischen Christentums. Dasselbe anders gesagt: So wie die Predigt als „Wahrzeichen“[5] des evangelischen Christentums bezeichnet werden kann, so muß die Homiletik in gewisser Weise als das Wahrzeichen protestantischer Theologie gelten.

---

text der Befragung und Deutung Schleiermachers bildet. Das ist nicht nur legitim, sondern spiegelt auch die formale Motivkonstellation historischer Forschung überhaupt wider. Dagegen blendet die hier proponierte systematischimmanente Rekonstruktion derartige externe Fragestellungen weitestmöglich aus und sucht zunächst, die (künstlich isolierte) „Sache selbst“ in den Blick zu bekommen. Sie will also die Grundlagen oder die Voraussetzungen für kontextbezogene Interpretationen bereitstellen.

5 Dietrich Rössler: Grundriß der Praktischen Theologie, Berlin, New York [2]1994, 351.

Im folgenden sollen also skizzenhafte Umrisse einer solchen systemimmanenten Rekonstruktion der Schleiermacherschen Predigtlehre zur Diskussion gestellt werden. Die Ausführungen sind bewußt positivistisch gehalten und verstehen sich lediglich als Zusammenstellung der einschlägigen Grundgedanken Schleiermachers sowie auch einiger Deuteperspektiven der Literatur zu Schleiermachers Predigtlehre. Als eine solche Zusammenstellung wollen die folgenden Ausführungen lediglich auf einige Zusammenhänge und Bezüge aufmerksam machen, ohne diese selbst schon zu deuten. So soll dem Anspruch Rechung getragen werden, eine kurze Einführung in Schleiermachers Predigtlehre zu bieten, die diese im Zusammenhang seines philosophisch-theologischen Gesamtsystems zu verstehen hilft. Dabei werde ich nun so vorgehen, daß ich in einem ersten Hauptabschnitt den Blick auf die systematischen Voraussetzungen der Schleiermacherschen Predigtlehre im philosophisch-theologischen Gesamtsystem richten werde. In einem zweiten Hauptabschnitt sollen dann einige von Schleiermachers Einzelausführungen zur Homiletik aus der ‚Praktischen Theologie' vorgestellt werden, und zwar insbesondere auf ihren Zusammenhang mit diesen Voraussetzungen hin.

1. Die systematischen Voraussetzungen von Schleiermachers Predigtlehre

Die systematischen Voraussetzungen der Schleiermacherschen Predigtlehre[6] lassen drei Dimensionen erkennen: Erstens hat Schleiermacher die Predigtlehre als Teil der Praktischen Theologie

6 Hier sind vor allem folgende Quellen zugrundezulegen: a) die ‚Reden' (Ueber die Religion. Reden an die Gebildeten unter ihren Verächtern, Berlin 1799. Zitiert nach: Friedrich Daniel Ernst Schleiermacher: Kritische Gesamtausgabe. Hg. v. Hans-Joachim Birkner u.a. Erste Abteilung. Schriften und Entwürfe, Band 2: Schriften aus der Berliner Zeit 1796–1799, hg.v. Günther Meckenstock, Berlin, New York 1984, 187–326.) – b) die ‚Kurze Darstellung' (Kurze Darstellung des theologischen Studiums zum Behuf einleitender Vorlesungen. Entworfen von Dr. F. Schleiermacher. Zweite umgearbeitete Ausgabe, Berlin 1830, in: Kritische Gesamtausgabe. Erste Abteilung, Bd. 6: Universitätsschriften; Herakleitos; Kurze Darstellung des theologischen Studiums, hg.v. Dirk Schmid, Berlin, New York 1998, 317–446. –

in ein organisch aufgefaßtes System der theologischen Wissenschaft eingeordnet und in deren Rahmen entfaltet; zweitens hat er die funktionale Stellung der Predigt im gesellschaftlich-kirchlichen Kontext neu bestimmt; und schließlich drittens hat er das Wesen und die Aufgabe der Predigt in neuer und – wie schon gesagt – wirkmächtiger Weise bestimmt. Alle drei Dimensionen finden sich übrigens, wie schon Hans Martin Müller festgestellt hat[7], nebeneinander in einer Formulierung, mit der Dietrich Rössler die wesentlichen Bestimmungen des Schleiermacherschen Predigtbegriffes zusammenfaßt – allerdings ist dabei die oben gewählte Reihenfolge gerade umgedreht: „Predigt ist die Mitteilung des zum Gedanken gewordenen frommen Selbstbewußtseins mit dem Ziel, das religiöse Bewußtsein der Gemeinde als das durch Jesus Christus begründete Bewußtsein der Gnade zu stärken und die Teilnahme am Gesamtleben der Christen, wie es aus dem Wirken des Heiligen Geistes hervorgeht, zu vertiefen. Schleiermachers Predigtbegriff muß also ganz im Zusammenhang seiner dogmati-

---

c) Einleitungen in die Ethik (Schleiermachers Werke. Zweiter Band: Entwürfe zu einem System der Sittenlehre, nach den Handschriften Schleiermachers neu hg. und eingeleitet v. O. Braun, zweite Aufl. Leipzig 1927 [d. i. Bd. 2 von: Fr. D. E. Schleiermacher: Werke. Auswahl in vier Bänden, hg. v. O. Braun und J. Bauer, 2. Aufl. Leipzig 1927–1928]. – Friedrich Daniel Ernst Schleiermacher: Brouillon zur Ethik [1805/06]. Auf der Grundlage der Ausgabe von Otto Braun hg. und eingeleitet v. H.-J. Birkner [PhB 334], Hamburg 1981. – Friedrich Daniel Ernst Schleiermacher: Ethik [1812/13] mit späteren Fassungen der Einleitung, Güterlehre und Pflichtenlehre. Auf der Grundlage der Ausgabe von Otto Braun hg. und eingeleitet v. H.-J. Birkner [PhB 335], Hamburg 1981.) – d) die ‚Christliche Sittenlehre' (Die christliche Sitte nach den Grundsäzen der evangelischen Kirche im Zusammenhange dargestellt von Dr. Friedrich Schleiermacher. Aus Schleiermacher's handschriftlichem Nachlasse und nachgeschriebenen Vorlesungen hg. v. L. Jonas [Friedrich Schleiermacher's Sämmtliche Werke. Erste Abtheilung: Zur Theologie, Zwölfter Band, Berlin 1843]). – e) die ‚Glaubenslehre' 1830/31 (Der christliche Glaube nach den Grundsätzen der evangelischen Kirche im Zusammenhange dargestellt von Friedrich Schleiermacher, siebente Auflage, auf Grund der zweiten Auflage und kritischer Prüfung des Textes neu hg. v. M. Redeker, zwei Bände, Berlin 1960).

7 Hans Martin Müller: Homiletik. Eine evangelische Predigtlehre, Berlin, New York 1996, 100.

schen Theorie gesehen werden."[8] Diese Voraussetzungen sollen im folgenden der Reihe nach umrissen werden.

a) Die Predigtlehre als Teil der Praktischen Theologie im Zusammenhang der theologischen Enzyklopädie

Das Prinzip und die Organsation der theologischen Wissenschaft hat Schleiermacher in der ‚Kurzen Darstellung des theologischen Studiums zum Behuf einleitender Vorlesungen'[9] dargelegt. Es handelt sich hier um ein zur Begleitung von Schleiermachers mehrfach gehaltener Enzyklopädie-Vorlesung[10] konzipiertes Lehrbuch, das, als das Gerüst der Vorlesung, nur diejenigen Leitsätze enthält, die dann in der Vorlesung ausgeführt wurden.[11] Der erste von insgesamt 338 Paragraphen enthält die berühmte und lapidare Bestimmung: „Die Theologie ... ist eine positive Wissenschaft". Die Pointe dieser Bestimmung enthüllt sich nur auf dem Hintergrund von Schleiermachers Wissenschaftssystematik, und an diese muß zunächst kurz erinnert werden. Was also ist gemeint?

Für das System der Wissenschaften, wie Schleiermacher es in den verschiedenen Entwürfen der Ethik[12] entfaltet, ist wesentlich, daß er dort grundsätzlich zwei Arten der Wissenschaft unterscheidet: Einerseits die „notwendig" oder „rein" genannten Wissenschaften, die sich aus einem philosophischen Begriff des Wissens ableiten lassen, und andererseits die sogenannten „positiven" Wissenschaften, die ihre Existenz einer praktischen Aufgabe

8 Rössler: Grundriß (s. Anm. 5), 372.

9 Siehe Anm. 6.

10 Dazu Hans-Joachim Birkner: Vorwort, in: Friedrich Schleiermacher: Theologische Enzyklopädie (1831/32). Nachschrift David Friedrich Strauß, hg. v. W. Sachs (SchlAr 4), Berlin, New York 1987, VII–XI.

11 Einen Eindruck von der Art und dem Umfang der Ausführungen Schleiermachers gibt die Nachschrift, die der junge David Friedrich Strauß im Wintersemester 1831/32 von Schleiermachers Enzyklopädie-Vorlesung anfertigte (s. Anm. 10).

12 Der gebotenen Übersichtlichkeit halber gebe ich die Belege nicht am Orte, sondern verweise hier gesammelt auf folgende Quellen: ‚Ethik' (Einleitung, letzte Bearbeitung, 1816/17), in: Schleiermachers Werke. Zweiter Band: Entwürfe zu einem System der Sittenlehre, nach den Handschriften Schleiermachers neu hg. und eingeleitet von O. Braun (s. Anm. 6), 513–557, hier ins-

verdanken. Dieser Unterschied ergibt sich aus zwei verschiedenen Arten, das Wissen überhaupt einzuteilen. Die erste Einteilungsart trägt ein systematisch konstruierendes Gepräge, die zweite folgt pragmatischen Kriterien.

Zunächst zur ersten Einteilungsart: Aus der Idee des Wissens beziehungsweise dem höchsten Gegensatz zwischen Denken und Sein oder zwischen Vernunft und Natur werden zwei Grundwissenschaften (Vernunftwissenschaft und Naturkunde) und zwei Verfahrenstypen (spekulatives und empirisches Verfahren) abgeleitet, so daß sich ein viergliedriges System der reinen Wissenschaften ergibt. Es umfaßt die spekulative Physik, die empirische Naturkunde, die empirische Geschichtskunde und schließlich die spekulative Ethik:

	Natur	*Vernunft*
spekulativ	spekulative Naturwissenschaft	spekulative Ethik
empirisch	empirische Naturkunde	empirische Geschichtskunde

Der Ethik wird dabei von Schleiermacher de facto die Funktion einer fundamentalen Theorie der Geistes- und Geschichtsprinzipien zugewiesen: Sie weist die Entsprechung zwischen den Leitprinzipien des welthaft-geschichtlichen Seins und den konstitutiven Elementen des menschlichen Geistes nach und ist damit eine Art allgemeiner Geistes- und Geschichtstheorie. (Zu diesen vier Basiswissenschaften treten die zwischen empirischem und spekulativem Verfahren vermittelnden Disziplinen, die sogenannten kritischen Disziplinen wie zum Beispiel die Grammatik und die technischen Disziplinen wie zum Beispiel die Pädagogik. Über

besondere 524–537. – ‚Kurze Darstellung' (s. Anm. 6), §§ 1–31. – ‚Theologische Enzyklopädie' (s. Anm. 10), 1–32. – Aus der umfangreichen Literatur zu Schleiermachers Wissenschaftssystematik ist zu nennen Hans-Joachim Birkner: Schleiermachers Christliche Sittenlehre im Zusammenhang seines philosophisch-theologischen Systems (TBT 8), Berlin 1964, 30–64, und Martin Rössler: Schleiermachers Programm der Philosophischen Theologie (SchlAr 14), Berlin, New York 1994, 18–71.

diesem Wissenschaftsgefüge steht die Dialektik als die Wissenschaftslehre.) Folgendes möchte ich für unseren Zusammenhang festhalten: Das System der reinen Wissenschaften stellt eine aus der Idee des Wissens selbst abgeleitete Ordnung des Wissens bereit, und es umfaßt das gesamte (wirkliche oder mögliche) Einzelwissen überhaupt.

Diese Einteilungsart ist aber, wie zum Beispiel die Gestalt des universitären Fächerkanons zeigt, keinesfalls die einzig denkbare Möglichkeit einer Ordnung des Wissens. Vielmehr kennt Schleiermacher eine zweite Art der Zusammenstellung des Wissens, eine zweite Art von Wissenschaften: die positiven Wissenschaften. In ihnen wird verschiedenes Einzelwissen *zweckbezogen* zusammengestellt, mit dem Zweck nämlich, die Bewältigung konkreter Handlungsaufgaben zu ermöglichen. Zu diesen Wissenschaften gehört etwa die Medizin (die die Herstellung des Körpers in seinen Normalzustand bezweckt) oder die Jurisprudenz (die die Hervorbringung des Rechts bezweckt) – und schließlich eben auch die Theologie, die die Erhaltung des christlichen Glaubens in der Gemeinschaft bezweckt.[13] Das Verhältnis der beiden Einteilungsarten (und also das Verhältnis der reinen und der positiven Wissenschaften) will ich an dem hier interessierenden Beispiel der Theologie illustrieren. Dazu muß ich kurz den Zweck und die Gliederung der positiven Wissenschaft „Theologie" umreißen: Nach Schleiermachers Auffassung besteht die praktische Aufgabe der Theologie darin, die zum sachgemäßen kirchlichen Handeln notwendigen Kenntnisse und Kunstregeln zusammenzustellen. Diese Zweckbezogenheit der Theologie auf das kirchliche Handeln bestimmt auch die Disziplineneinteilung der Theologie in die Philosophische, Historische und Praktische Theologie. Der Philosophischen Theologie kommt dabei die Funktion einer theologischen Grundlagendisziplin zu, denn ihre Aufgabe besteht darin, die Kategorien zur Erfassung des Wesens des Christentums in seinen geschichtlichen Ausprägungen zusammenzustellen. Die umfängliche Historische Theologie enthält die exegetischen, die eigentlich kirchengeschichtlichen und notierenswerterweise die dogmatischen Kenntnisse, denn die Dogmatik wird von Schleier-

---

13 Schleiermacher: Theologische Enzyklopädie (s. Anm. 10), 1.

macher als die zusammenhängende Darstellung der in der evangelischen Kirche zur gegenwärtigen Zeit geltenden Lehre verstanden. Und die Praktische Theologie leitet schließlich aus diesen Kenntnissen die handlungsleitenden Regeln ab. Die drei Disziplinen bauen also in systematischer Weise aufeinander auf. Schleiermacher setzt für die Arbeit der Praktischen Theologie als ganze und auch in all ihren Subdisziplinen voraus, daß „die philosophische und die historische Theologie klar und im richtigen Maß angeeignet sind".[14]

Wie aber kommt die positive Wissenschaft zu ihrem Wissensmaterial? Nach Schleiermachers Auffassung suchen sich die einzelnen positiven Disziplinen aus dem Reich des Gesamtwissens dasjenige heraus, was sie zur Erledigung ihrer jeweiligen Aufgabe brauchen: Die einzelnen theologischen Disziplinen stellen sich das zu ihrer Zweckerfüllung erforderliche Wissensmaterial aus anderen Wissenschaften zusammen – sie „entleihen" sich das Wissen aus den reinen Wissenschaften. So schöpft beispielsweise die positive Wissenschaft „Historische Theologie" ihr Datenmaterial aus dem in der reinen Wissenschaft „empirische Geschichtskunde" erfaßten Wissensbestand – oder anders gesagt: Das in der Historischen Theologie zusammengestellte Wissen stellt eine Teilmenge der in der empirischen Geschichtskunde gesammelten Gesamtmenge dar. *Es ist von entscheidender Bedeutung, daß in den positiven Wissenschaften nicht etwa andere Sachverhalte oder mehr Dinge gewußt werden als in den reinen Wissenschaften.* Das wesentliche Kennzeichen der positiven Wissenschaften besteht vielmehr darin, daß in ihnen ganz verschieden herkünftiges Einzelwissen in eigenen, zweckbezogenen Formationen zusammengeordnet ist. Für den Charakter der theologischen Wissenschaft bedeutet das also: Die Theologie ist nicht etwa eine reine, aus der Idee des Wissens selbst schon entfaltbare Wissenschaft, sondern sie wird aus einer konkreten Handlungsaufgabe abgeleitet und bezieht ihr Wissensmaterial aus dem allen Wissenschaften offenstehenden Gesamtreich des überhaupt Wißbaren. Das Proprium der theologischen Wissenschaft kann infolgedessen nicht in speziellen Wissens*gehalten* bestehen, sondern vielmehr in der eigenen

---

14 Schleiermacher: Kurze Darstellung (s. Anm. 6), § 260.

Anordnung des allgemein verfügbaren Wissens. Kurz gesagt: Die Theologie weiß nicht mehr als die anderen Wissenschaften, sie hat deren Wissen aber in anderen, eigenen Zusammenhängen.

Was aber ist nun im einzelnen gemeint, wenn Schleiermacher vom Zweckbezug der Theologie redet? Diese Zweckbezogenheit der Theologie schlägt sich in folgender Aufgabenbestimmung der Theologie nieder: „Die christliche Theologie ist der Inbegriff derjenigen wissenschaftlichen Kenntnisse und Kunstregeln, ohne deren Besitz und Gebrauch eine zusammenstimmende Leitung der christlichen Kirche … nicht möglich ist."[15] Das heißt: Der christliche Glaube an und für sich bedarf einer Theologie nicht – oder jedenfalls nicht unmittelbar. Denn die Theologie ist, *im strikten Sinne und in allen ihren Teilen,* Berufsführungstheorie. Sie ist die Theorie der professionellen Pflege christlicher Frömmigkeit – und zwar in denjenigen Teilen, die überwiegend die zur Berufsführung unerläßlichen Kenntnisse enthalten – wie also die historische und die philosophische Theologie –, genau so wie in demjenigen Teil, der überwiegend die zur Berufsführung unerläßlichen, kenntnisreichen und kenntnisgesättigten Kunstregeln enthält, der Praktischen Theologie nämlich.

Was aber meint Schleiermacher, wenn er der Praktischen Theologie die Aufstellung von Kunstregeln zuerkennt? Es sei dies im Hinblick auf die Homiletik erläutert, um die es hier ja in erster Linie geht. Für die Homiletik gilt zunächst ganz allgemein, was für alle praktisch-theologischen Disziplinen gilt: „Alle Vorschriften der Praktischen Theologie können nur allgemeine Ausdrücke sein, in denen die Art und Weise ihrer Anwendung auf einzelne Fälle nicht schon mit bestimmt ist, d.h. sie sind Kunstregeln im engeren Sinne des Wortes."[16] Damit ist zunächst der streng theoretische Charakter der Praktischen Theologie und mithin auch der Homiletik festgeschrieben: Sie ist eine Theorie, die von der Praxis, der sie dient, unterschieden werden muß. Und sie ist eine Theorie, die zur *selbständigen* Praxis anleitet. „Die praktisch-theologische Kunsttheorie kann kein in irgend einem Sinne ‚mechanisches' Handeln initiieren"[17].

---

[15] Schleiermacher: Kurze Darstellung (s. Anm. 6), § 5.

[16] Schleiermacher: Kurze Darstellung, § 265.

[17] Wintzer: Die Homiletik seit Schleiermacher (s. Anm. 1), 16.

Dazu muß freilich, wie in den Vorschriften für die höheren Künste, ein spezifisches *Talent* vorausgesetzt werden, das die Anwendung der Kunstregeln leitet.[18] Denn es lassen sich zwar Regeln aufstellen, die Anwendung der Regeln selbst aber ist ihrerseits nicht auf Regeln zu bringen. Die von Schleiermacher gezogene Analogie zwischen dem Künstler und dem Kleriker ist aufschlußreich. Denn sie setzt voraus, daß der theologische Praktiker sich seiner speziellen Kunstregeln so bedient wie der Künstler, nämlich: talentiert, professionell und selbständig, mit allen Freiheiten und mit aller strengen Disziplin des talentierten Künstlers.

Zurück zu den homiletischen Verfahrensregeln: Sie haben also weniger eine unmittelbar anleitende, sondern vielmehr eine kritisch-fördernde Funktion. „Das Allgemeingültige ist im besonderen Gegenstand der homiletischen Theorie. Das individuelle Moment findet in ihr seine *grundsätzliche* Anerkennung. Aber es kann nicht Aufgabe der homiletischen Theorie sein, jenes in extenso zu demonstrieren. Die homiletische Theorie kann das schöpferische Element einer Predigt nicht theoretisierend manipulieren."[19] Sie stellt diejenigen Grundsätze auf, deren selbständige Aneignung und Anwendung dann der kenntnisreichen und verantwortungsvollen Kompetenz des Predigers anheimgestellt ist.

b) Die neubestimmte Funktionszuweisung der Predigt im gesellschaftlich-kirchlichen Rahmen

Das hier Gemeinte ist allgemein bekannt unter dem Stichwort, die Predigt werde von Schleiermacher zum „darstellenden Handeln" gerechnet. Um zu erläutern, was sich damit verbindet, muß wiederum etwas weiter ausgeholt werden. Blicken wir noch einmal auf die oben ja schon angesprochene Funktion der Ehtik, die in Schleiermachers Wissenschaftssystem so etwas wie die Basisdiszplin ist.[20] Denn sie hat die „Strukturen, Gesetze und Formen geschichtlichen Lebens"[21] zum Gegenstand. „Allgemeinstes

---

18 Schleiermacher: Kurze Darstellung (s. Anm. 6), § 265 Anm.

19 Wintzer: Dic Homiletik seit Schleiermacher (s. Anm. 1), 16.

20 Einen vorzüglichen Überblick bietet Gunter Scholtz: Die Philosophie Schleiermachers (EdF 217), Darmstadt 1984, 114–127.

21 Birkner: Schleiermachers Christliche Sittenlehre (s. Anm. 12), 37.

Thema der Ethik ist für Schleiermacher der sich als Handeln der Vernunft auf die Natur vollziehende ethische Prozeß – die immer schon angefangene und nie vollendete, intensiv wie extensiv fortschreitende Einigung von Vernunft und Natur, die durch das Handeln der menschlichen Vernunft auf die irdische Natur verwirklicht wird. Die Gesamtgeschichte der Menschheit ist verstanden und gedeutet als Prozeß der zunehmenden Beherrschung und Aneignung der Natur durch die Vernunft. Naturbeherrschung und Sittlichkeit sind in eins gedacht. Geschichte ist wesentlich Kulturgeschichte, Kulturgeschichte ist Geschichte der sittlichen Welt. Von hier aus ist deutlich, inwiefern Schleiermachers Ethik einmal als Kulturphilosophie, ein andermal aber auch als Geschichtsphilosophie angesprochen werden kann. Innerhalb des angegebenen Rahmens ist freilich bei Schleiermacher – im Unterschied zu anderen idealistischen Geschichtsdeutungen – auf eine apriorisch-spekulative Konstrukution des Geschichtsverlaufs bewußt verzichtet ... Er gibt nicht eine Konstruktion des Verlaufs der Geschichte, sondern ihm geht es um die Kategorien, die das Verstehen von Geschichte überhaupt ermöglichen. Kann die Geschichte nicht apriorisch konstruiert werden, so kann sie doch in nachgängiger Weise als vernünftig begriffen werden."[22]

Kategorien zur Rekonstruktion menschlich-geschichtlicher Wirklichkeit als eines in sich stimmigen und vernünftigen Zusammenhanges sollen also gegeben werden. Dazu übernimmt Schleiermacher zunächst die klassische aristotelische Dreiteilung der Ethik in Tugend-, Pflichten und Güterlehre. Im Rahmen der Güterlehre selbst, die hier im Moment einzig interessiert, werden dann zunächst und einleitend die zu unterscheidenden Handlungssphären menschlich-geschichtlicher Wirklichkeit überhaupt rekonstruiert. Dies geschieht, schleiermachertypisch, wiederum durch die Überkreuzung zweier Grundgegensätze.[23]

---

22 Birkner: Schleiermachers Christliche Sittenlehre, 38.

23 Zum folgenden vgl. vor allem: Ethik (Güterlehre, letzte Bearbeitung) im Entwurf von 1816/17, in: Schleiermachers Werke. Zweiter Band: Entwürfe zu einem System der Sittenlehre, nach den Handschriften Schleiermachers neu hg. und eingeleitet von O. Braun (s. Anm. 6), 561–567. – Ueber den Begriff des höchsten Gutes. Zweite Abhandlung, in: Dr. Friedrich Schleiermacher's philosophische und vermischte Schriften. Zweiter Band (Friedrich Schleier-

Zunächst greift Schleiermacher auf den schon genannten höchsten Gegensatz von Denken und Sein, Vernunft und Natur zurück. Diese erlauben es, zwei Grundrichtungen der menschlichen Vernunfttätigkeit zu unterscheiden: zum einen dasjenige Handeln, durch das die menschliche Natur zum Werkzeug, zum Organ der Vernunft wird. Schleiermacher nennt diese Handlungsform das *organisierende* oder das *wirksame* Handeln. Diesem gegenüber steht all dasjenige Handeln, durch das die Vernunft sich selbst in einem System von Zeichen und Symbolen darstellt: dasjenige Handeln, mit dem die Vernunft sich selbst in der Natur erkennbar macht. Dieses Handeln wird auch das *symbolisierende* oder eben das *darstellende* Handeln genannt.

Dieser erste Gegensatz von Symbolisieren und Organisieren wird nun gekreuzt durch einen zweiten, durch den von Gleichheit und Verschiedenheit, oder schleiermachersch gesprochen: durch denjenigen von *Identität* und *Individualität.* Denn die mit der menschlichen Natur geeinigte Vernunft hat diesen doppelten Charakter, daß sie einerseits in allen die eine und selbe ist, andererseits in jedem Einzelnen das Gepräge seiner unverwechselbaren Individualität trägt. Dem entspricht es, daß es Tätigkeiten gibt, die von allen im wesentlichen gleich vollzogen werden, und andere, die von der Individualität des Handelnden bestimmt sind. Je nach dem Überwiegen der Glieder ergeben sich nun aus dem Charakter der Handlungen heraus vier grundlegende Handlungssphären:

	organisierendes (wirksames) Handeln	*symbolisierendes (darstellendes) Handeln*
identisch	Wirtschaft, Recht, Staat	Sprache, Wissenschaft
individuell	Haus, freie Geselligkeit	Kunst, Religion

Die Zurechnung des Religiösen, also auch des Gottesdienstes und aller seiner Teile, zur Handlungsform der *Darstellung* und ihre antipodische Stellung gegenüber allem wirksamen Handeln hat

---

macher's Sämmtliche Werke. Dritte Abtheilung: Zur Philosophie, Zweiter Band), Berlin 1838, 469–495. – Die verstreuten Äußerungen Schleiermachers sind geordnet und zusammengefaßt bei Birkner: Schleiermachers Christliche Sittenlehre (s. Anm. 12), 39–44.

hinsichtlich der Predigt zunächst einen kritisch-abgrenzenden Sinn.[24] Denn in dieser Bestimmung muß die Abgrenzung gegenüber einem Verständnis der Lehrpredigt im orthodox-kirchlichen und auch im rationalistischen Sinne mitgehört werden: Die Belehrung ist der Erbauung untergeordnet, weil der Glaube einerseits nicht andemonstrierbar ist, und weil andererseits der Richtpunkt der Predigt das religiöse Gefühl ist. Im Kern ist die Predigt für Schleiermacher Darstellung „inneren Lebens". Die Sprachwerdung eines religiösen Seinszustandes ist ihre eigentliche Aufgabe. Sie hat das Innerliche äußerlich zu machen. Dabei findet in der Predigt das durch Christus gestiftete neue Gesamtleben, das die Kirche durchdringt, eine Selbstdarstellung. Bezüglich einer thematischen Zuspitzung der Predigt läßt sich diese Grundeinsicht etwa in die Maxime umsetzen: „Nicht Gott und seine Eigenschaften – um es an einem Beispiel zu verdeutlichen – sind Gegenstand der Predigt, sondern die Liebe und das Vertrauen zu Gott finden in ihr eine Darstellung."[25]

Mit der Zurechnung der Predigt zum darstellenden Handeln verbindet sich aber noch eine zweite Pointe. Die Theorie der Darstellung basiert nämlich auf der Beobachtung, daß es „eine unterschiedliche Intensität der religiösen Erregung [gibt], eine unterschiedliche Verbundenheit mit der kirchlichen Gemeinschaft. Diese immer aufs neue auszugleichen, sind kirchliche Organe nötig, unter denen das Predigtamt das wichtigste ist."[26] Es gehört also zum Wesen der Darstellung des religiösen Selbstbewußtseins, daß sie gemeinschaftsbezogen ist, und zwar bezogen auf die Gemeinschaft der Gemeinde.[27] Die Predigt ist erbauliche Gemeindepredigt, nicht Lehrpredigt und nicht Missionspredigt. Sie hat keine pädagogische oder gar missionarische Aufgabe. So heißt es schon in Schleiermachers berühmter Vorrede zur ersten Sammlung seiner Predigten (1801): Manchen „wird freilich manches wunderlich vorkommen; zum Beispiel, daß ich immer so rede, als gäbe es noch Gemeinen der Gläubigen und eine christliche Kirche; als wäre die

---

[24] Zum folgenden vgl. Wintzer: Die Homiletik seit Schleiermacher (s. Anm. 1), 18.

[25] Wintzer: Die Homiletik seit Schleiermacher, 18.

[26] Müller: Homiletik (s. Anm. 7), 102f.

[27] Wintzer: Die Homiletik seit Schleiermacher (s. Anm. 1), 18f.

Religion noch ein Band, welches die Christen auf eine eigenthümliche Art vereinigt. Es sieht allerdings nicht aus, als verhielte es sich so: aber ich sehe nicht, wie wir umhin können, dies dennoch vorauszusezen. Sollen unsere religiösen Zusammenkünfte eine Missionsanstalt sein, um die Menschen erst zu Christen zu machen: so müßten wir ohnedies ganz anders zu Werke gehen. Soll aber von ihrem Verhältniß zum Christenthum gar nicht die Rede sein: so sehe ich nicht ein, warum vom Christenthum die Rede ist. Vielleicht kommt auch die Sache dadurch wieder zu Stande, daß man sie voraussezt; wenigstens giebt es nichts verderblicheres für unsere religiösen Vorträge, als das Schwanken zwischen jenen beiden Ansichten, ob wir als zu Christen reden sollen, oder als zu Nichtchristen."[28] Die Predigt als darstellendes Handeln hat also die Aufgabe, das vorausgesetzte christliche Bewußtsein zu entwickeln, nicht aber dieses erst zu begründen. Sie will ihren Hörern das immer schon vorhandene christliche Bewußtsein „nachweisen, aufzeigen, läutern, befestigen – nicht aber als etwas Neues in sie hineintragen".[29] Dieser Aspekt führt nun allerdings schon in den dritten hier zu behandelnden Grundlagenkomplex.

c) Die Neubestimmung von Wesen und Aufgabe der Predigt im Horizont und im Kontext der Religionstheorie

Schleiermachers Religionstheorie zeichnet sich, es muß kaum daran erinnert werden, dadurch aus, daß er die Selbständigkeit der Religion gegenüber allen Formen des Wissens und des Handelns, die Selbständigkeit der Religion gegenüber Metaphysik und Moral, wie es in den ‚Reden' heißt, oder gegenüber Wissen und Tun, wie es in der ‚Glaubenslehre' heißt, unterstreicht. Damit knüpft Schleiermacher einerseits an die Entfaltung des Unterschiedes von Religion und Theologie, etwa bei Johann Salomo Semler, an. Andererseits vertieft, erweitert und präzisiert er diese Unterscheidung dadurch, daß die Religion nicht nur phänomenologisch als von allen Formen des Wissens und Handelns zu Unterscheidendes beschrieben, sondern auch auf spekulativem Wege als eigene, selb-

---

28 Hier zitiert nach: Predigten von F. Schleiermacher. Erste Sammlung. Dritte Auflage, Berlin 1816, o. P. [Xf].

29 Schweizer: Schleiermachers Wirksamkeit als Prediger (s. Anm. 2), 13.

ständige Funktion des Bewußtseins neben den Bewußtseinsfunktionen „Wissen“ und „Handeln“ nachgewiesen wird. Die Religion besetzt immer schon, wie es in der berühmten Formulierung der ‚Reden‘ heißt, „eine eigne Provinz im Gemüthe“[30]. Zur Verdeutlichung der Selbstständigkeit, der Ursprünglichkeit und der Unhintergehbarkeit der Religion beschreibt Schleiermacher die Religion darum auch als „Gefühl“. „Gefühl“ hat dabei nichts mit dem zu tun, was man Emotion oder Empfindung oder auch Triebstruktur nennen könnte. Sondern der Begriff des Gefühls dient zur Umschreibung der Tatsache, daß die religiöse Anlage des Menschen, sein „Sinn und Geschmak fürs Unendliche“[31], wie es in den ‚Reden‘ heißt, in einem *konstitutiven Verhältnis* zu allen übrigen Tätigkeiten des Bewußtseins steht: Das Gefühl begründet allererst das Selbst- und Weltverhältnis des Menschen, es begründet allererst alles sich seiner selbst bewußte Wissenkönnen und Wollenkönnen. Emanuel Hirsch formuliert diesen Grundgedanken der Schleiermacherschen Religionstheorie folgendermaßen: „Wir selber mit jener Ganzheit und Einheit unsers individuellen Lebensgefühls treten in Gemeinschaft mit der Einheit und Ganzheit, die der Welt als ein Unendliches zugrundeliegt. Indem wir dieser tiefern Schicht des Erlebnisses unmittelbar inne werden, haben wir Religion. Jenes Unendliche, in und aus dem die Welt Einheit und Ganzheit hat, ist Gott. Durch die Einwirkung der Welt auf uns tritt Gott mit uns in Gemeinschaft. *Das beschriebne Gefühl ist ein unmittelbares und ursprüngliches Sein Gottes in uns.*“[32] Gefühl als ein unmittelbares Selbstbewußtsein, Gefühl als Gefühl schlechthinniger Abhängigkeit ist also nichts irgendwie selbst Produziertes, sondern etwas in uns Erzeugtes. Es erschließt dem Menschen den Sinn für die Einheit und Ganzheit seiner Welterfahrung, den Sinn für den vorgefundenen, weder selbst produzierbaren noch irgend hintergehbaren Grund seines eigenen Denkens und Wollens.[33] Jene „Ureinheit“, die das Wissen und Wollen begründet,

---

30 Schleiermacher: Reden über die Religion (s. Anm. 6), 204, 35.

31 Schleiermacher: Reden über die Religion, 212, 32.

32 Emanuel Hirsch: Geschichte der neuern evangelischen Theologie im Zusammenhang mit den allgemeinen Bewegungen des europäischen Denkens, Bd. 4, Gütersloh 1949, 559f. Hervorhebungen im Original.

33 Vgl. Müller: Homiletik (s. Anm. 7), 101.

„ist in diesem Gefühl repräsentiert, abgespiegelt, und das können wir nur ein *Sein Gottes in uns und in den Dingen*" nennen.[34]

Ist also die Religion selbst etwas drittes neben Wissen und Handeln, dann geht konsequenterweise auch jede Predigt fehl, die der Wissensvermittlung oder der Handlungsanweisung dienen wollte oder sich dem Transport von Ideologien und Gesinnungen verschriebe. Das Wesen der christlichen Religion selbst verbietet die moralistisch-missionarische Verkürzung christlicher Religiosität in der Predigt. Die Predigt hat, ihrem Wesen nach, vielmehr eine religiöse Rede über Religion zu sein. Ihr von Schleiermacher „Erbauung"[35] genanntes Ziel besteht in der Stärkung des religiösen Bewußtseins und der Aufklärung des religiösen Bewußtseins über sich selbst. Und diese Funktion erfüllt sie, indem sie dem Hörer seine individuellen wie seine allgemein-menschlichen, ja: seine alltäglichen und seine biographieprägenden Lebenserfahrungen als religiöse Erfahrungen zu erschließen befähigt. Dasselbe anders gesagt: Die Predigt erfüllt ihre ihr *religionstheoretisch* aufgegebene Vermittlungsaufgabe darin, daß sie die Verwurzeltheit des Religiösen im Menschlich-Lebensweltlichen freilegt, oder umgekehrt: die religiöse Grundiertheit des Menschlich-Alltäglichen erkennbar werden läßt.[36]

---

34 Hirsch: Geschichte (s. Anm. 32), Bd. 5, 294.

35 Siehe dazu die Beiträge über Mosheim und Spener in diesem Band.

36 Die Verwandtschaft dieses homiletischen Programms mit der Intention der ‚Reden' wird deutlich in der homiletischen Ausdeutung der Schleiermacherschen Religionstheorie durch Gräb (Predigt als Mitteilung des Glaubens [s. Anm. 4], 168–185). Gräbs Rekonstruktion der spezifischen Intention der ‚Reden' kann denn auch nachgerade als authentisches Programm einer prinzipiellen Begründung der Schleiermacherschen Predigttheorie gelesen werden. So heißt es, die Rede des Redners zeige, „wie die Religion ursprünglich aus dem ihr eigenen Grunde hervorgeht ... Nicht im Rekurs auf das, was schon gemachte und somit objektivierte Erfahrung bereits an die Hand gibt, will sie dieser Weg zur Religion sein, sondern im Hinweis auf ihr Entstehen aus dem, was sie und nur sie in unverwechselbarer Eigentümlichkeit entstehen läßt ... Was die Religion ursprünglich ist, dessen wird man nur ansichtig, wenn man sich nicht an ihre Objektivationen hält, ihre gegenständlichen Sedimentierungen in Vorstellungen, Meinungen, Lehrsätzen, Theorien und Moralsystemen, mit denen ihr zwangsläufig immer auch die Funktionalisierung für fremde Interessen zuteil geworden ist. Was die Religion im Ursprung ihres Entstehens ist, das erfährt man nur im Akt authentischer, wiederum

Diese religionstheoretisch bestimmte Aufgabenbeschreibung der Predigt hat Konsequenzen für die Rahmengestalt der Predigt. Sie ist zunächst und grundsätzlich die durch das göttliche Wort ermöglichte und an es gebundene „*Selbstmitteilung*" des christlich-frommen Selbstbewußtseins[37] und gehört damit einem Genus der Kommunikation an, an dem alle Glieder der christlichen Gemeinschaft partizipieren, sofern sie in die aktive Selbstdarstellung ihres religiösen Bewußtseins eintreten. Innerhalb dieser Kommunikationsgattung bildet die Predigt dann aber eine Sonderform: Sie ist die geordnete, *öffentliche* Mitteilung des christlich-frommen Selbstbewußtseins. Ihre Struktur gewinnt sie dadurch, daß ihre religiösen Gedanken einerseits „ihrer ganzen Einrichtung nach als Auslegung einzelner Stellen der Schrift erscheinen"; daß aber andererseits *innerhalb dieses Rahmens* „auch die freie und formlose Mitteilung" notwendig und legitim ist.[38] Dabei konstituiert die erste Bestimmung die Gebundenheit der Predigt, die zweite hingegen deren Freiheit. Diese Ausführungen der ‚Glaubenslehre' bilden das Scharnier zwischen den gleichsam systemtheoretischen Voraussetzungen der Predigt und den praktisch-theologischen Detailbestimmungen der Predigt, zu denen ich jetzt übergehen kann.

---

ursprünglicher eigener Selbsterfahrung." (174f) „Indem Schleiermacher das Wesen der Religion so beschreibt, daß er zeigt, wie sie aus dem ihr eigenen Grunde hervorgeht, hält er sie zugleich an dem Ort fest, an dem sie faktisch zu vollziehen ist. Dieser Ort aber ist kein anderer als der Lebens- und Erfahrungsbereich derer, die sich selber im religiösen Verhältnis sollen wahrnehmen können. An ihn ist daher auch alles Reden von Gott und seinem Handeln zurückzubringen. Es muß nun ein Reden von der Beziehung sein, mit der sich Gott zu den ‚Begebenheiten' verhält, auf die der Redende sich seinerseits bezogen sieht." (178f)

37 Schleiermacher: Der christliche Glaube (s. Anm. 6), § 133.

38 Schleiermacher: Der christliche Glaube, § 135, 1.

2. Einzelausführungen aus der ‚Praktischen Theologie' vor dem systematischen Hintergrund

Gegenüber den systematischen Grundzügen der Schleiermacherschen Predigtlehre, wie sie sich aus der ‚Kurzen Darstellung' und der ‚Ethik', den ‚Reden' und der ‚Glaubenslehre' erschließen ließen, bieten die Entfaltungen der Theorie der religiösen Rede in der ‚Praktischen Theologie' Einzelausführungen unter eher praktisch-pragmatischen Gesichtspunkten. Diese Entfaltungen finden sich in der von Jacob Frerichs 1850 aus den von Schleiermacher nachgelassenen handschriftlichen Vorlesungskonzepten und aus Vorlesungsnachschriften fremder Hand zur ‚Praktischen Theologie' kompilierten Form.[39] Dort wird die Predigtlehre in einem eigenen, „Theorie der religiösen Rede" überschriebenen Abschnitt behandelt.[40] Er findet sich im ersten von zwei Hauptteilen der ‚Praktischen Theologie', der den Kirchendienst im Unterschied vom Kirchenregiment behandelt. Dort kommt die Theorie der religiösen Rede innerhalb des ersten Hauptabschnittes zu stehen, der die Geschäfte des Geistlichen innerhalb des Kultus thematisiert (behandelt werden also Liturgik und Homiletik), während der zweite Hauptabschnitt die Geschäfte des Geistlichen außerhalb des Kultus traktiert (hier werden vor allem die Pädagogik, Seelsorgelehre und Kybernetik berührt). Der die religiöse Rede betreffende Abschnitt gliedert sich seinerseits in zwei große Teile: Ein erster, untertreibend „Einleitung" überschriebener Teil[41] behandelt prinzipielle Fragen im engeren Sinne. Wenn man die spätere Einteilung von Schleiermachers Schüler Alexander Schweizer[42] hier anwenden wollte, dann würde man sagen kön-

---

39 Die praktische Theologie nach den Grundsäzen der evangelischen Kirche im Zusammenhange dargestellt von Dr. Friedrich Schleiermacher. Aus Schleiermachers handschriftlichem Nachlasse und nachgeschriebenen Vorlesungen herausgegeben von Jacob Frerichs (Friedrich Schleiermacher's Sämmtliche Werke. Erste Abtheilung: Zur Theologie, Dreizehnter Band), Berlin 1850; Photomechanischer Nachdruck Berlin, New York 1983.

40 Schleiermacher: Praktische Theologie (s. Anm. 39), 201–326.

41 Schleiermacher: Praktische Theologie, 201–221.

42 Alexander Schweizer: Homiletik der evangelisch-protestantischen Kirche systematisch dargestellt, Leipzig 1848.

nen, daß es sich hier, im ersten Hauptabschnitt, um die prinzipielle Homiletik Schleiermachers handelt, also um die Behandlung der Frage, was die Predigt ihrem Wesen nach sei. Ein umfänglicher Hauptteil der Theorie der religiösen Rede bietet dann *Einzelausführungen* Schleiermachers zur Homiletik, die man – gemäß der späteren Schweizerschen Einteilung – der materialen und formalen Homiletik zuordnen würde: Schleiermacher handelt hier von der Einheit, der Disposition, der Invention und dem mündlichen Vortrag der Predigt.[43] Für die hier beabsichtigte Rekonstruktion der Grundzüge der Schleiermacherschen Predigtlehre ist ausschließlich der einleitende erste Teil von Bedeutung.

Bevor die dort verhandelten Themen im einzelnen vorgestellt werden können, muß zunächst einer Auffälligkeit der Gesamtgliederung nachgegangen werden. Sie besteht darin, daß Schleiermacher die Theorie der religiösen Rede im Rahmen der Theorie des Kultus behandelt. Die Homiletik wird nicht selbständig oder gleichberechtigt neben der Gottesdienstlehre behandelt, sondern als deren Teildisziplin. Darin kommt eine grundsätzliche Auffassung Schleiermachers über die konstitutive Angewiesenheit der Predigt auf ihren liturgischen Rahmen zum Ausdruck. Diese Auffassung gehört recht eigentlich nicht allein zum Themenbestand der Homiletik, sondern sie betrifft die Gottesdienstlehre als ganze. Darum trägt Schleiermacher sie auch zunächst im Rahmen der Einleitung in das Wesen des Gottesdienstes vor[44] und nimmt diesen Gedanken dann im Zusammenhang der Einleitung in die Homiletik wieder auf, und zwar im Kontext der Erwägungen zum angemessenen Inhalt der Predigt[45] – dort also, wo die Frage virulent wird, was denn nun recht eigentlich den spezifisch christlichen Charakter der Predigt ausmache.

Diese Frage entschärft Schleiermacher hier zunächst und grundsätzlich durch die Einbettung der Predigt in den Kultus. Ganz unabhängig von Einzelinhalten gilt zunächst, daß nach Schleiermachers Auffassung die religiöse Rede zur christlichen Predigt genau dadurch wird, daß sie im Rahmen eines Gottesdienstes vorgetragen wird. Diese Lokalisierung der Predigt in den

43 Schleiermacher: Praktische Theologie (s. Anm. 39), 222–326.
44 Schleiermacher: Praktische Theologie (s. Anm. 39), 68–82.
45 Schleiermacher: Praktische Theologie, 203–207.

Gottesdienst ist einerseits die notwendige Bedingung, andererseits auch zugleich schon die hinreichende Bedingung dafür, daß die Predigt zur christlichen Predigt wird. Die Situierung der Predigt in den Gottesdienst begründet und sichert die Freiheit der Predigt. Schleiermacher selbst hat sich, was die Frage des Zusammenhanges zwischen Gottesdienst und Predigt angeht, damit begnügt, auf das Komplementärverhältnis zu verweisen: Die Predigt ist das ungebundene, das freie Element des Gottesdienstes gegenüber den gebundenen Elementen der Liturgie.[46] Predigt und Liturgie gemeinsam sorgen dafür, daß das religiöse Bewußtsein (das teils als Gedanke, teils als Gefühl besteht) zirkuliert und sich an seinem Grund, dem durch Jesus Christus gestifteten Gesamtleben der Erlösung orientiert. So ist die Predigt selbständiger Teil des Kultus, der mit einer eigenen Funktion an der Gesamtaufgabe des Kultus partizipiert. Die Spitze dieser Verhältnisbestimmung richtet sich dagegen, die Predigt ausschließlich als Hinführung zum Kultus zu verstehen. Dies bedeutete zum einen eine Entautonomisierung des gebundenen, liturgischen Elementes im Gottesdienst und seiner spezifischen Funktionen. Zum anderen wäre die lediglich als Hinführung zum Kultus verstandene Predigt auch nicht davor geschützt, in übermäßiger Weise mit didaktischen Motiven aufgeladen zu sein, gar zur Lehrpredigt werden zu müssen und so ihre Hauptaufgabe zu vernachlässigen, nämlich: die Spuren des immer schon vorhandenen christlich-religiösen Bewußtseins der Hörer freizulegen, zu befestigen und zu befördern. In diesem Sinne sind die relativ spärlichen Ausführungen Schleiermachers über das Verhältnis zwischen Liturgie und Predigt und das Beharren auf der funktional differenzierten Gleichberechtigung zu verstehen.

Allerdings wird man einen kurzen Gedanken an diese Verhältnisbestimmung anschließen dürfen. Zunächst scheint mir, daß die ritualtheoretische Beobachtung Werner Jetters zum Zusammenhang zwischen Liturgie und Predigt durchaus im Sinne Schleiermachers ist: Der Gottesdienst ist ein Ritual, das in Gestalt der Predigt *implizit* seine eigene Deutung enthält.[47] Das heißt aber,

---

46 Schleiermacher: Praktische Theologie, 68–82, 203.

47 Werner Jetter: Symbol und Ritual. Anthropologische Elemente im Gottesdienst, Göttingen [2]1986, bes. 87–121, 168–199. Wilhelm Gräb spricht in diesem Zusammenhang auch vom „Verweisungsbezug" der Predigt auf die

wenn man diesen Gedanken ausweitet: Die Predigt erreicht ihr Ziel, die Mündigkeit und Selbständigkeit des Hörers im Umgang mit der christlichen Überlieferung zu befördern, auch dadurch, daß sie dem Hörer in impliziter Weise den Sinn und die Notwendigkeit der symbolischen Kommunikation des christlich-frommen Selbstbewußtseins in den überlieferten Formen erschließt. Soll die gelungene Predigt dazu führen, daß das vorausgesetzte religiöse Bewußtsein zirkuliert und sich an seinem Grund, dem durch Jesus Christus begründeten Gesamtleben der Erlösung orientiert, so ist Bestandteil dieser selbständigen Partizipation des Individuellen am Allgemeinen auch die Fähigkeit zur selbständigen, virtuosen Teilnahme an den symbolischen Kommunikationsformen des Christlichen: sicherlich nicht als die Hauptaufgabe der Predigt, aber doch als in der Hauptaufgabe notwendig mitgesetzte Teilfunktion.

So viel zu Schleiermachers Verhältnisbestimmung von Gottesdienst und Predigt. Die Detailausführungen der Einleitung in die Theorie der religiösen Rede behandeln nun eine Reihe von Themen in verhältnismäßig knapper und andeutungsreicher Weise. Was jeweils von Schleiermacher gemeint ist, erschließt sich aber dank des Anmarschweges über die systematischen Gründe relativ deutlich. Dies wird im Blick auf die vier Hauptthemen der Einleitung deutlich.

1. Zunächst äußert Schleiermacher sich grundsätzlich zu Funktion und Grenzen theoretischer Reflexion im Rahmen der Predigtlehre: Die Theorie „kann nie die Virtuosität hervorbringen, nur die Anlage die ein jeder dazu hat leiten, mehr kritisch und durch Cautelen wirken. Das positive was sie thun kann, ist daß sie die verschiedenen Verfahrungsarten und die Momente die in einer jeden liegen anseinandersezt, damit sich jeder daraus aneignen kann was sich für ihn am meisten schikkt."[48] Die Theorie hat also die wesentliche Aufgabe, zur Selbstreflexion des Predigers in allen Phasen des Produktionsprozesses anzuleiten, sie fördert also das „Herr sein [des Predigers] über die Combination seiner Gedan-

---

gebundenen Elemente des Gottesdienstes und vom „Verweisungszusammenhang" zwischen Predigt und Liturgie (Predigt als Mitteilung des Glaubens [s. Anm. 4], 191f).

48 Schleiermacher: Praktische Theologie (s. Anm. 39), 202.

ken".[49] Zur angemessenen Anwendung der Kunstregeln bedarf es dabei eines spezifischen Talentes. Es liegt also auf der Hand, daß hinter diesen Andeutungen Schleiermachers eben jene enzyklopädische Auffassung der Homiletik als einer praktisch-theologischen Kunstlehre steht, die oben im ersten Hauptabschnitt rekonstruiert worden ist.

2. Ähnlich verhält es sich mit einer zweiten knappen Ausführung der Einleitung zum Wesen der Predigt. Zur Wesenskennzeichnung greift Schleiermacher auf die Bezeichnung der Predigt als „religiöse Rede" zurück und hält folgende Konsequenzen fest: Die Predigt ist eine „zusammenhängende Folge von Gedanken" mit dem Zweck, „das religiöse Bewußtsein der anwesenden zu beleben", oder anders gesagt: mit dem Zweck der „Erbauung".[50] Einerseits knüpft Schleiermacher damit wiederum an die oben erwähnten Aufgabenzuweisungen der Predigt an. Andererseits erfahren diese Bestimmungen in der ‚Praktischen Theologie' doch auch eine Erweiterung. Denn ausführlicher geht Schleiermacher nun auf die Frage nach dem Zusammenhang zwischen der Form und der Absicht der Predigt ein. Daß die Predigt einerseits eine argumentative Struktur hat, andererseits aber auf die Erbauung des Hörers zielt, dies genau macht ihr Proprium aus. Denn im Unterschied zu anderen Formen argumentativer Rede geht der Zweck der Predigt über die bloße Mitteilung des Inhaltes insofern hinaus, als dieser Zweck in der Erbauung besteht. Diese aber bedarf, um wirksam werden zu können, der gedanklichen Klarheit der Rede als ihrer Konstitutionsbedingung. Schleiermacher faßt dies so zusammen, „daß also der Zwekk der Predigt nicht die bloße Mittheilung des Inhaltes ist, aber doch der Zwekk erreicht werden kann dadurch daß sie ihren Inhalt auch rein und lauter mittheilt".[51]

3. Weite Passagen der Einleitung widmen sich dann der Frage nach der Person des Predigers. Man könnte die Einleitung in die Predigtlehre auch darauf hin lesen, inwiefern sie bereits die erst im Gefolge Schleiermachers, etwa bei Alexander Schweizer oder Christian Palmer, ins Zentrum rückende Konzentration auf die

---

49 Schleiermacher: Praktische Theologie (s. Anm. 39), 202.

50 Schleiermacher: Praktische Theologie, 216. Im Original hervorgehoben.

51 Schleiermacher: Praktische Theologie, 217. Im Original hervorgehoben.

Person des Predigers vorbereitet oder auch vorwegnimmt und damit die Gründe der späteren Pastoraltheologie legt. Schleiermacher beschreibt also in der Einleitung zunächst die Stellung des Predigers im Spannungsfeld zwischen Kirche und Gemeinde; also, wie man auch sagen könnte, zwischen allgemein-offizieller Kirchlichkeit und konkreter, bisweilen wohl auch subkultureller Gemeindewirklichkeit. Die Rolle des Predigers in diesem Spannungsfeld wird nun von Schleiermacher auffälligerweise ganz analog zur Verhältnisbestimmung zwischen Predigt und Liturgie im Gottesdienst beschrieben, um daraus das Spannungsverhältnis von Freiheit und Gebundenheit abzuleiten: „Um hier den rechten Weg zu finden, muß man ausgehen vom Verhältniß der Rede zum ganzen des Cultus und des einzelnen Redners zum gemeinsamen Gebiet. Was das erste betrifft, so herrscht in der Rede die größte Freiheit zwischen den Punkten die das liturgische Element begrenzen. Der Prediger ist auf der einen Seite Organ seiner Kirche, auf der anderen Repräsentant seiner Gemeine; dies liegt in seiner Stellung. Als Organ seiner Kirche darf er nicht im Widerspruch sein mit dem was ihre Einheit constituiert, als Repräsentant seiner Gemeine muß er ausgehen von der gemeinsamen Anregung; und dies beides ist sein Grenzpunkt, weiter aber auch nichts."[52] Aus dieser Verhältnisbestimmung wird später eine Art goldener Regel für die Verhältnisbestimmung zwischen individueller Frömmigkeit und offizieller kirchlicher Lehre gegeben, die jedem Geistlichen aufgegeben ist und vielleicht als das schlechthin bestimmende Grundthema aller Pastoraltheologie angesehen werden kann. Schleiermacher also führt hierzu aus: „Es wird vorausgesezt daß der Geistliche mit dem Lehrtypus seiner Kirche in Uebereinstimmung steht, natürlich in der lebendigen protestantischen Freiheit; indem er in der Geschichte lebt und das besondere immer aufs allgemeine bezieht: so muß ihn der Geist seiner Kirche so durchdrungen haben, daß alles, was ihn afficirt ihn religiös afficirt; niemals wird er glauben seinem Beruf Genüge geleistet zu haben, wenn nicht die Totalität seiner Amtsführung auch die Totalität seiner religiösen Selbstdarstellung ist"[53].

52 Schleiermacher: Praktische Theologie (s. Anm. 39), 203f.

53 Schleiermacher: Praktische Theologie, 205. Im Original teilweise hervorgehoben.

An dieser Passage scheint mir dreierlei bemerkenswert. Zum einen wird im Kern ein Problem reformuliert, das der Theologie spätestens seit Semler aufgegeben ist, nämlich die Differenz zwischen öffentlicher und privater Religion, die hier auch in Bezug auf den Geistlichen konstatiert wird. Zum anderen wird dieses Problem im Horizont eines Ideals einzuholen gesucht, nämlich in der Formulierung des Ideals der Übereinstimmung zwischen offizieller und individueller religiöser Überzeugung. Zum dritten schließlich werden doch auch Mittel und Wege zur möglichst weit gehenden Erreichung dieses immer nur relativ zu verwirklichenden Ideals genannt: ein solches Maß an Selbstaufgeklärtheit nämlich und ein solches Maß an historischem Bewußtsein, das zum verantwortlichen Gebrauch protestantischer Freiheit befähigt. In all dem werden aber, dies die These, die Grundlinien einer neuprotestantisch-liberalen praktisch-theologischen Pastoraltheologie angedeutet. Und es scheint mir nicht von ungefähr, daß diese vorbereitende Entfaltung von Schleiermacher hier im Zusammenhang der homiletischen Theoriebildung vorgenommen wird, die sich an dieser Stelle also nicht nur als Verdichtungspunkt, sondern als Keimpunkt theologischer Theoriebildung erweist.

4. Abschließend ist nun noch einmal auf die von Schleiermacher gegebene Näherbestimmung des Inhaltes der Predigt zurückzukommen. Zunächst und grundsätzlich gilt (aus den oben schon genannten Gründen), daß prinzipiell all das Gegenstand der Predigt sein kann, was nicht spezifisch unchristlich ist: „Dem Geistlichen fällt es anheim alles religiös zu behandeln, wenn es dazu Zeit ist; nie darf er sich aber aus dem rein religiösen Charakter herausreißen lassen."[54] Jede religiöse Vorstellung, so unterstellt Schleiermacher dabei erläuternd, geht auf solche Hauptpunkte zurück, die in der Gesamtheit christlicher Frömmigkeitstopoi ihren festen Ort

---

[54] Schleiermacher: Praktische Theologie (s. Anm. 39), 206. – Die von Schleiermacher geforderte Transformationsleistung des Predigers wird exemplarisch deutlich in einem Zusammenhang, in dem er die „Anwendung der Politik auf der Kanzel" diskutiert: „Es kann Umstände geben in denen der Geistliche bewogen wird das Interesse das die Gemeine bewegt und grade ein politisches ist, darzustellen in dem Zwekk es religiös zu stimmen." (209f) Damit stellt der Geistliche also „nichts politisches auf, sondern faßt nur die Politik religiös auf" (211, im Original hervorgehoben).

haben. Daher gilt der Schluß: „Alles was dem eigenthümlich christlichen Charakter gemäß in der religiösen Erregung seinen Plaz findet, kann in der religiösen Rede vorkommen, und wenn man hier die Grenzen stekkt, so waltet ein Mißverständnis ob“[55]. Ob freilich ein Inhalt im einzelnen angemessen ist, kann allein im Blick darauf entschieden werden, ob er dem Zweck der Predigt – der erbaulichen Belebung des religiösen Bewußtseins – dient. Dieses Kriterium bezieht Schleiermacher in der Folge dann aber nicht nur auf die Inhalte der Predigt, sondern er weitet es auch auf die sprachlich-gedankliche Transformation aus, durch die die Inhalte erst predigtangemessen werden. Christlich-theologische Lehrinhalte etwa oder auch Begebenheiten aus dem gemeinsamen Leben der Gemeinde werden dann und nur dann zu angemessenen Predigtinhalten, wenn der Prediger sie in ihrer das religiöse Bewußtsein belebenden Dimension zur Sprache zu bringen vermag.

Mit diesen vier Punkten sind die Hauptpunkte der Einleitung in die Theorie der religiösen Rede genannt. Der sehr viel umfänglichere Hauptteil der Theorie der religiösen Rede behandelt dann in ausführlicher Form ebenfalls vier Themen, die ihrem systematischen Rang und ihrer Bedeutung nach jedoch deutlich unterschieden sind von dem bisher Genannten und nicht weiter verfolgt werden sollen. So behandelt Schleiermacher zuerst die Frage der Einheit der Predigt, indem er erläutert, warum eine jede Predigt zwischen Text- und Themabezug auszumitteln habe sowie zwischen Hörerbezug einerseits und Text- oder Themabezug andererseits. Sodann widmet Schleiermacher sich der Frage nach der Disposition der Predigt und plädiert hier für eine individuelle Handhabung des aus der Orthodoxie überlieferten starren explicatio-applicatio Schemas. Im dritten Abschnitt, der sich dem Predigteinfall, der „inventio“ widmet, entwirft Schleiermacher Grundzüge des Predigtvorbereitungsverfahrens, das die spätere methodisch verfeinerte Erfindung der sogenannten Predigtmeditation vorbereitet. Ein vierter Abschnitt schließlich richtet die Aufmerksamkeit des Predigers auf die Notwendigkeit, dem Bemühen um einen gelungenen Vortrag der Predigt die angemessene Aufmerksamkeit zukommen zu lassen.

---

55 Schleiermacher: Praktische Theologie, 204.

Zwei kurze Schlußbemerkungen sollen am Ende dieses Überblicks über Schleiermachers Predigtlehre stehen. Zum einen: Schleiermachers Predigtlehre kann als Verdichtungspunkt seiner systematischen philosophisch-theologischen Gesamttheorie gelesen werden. Die Homiletik stellt sich als Niederschlagsort, als Konkretionsort und als Bewährungsort kultur- und religionstheoretischer Einsichten dar, die an vorangehenden Systemstellen entworfen und entfaltet worden sind. Die eingangs erwähnte Wirkmächtigkeit der Predigtlehre Schleiermachers gründet nicht nur in deren Inhalten, sondern auch in deren – hinsichtlich dieser Differenziertheit exemplarisch zu nennenden – Theoriestatus.

Zum anderen: Die Predigt*lehre* Schleiermachers mag ihrerseits selbst noch einmal überprüft, verifiziert und vielleicht auch modifiziert werden im Blick auf die eine ganze Epoche prägende Predigt*praxis* Schleiermachers.[56] In diesen Predigten, soweit sie zugänglich sind, wird jedenfalls eines deutlich: das dauernde Bemühen des Predigers, dem Hörer Mündigkeit und Selbständigkeit im Christentum zu überstellen. In der Form des „inneren Gespräches" verfolgen diese Predigten durchweg ein Ziel, nämlich: die Selbstaufklärung des christlich-frommen Bewußtseins zu befördern – oder anders gesagt: den Hörer dazu instand zu setzen, in den je spezifischen Ausformungen seines Selbst- und Weltverhältnisses die Niederschläge der all diese Selbst- und Weltverhältnisse erst ermöglichenden, also ursprünglichen und unhintergehbaren, im Menschsein des Menschen angelegten Frömmigkeit zu erkennen.

56 Vgl. dazu jetzt beispielsweise: Christian Albrecht: „... klare und belebende Darstellung der gemeinsamen inneren Erfahrung". Schleiermachers Predigtweise, untersucht an seiner Neujahrspredigt 1807, in: Wegmarken protestantischer Predigtgeschichte. Homiletische Analysen. Festschrift für Hans Martin Müller zum 70. Geburtstag, hg. v. Albrecht Beutel und Volker Drehsen, Tübingen 1999, 106–136.

Eckart Beutel

Homiletik – ein Teil der Liturgik

Christian Palmers vermittlungstheologisch geprägte Predigtlehre

Christian Palmer wurde am 27. Januar 1811 im württembergischen Winnenden geboren. Einer pietistischen Familie entstammend, studierte er von 1828 bis 1833 Theologie in Tübingen. Nach dem Vikariat in Bissingen und Plieningen wurde er 1836 Repetent am Evangelischen Stift und Assistent der 1816 durch Jonathan Friedrich Bahnmaier gegründeten Evangelischen Predigeranstalt in Tübingen, 1839 Diaconus in Marbach. 1843 kehrte er nach Tübingen zurück. Als Diaconus und Lehrbeauftragter hielt er Vorlesungen über Pädagogik und übernahm schließlich 1852 den Lehrstuhl für Praktische Theologie und Ethik, mit dem sich zugleich die Leitung der Predigeranstalt verband. Am 29. Mai 1875 ist er in Tübingen gestorben.[1]

Palmer hat sich während seines Studiums intensiv mit Friedrich Daniel Ernst Schleiermacher beschäftigt. Mehr noch fühlte er sich Carl Immanuel Nitzsch verbunden, nach dem er sich, wie er bekannte, „auch in praktischen Dingen als nach einem vor Andern zuverlässigen Führer immer zuerst umsieht“[2]. So verwundert es

---

1 Vgl. Helmut Kremers: Art. Palmer, Christian (1811–1875), in: TRE 25 (1995), 604–606. Kremers' Darstellung beschränkt sich allerdings im wesentlichen darauf, Palmers Leistungen auf dem Gebiet der Pädagogik zu würdigen. – Universitätsarchiv Tübingen, Faszikel-Nr. 119/38, Akten aus dem Kanzleramt: „Lehrstuhl für Praktische Theologie und Ethik, zugleich Leitung der Predigeranstalt“. – Paul Wurster: Hundert Jahre Predigeranstalt in Tübingen. Festschrift der evangelisch-theologischen Fakultät Tübingen, Tübingen 1917.

2 Christian Palmer: Zur praktischen Theologie. Andeutungen in Betreff ihres Verhältnisses zur gesammten theologischen Wissenschaft, namentlich zur Ethik, und in Betreff ihrer innern Gliederung, in: JDTh 1 (1856), 317–361, 317.

nicht, daß sich Palmer vom Pietismus ein gutes Stück entfernt und der Vermittlungstheologie[3] angeschlossen hat. Vermittelnd wollte er in verschiedener Hinsicht wirken. Zunächst ist ihm daran gelegen, zwischen den unterschiedlichen Frömmigkeitsrichtungen, die er vor Augen hatte, vor allem zwischen der Frömmigkeit des Pietismus und der wissenschaftlichen Theologie zu vermitteln.[4] Außerdem sucht er nach einer vermittelnden Position zur Philosophie seiner Gegenwart und findet diese auf dem Felde der Ethik.[5] Schließlich widmet er eine Reihe von Vorträgen der Vermittlung von Kirche und (bürgerlicher) Kunst und Kultur.[6]

In einem dieser Vorträge, der von Friedrich Schiller handelt, formuliert Palmer eine programmatische Grundentscheidung, die auch für sein Verständnis der Praktischen Theologie von entscheidender Bedeutung ist und darum hier genannt sei. Im Blick auf Schiller stellt er nämlich fest: „Positiv christlich ist sein Denken

---

3 Vgl. Friedrich Wilhelm Graf: Art. Vermittlungstheologie, in: WdC, Sp. 1318f. – Palmer selbst bemerkt einmal: Wenn man nur „ruhig seinen Weg geht, um so mehr erkennt man, wie edel, wie rein, wie kerngesund die christliche Lebens- und Weltanschauung ist; wie sie gerade darin ihren Ursprung aus Gottes Geist beweist, daß sie, obgleich weit über Welt und Menschenleben hinausgreifend, dennoch das natürlich-Menschliche liebevoll in sich aufnimmt, dasselbe reinigend, aber nicht vernichtend; daß in ihr die geschichtlich-geoffenbarte Wahrheit und die Wahrheit, die sich unserem eigenen Blicke darstellt, zu Einer Lebenswahrheit wird ... Wem es beliebt, dies Vermittlungs-Theologie zu nennen, der mag es thun; wir achten es nicht als einen Schimpf, wenn es auch als solcher gemeint ist, denn Göttliches und Menschliches, Ewiges und Zeitliches zu vermitteln, dazu ist der Herr in die Welt gekommen" (Christian Palmer: Die Moral des Christenthums, Stuttgart 1864, VIf). – Vgl. auch Dietrich Rössler: Prolegomena zur Praktischen Theologie. Das Vermächtnis Christian Palmers, in: ZThK 64 (1967), 357–371, 363: „Palmer war ein Mann der Vermittlungstheologie, und zwar im besten Sinne dieses Wortes."

4 Vgl. Christian Palmer: An Freunde und Feinde des Pietismus. Eine Zugabe zu der Schrift des Herrn Diac. Dr. Märklin: ‚Darstellung und Kritik des modernen Pietismus' von Diaconus Palmer in Marbach, Stuttgart 1839.

5 Vgl. Palmer: Die Moral des Christenthums (s. Anm. 3).

6 Vgl. Christian Palmer: Geistliches und Weltliches für gebildete christliche Leser, Tübingen 1873. – Palmers inniges Verhältnis zur Musik etwa spiegeln folgende Vorträge: Sebastian Bach, 308–362; Joseph Haydn, 363–401; Beethoven, 402–437.

und Dichten nicht, das ist wahr und uns leid genug; aber es ist auch … kein antichristliches Gift in ihm; auf ihn wenden wir unbedenklich das Wort an: Wer nicht wider uns ist, der ist für uns." Denn Schiller ist „gerade an einem sehr wichtigen Puncte positiv für uns. Das ist der tiefsittliche Geist, der ethische Ernst, von dem Schiller nirgends verlassen wird. Und wenn in früheren Jahrhunderten das ethische Moment des Christenthums hinter dem dogmatischen zurückgestellt, wenn damals der Menschenwerth, die Seligkeit von der Rechtgläubigkeit, von correcter Dogmatik abhängig gemacht wurde; wenn sofort in der Kant'schen Periode, deren Luft Schiller sein Lebenlang einathmete, das Verhältnis geradezu sich umkehrte, da das Dogmatische hinter dem Ethischen bis zum Verschwinden zurücktrat: so folgt daraus, daß wir nun das Gleichgewicht herzustellen bemüht sind"[7].

Dieses angestrebte Gleichgewicht zwischen Dogmatischem und Ethischem kommt auch Palmers Theologieverständnis und also seiner Konzeption der Praktischen Theologie zugute, die im folgenden skizziert werden soll. Denn erst auf deren Hintergrund erschließen sich Palmers homiletische Entscheidungen.

I. Die Praktische Theologie als Wissenschaft vom kirchlichen Leben

Im ersten Band der „Jahrbücher für Deutsche Theologie", die das wesentliche Publikationsforum der Vermittlungstheologen darstellten und deren Mitherausgeber Palmer war, veröffentlichte er 1856 einen programmatischen Aufsatz über die Praktische Theologie, über ihr Verhältnis „zur gesammten theologischen Wissenschaft" und über ihre innere „Gliederung".[8]

---

7 Christian Palmer: Schiller und die deutsche Jugend, in: Palmer: Geistliches und Weltliches (s. Anm. 6), 259–307, 286. – Vgl. auch die Verhältnisbestimmung von Glaubens- und Sittenlehre, in: Palmer: Die Moral des Christenthums (s. Anm. 3), 21–27.

8 Palmer: Zur Praktischen Theologie (s. Anm. 2), 317. Zitate werden im folgenden durch die in Klammern angegebene Seitenzahl nachgewiesen. – Zu Palmers Verständnis der Praktischen Theologie vgl. Henning Schröer: Art. Praktische Theologie, in: TRE 27 (1997), 190–220, 200f. – In der Grund-

1. Die enzyklopädische Stellung der Praktischen Theologie

Zunächst beschäftigt sich Palmer mit dem „Verhältniß der praktischen Theologie zum Organismus der theologischen Gesammtwissenschaft und speciell zu dem ihr verwandtesten Theile, zur Ethik“ (318). Er geht davon aus, daß der alte Gegensatz zwischen theoretischem und praktischem Teil der Theologie unangemessen war, weil damit der theoretischen und darin wissenschaftlichen Theologie eine Pastoraltheologie „nicht als eine theologische Wissenschaft, sondern als Sammlung von Regeln zur Erlangung derjenigen Fertigkeit und Brauchbarkeit, die ein Pfarrer haben muß“ (318f), an die Seite gestellt wurde. Dieses Verständnis nun habe Schleiermacher überwunden, der als erster der Praktischen Theologie den Rang einer eigenen wissenschaftlichen Disziplin zugesprochen habe. Auch wenn Palmer kritisiert, daß Schleiermacher das „praktische Interesse lediglich auf die Kirchenleitung beschränkt“ (319)[9], hält er es dennoch für einen großen Gewinn, wenn nun „Leitung und Dienst der Kirche die obersten Begriffe sind, somit die Kirche, ob auch noch nicht in voller Bestimmtheit als Subject der gesammten praktischen Theologie, doch als das Centrum erkannt ist“ (320). Denn während bei der alten Pastoraltheologie „in äußerlicher Aneinanderreihung dasjenige aufgeführt wird, was nun einmal … zum Amte eines Pfarrers gehört“, wird nun danach gefragt, wie „die einzelnen Theile sich mit innerer Nothwendigkeit ergeben und organisch entfalten“ (320).

---

legung seiner Praktischen Theologie wie auch in der materialen Entfaltung der Homiletik ist Palmer häufig Schleiermacher verpflichtet. Darum lohnt es sich, Palmers Ausführungen durchweg zu vergleichen mit: Friedrich Schleiermacher: Die praktische Theologie nach den Grundsäzen der evangelischen Kirche im Zusammenhange dargestellt. Aus Schleiermachers handschriftlichem Nachlasse und nachgeschriebenen Vorlesungen hg. v. Jacob Frerichs (Friedrich Schleiermacher's sämmtliche Werke. Erste Abtheilung: Zur Theologie, Dreizehnter Band), Berlin 1850; Photomechanischer Nachdruck Berlin, New York 1983.

9 Vgl. Friedrich Schleiermacher: Kurze Darstellung des theologischen Studiums zum Behuf einleitender Vorlesungen. Zweite umgearbeitete Ausgabe, Berlin 1830, in: Kritische Gesamtausgabe. Erste Abteilung, Bd. 6: Universitätsschriften; Herakleitos; Kurze Darstellung des theologischen Studiums, hg. v. Dirk Schmid, Berlin, New York 1998, §§ 277–334.

Palmer hält es allerdings für problematisch, daß die Praktische Theologie mehr und mehr in ein Abhängigkeitsverhältnis zur Dogmatik gedrängt wird[10]: „Nun aber, wenn der Begriff der Kirche und kirchlichen Thätigkeiten der Grundbegriff seyn sollte, entstand die Frage, wie sich denn, da ja sowohl die Dogmatik als die Ethik den Begriff der Kirche auch für sich anspricht, von der dogmatischen und ethischen Behandlung desselben die praktisch-theologische unterscheiden soll? Es ist leicht gesagt: die Dogmatik stellt diesen Begriff in seiner Idealität auf, als Objekt des Glaubens – credo sanctam ecclesiam catholicam –, die praktische Theologie zeigt, wie derselbe zu verwirklichen sey" (321).

Ein solches Verständnis setzt aber das kirchliche Handeln und die Praktische Theologie fälschlicherweise in eins; denn „die Anwendung selbst ist auch die praktische Theologie nicht, eben weil sie nicht Praxis, sondern Wissenschaft ist" (321). Darum ist für Palmer unumstößlich, „daß auch die praktische Theologie zuvörderst im Interesse des Wissens da ist; nicht die Anwendung eines vorher schon mir innewohnenden Wissens auf gewisse concrete Verhältnisse in Amt und Leben, sondern ein Wissen selbst, das mir die übrige Theologie noch nicht dargeboten, ist der Inhalt der praktischen Theologie" (323).[11]

Das der Praktischen Theologie Eigentümliche, das sie „ihrem wissenschaftlichen Charakter nach den übrigen Hauptdisciplinen der Theologie" gleichstellt, ist nun der Grund dafür, „daß sie mit der Moral in besonderer, näherer Verwandtschaft stehen muß; denn beide haben es mit einem durch christliche Principien zu

---

10 Vgl. hierzu bereits Schleiermacher: Kurze Darstellung (s. Anm. 9), § 260: „Die praktische Theologie will nicht die Aufgaben richtig fassen lehren; sondern, indem sie dieses voraussezt, hat sie es nur zu thun mit der richtigen Verfahrungsweise bei der Erledigung aller unter den Begriff der Kirchenleitung zu bringenden Aufgaben."

11 Damit grenzt sich Palmer etwa von Johannes Heinrich August Ebrard ab, den er wie folgt zitiert und kommentiert: „‚Die praktische Theologie ist also beim Lichte besehen, nicht ein Wissen, sondern ein Können; nicht eine Wissenschaft, sondern eine Kunst. Und zwar eine theologische Kunst. Es ist die Kunst, in welcher die gewonnene theologische Erkenntniß praktisch wird, in welcher sie eine praktische Anwendung erleidet.' Quod nego." (324) – Vgl. Johannes Heinrich August Ebrard: Vorlesungen über praktische Theologie, Königsberg 1854, 4.

bestimmenden Handeln zu thun“ (324). Entscheidend ist freilich, neue Abhängigkeiten zu verhindern. Weder soll das Dogmatische hinter die Ethik zurücktreten (s.o.), noch soll die Praktische Theologie, aus den sie normierenden Vorgaben der Dogmatik gerade erst befreit, nun von der Ethik dominiert werden.

Um letzteres zu vermeiden, führt Palmer folgende Unterscheidung ein: „Die Ethik hat das sittliche, die praktische Theologie das kirchliche Leben zum Gegenstande; für ersteres könnte als Gegensatz zum letztern auch ‚das christliche Leben‘ gesetzt werden“ (327).[12] Wesentlich hierbei ist ihm die „Hinwegräumung des Einwurfes: ob denn nicht das kirchliche Leben selbst eine species des sittlichen, des christlichen Lebens ist?“ (327). Denn dann wäre die Praktische Theologie in der Tat nur „ein Kapitel der Ethik“ (327). Diesem Einwand hält Palmer aber den Hinweis auf die wechselseitige Bezogenheit beider entgegen: „Christliches und Kirchliches, Sittliches und Kirchliches kann nur auseinanderfallen, wenn die Kirche sich selbst aufgegeben hat und verdorben ist; in allen andern Fällen ist, was sich für christlich ausgibt und doch antikirchlich ist, auch antichristlich, weil es eigenwillig, ungeschichtlich, lieblos ist.“ (327)

Auch für das gleichberechtigte Verhältnis von Dogmatik und Ethik führt Palmer eine grundlegende Unterscheidung ein. Er geht davon aus, daß „die Thatsache der göttlichen Offenbarung in Christo, die Thatsache der Erlösung … aller Theologie nothwendiges Fundament [ist], wie sie der Quell ist, von dem die Christenheit thatsächlich lebt“ (329). An dieser Grundtatsache zeigen sich aber bereits zwei Aspekte. Sofern sie „nach der einen Seite ebenso mit Einemmale und in einer nie sich wiederholenden Weise vollendet“ (329) ist, hat sich die Theologie „ihrer zu bemächtigen in der Weise, daß, was ist, vom denkenden Geiste innerlich reproducirt, der göttliche Gedanke, der sich in der Thatsache realisirt hat, menschlich nachgedacht, das historisch Vorliegende in seiner göttlichen … Nothwendigkeit begriffen wird“: „Jenes denkende Durchdringen, jenes Durchsichtigmachen der göttlichen Thatsachen ist Aufgabe der Dogmatik.“ (330) Andererseits aber „entwickelt sich aus der Einen, geschehenen Thatsache … etwas

12 Zu dieser Unterscheidung vgl. auch Palmer: Die Moral des Christenthums (s. Anm. 3), 28–31.

Neues, das, heiße es nun Leben, oder Kirche, oder Gottesreich oder wie immer, jedenfalls selbst wieder Thatsache werden soll, und bereits relativ dieß geworden ist" (329) – allerdings „nicht im Sinne einer göttlichen Nothwendigkeit, sondern durch menschliche Freiheit" (331). Obwohl göttliche Notwendigkeit und menschliche Freiheit nach Palmer nicht wirklich getrennt werden können, weil „das göttlich Nothwendige mittelst der menschlichen Freiheit … sich realisirt", gilt es doch, „beides in der wissenschaftlichen Betrachtung auseinander zu halten" (331).

Diese Unterscheidungen ermöglichen Palmer eine enzyklopädische Bestimmung der theologischen Disziplinen. Grundlegend ist die Unterscheidung zwischen Dogmatik und dem praktischen Teil der Theologie. Während die Dogmatik das göttlich Notwendige und Tatsächliche thematisiert, ist Gegenstand des praktischen Teils das diesem Gegenüberstehende, all das also, „was erst werden soll, und zwar durch menschliche Freiheit, dem also auch nicht die Weissagung, sondern das Gesetz voranleuchtet" (332). Auch der praktische Teil der Theologie ist somit Theorie, der es aber im Unterschied zur Dogmatik „nicht um ein Seyn, sondern um ein Sollen, nicht um ein göttlich nothwendiges Geschehen, sondern um ein menschlich freies Handeln zu thun ist" (332).[13]

So gewinnt nun schließlich die Praktische Theologie ihren enzyklopädischen Ort. Zusammen mit der Ethik gehört sie im Unterschied zur Dogmatik dem praktischen Teil der Theologie an.[14] Mit Hilfe der oben schon genannten Unterscheidung, die Palmer jetzt präzisieren kann, wird sie der Ethik aber nicht unter-,

---

13 Diesen Unterschied sieht Palmer „klar schon vorgebildet in der Erscheinung Christi selbst". Sofern sein Tun und Leiden göttlicher Notwendigkeit folgt („es ist beschlossen, es ist geweissagt, darum geschieht es"), „faßt ihn die dogmatische Betrachtung auf", sofern aber sein Tun und Leiden eine „sittliche Aufgabe, ein Sollen für ihn" war, „dem er auf den [sic!] Wege menschlichen Wollens, Sich-Entschließens, Kämpfens, Handelns gerecht werden mußte …, hat die Christologie in der Ethik den Erlöser darzustellen". (331 f)

14 Bemerkenswert ist, daß auch die „historische Theologie" zum praktischen Teil gerechnet wird. „Denn sie hat zu erkennen und zu reassumiren, was von dieser durch's Christenthum gestellten Aufgabe bis jetzt geschehen ist; sie wird dadurch zwar nicht eine praktisch-theologische Wissenschaft, aber der einheitliche Gedanke für die Kirchengeschichte ist doch ein ethischer; sie ist eine fortgehende Rechenschaftsablegung über die bis zur jeweiligen Gegen-

sondern nebengeordnet. Denn die „Aufgabe, die den Erkenntnißstoff des gesammten praktischen Theils der Theologie ausmacht", ist zunächst „jedem Einzelnen gestellt, sofern er Person ist und eben durch den Geist Christi erst eine wahre Person werden soll. Das ist die sittliche Aufgabe, die Jeder zu lösen hat; mit ihr hat es die Ethik zu thun. Sie ist aber auch ein Problem, das die Kirche, als Gesammtheit, lösen soll, und nach dieser Seite nun liegt das Gebiet der praktischen Theologie." (333)[15]

Palmer rundet seinen Aufbau der Theologie schließlich mit der Frage nach der exegetischen Disziplin ab. Diese liegt allen anderen Teilen voraus, „da nach evangelischen Grundsätzen alles theologische Wissen auf die Schrift zurückgehen muß, somit alle theologischen Disciplinen … der Exegese bedürfen" (338f). Der Praktischen Theologie „bietet sie sowohl historisch als normativ den biblischen Begriff der Kirche sammt den derselben wesentlichen Thätigkeiten dar" (339). Allerdings warnt Palmer davor, den biblischen Texten in Fragen der gegenwärtigen Gestaltung der Kirche einen ungeschichtlich gedachten unmittelbaren Vorbildcharakter zuzuerkennen. Denn es „darf doch niemals vergessen werden, daß die apostolischen Schriften, und zwar ganz besonders in Bezug auf alle kirchliche Fragen, unbeschadet ihres principiellen und normativen Charakters, zugleich ihr ganz bestimmtes historisches Gepräge haben; wie es daher noch immer mißlungen oder auf pure Täuschung hinausgelaufen ist, wenn man die Zustände der Gemeinden in der Apostelzeit, die Simplicität ihrer Institutionen als das Ideal für alle Zeiten betrachtete und in irgend einer gegebenen Zeit die Gemeinde zur Copie jener machen wollte: so hat auch für unsre Wissenschaft die Geschichte ihr unantastbares Recht … Specieller ist es gerade die Technik der einzelnen kirchlichen Thätigkeiten, für die uns die Exegese schlechthin nicht ausreicht … Die

---

wart vorliegende Lösung jenes großen, der Menschheit durch's Christenthum gestellten Problems." (332)

15 Palmer begründet den ausschließlichen Bezug der Ethik auf den Einzelnen damit, „daß die h. Schrift selbst, wo sie irgend Ethisches ausspricht, sich damit stets an die Individuen wendet. Sie kennt keine Pflichten des Staats …, sondern nur der Richter, der Könige; keine Pflichten der Familie, sondern nur der Väter, der Weiber, der Kinder; so auch keine Pflichten der Kirche, sondern nur der Bischöfe, der Hirten, der Aeltesten." (334)

rechte Bildung in diesen Dingen, den richtigen Blick dafür erlangt man nur an der Hand der Geschichte, der Tradition." (339f)

2. Der innere Aufbau der Praktischen Theologie

Weil die Praktische Theologie als „die Wissenschaft vom kirchlichen Leben" (345) definiert ist, folgt Palmer darin Nitzsch, daß „der erste Hauptheil sich damit beschäftigen muß, den Begriff der Kirche selbst zu entwikkeln" (345).[16] Anders „als die Dogmatik den locus de ecclesia behandelt", hat sie auf dem Hintergrund der historischen Entwicklung „in ganz concreter Weise – ich möchte fast sagen, mehr menschlich" den Begriff der Kirche „in seiner evangelischen Gestaltung gegenüber der katholischen, wie auch in der lutherischen Form im Unterschied von der reformirten oder umgekehrt" (345) zu schildern.[17]

Weil „in diesem ersten Theile die allgemeinen Grundzüge des kirchlichen Lebens" dargestellt sind, „müssen hierin bereits auch die Prämissen liegen, woraus sich als Inhalt eines zweiten Theils die Nothwendigkeit und die Art einer Organisation ergibt" (346f). Zunächst gilt es, „das geistliche Amt wissenschaftlich zu construiren" (347). Den „Kern dieses gesammten zweiten Haupttheils" bildet darum „die Kirchenverfassungs-, die Kirchenrechts-

---

[16] Vgl. Carl Immanuel Nitzsch: Praktische Theologie, Bd. 1: Allgemeine Theorie des kirchlichen Lebens, Bonn 1847: Weil Gegenstand der Praktischen Theologie die „kirchliche Ausübung des Christenthums" (75) ist, hat die Praktische Theologie selbst dafür zu sorgen, „auf dem Grunde der Idee der christlichen Kirche und des kirchlichen Lebens durch Verständnis und Würdigung des gegebenen Zustandes zum leitenden Gedanken aller kirchlichen Amtsthätigkeiten zu gelangen" (31f). – Zu Nitzschs Programm der Praktischen Theologie vgl. Volker Drehsen: Neuzeitliche Konstitutionsbedingungen der Praktischen Theologie. Aspekte der theologischen Wende zur sozialkulturellen Lebenswelt christlicher Religion, 2 Bde., Gütersloh 1988, Bd. 1, 134–221, v.a. 134–155.

[17] Auch Palmers moderates Verständnis des Unterschiedes zwischen lutherischem und reformiertem Bekenntnis zeigt ihn als Vermittlungstheologen: Man solle beide „nicht auf den absoluten Gegensatz von wahr und falsch reduciren, sondern darin zwei Gestaltungen evangelisch-kirchlichen Lebens anerkennen …, deren jede ihre relative Berechtigung hat" (345). – Vgl. dazu auch Christian Palmer: Evangelische Homiletik, Stuttgart [6]1887, 37–43.

lehre" und also die „Lehre von den Organen der Kirche" (348). Erst im Anschluß an diese kann „die specielle Erörterung der einzelnen Thätigkeiten, die sie [die Kirche] durch diese Organe ausübt" (348), erfolgen. Palmer unterscheidet hier zwei Teile, die er mit dem „Gegensatz der feiernden und der arbeitenden Kirche" (353) begründet.

Zentraler Ausdruck der feiernden Kirche ist eben die Feier, der Kultus, der „menschliches Thun ist, hervorgehend aus dem mächtigen Triebe alles religiösen Lebens, sich zu manifestiren" (350), und darin „als eine Anticipation des Himmels auf Erden" betrachtet werden kann, „als ein ideales Element, das sich als solches von dem außergottesdienstlichen christlichen Gemeinde- und Privatleben specifisch unterscheidet" (351).[18] Darum ist auch „die erste Abtheilung dieses speciellen Theils der praktischen Theologie die Lehre vom Gottesdienst" (352), weil „unter allen kirchlichen Thätigkeiten gerade diese [die Feier] den Gegensatz der Kirche zur Welt, der kirchlichen Gemeinschaft zur bürgerlichen am allerstärksten ausprägt" (351). Bemerkenswert ist nun, daß in der Lehre vom Gottesdienst Liturgik und Homiletik in gleichrangiger Nebenordnung ihren Platz finden, ja daß die Homiletik sogar „streng genommen einen Theil der Liturgik bildet" (352). Diese Anordnung hält Palmer aber für begründet, insofern der Kultus zum einen „die priesterlichen, nach ihrem Verlaufe genau vorgezeichneten Acte" und zum anderen „die relativ freie Rede" (352) umfaßt. Und er bemerkt lakonisch: „Von welcher folgenreicher Bedeutung obige Verhältnißbestimmung namentlich auch für die wissenschaftliche Idee der Predigt ist, sey hier bloß angedeutet." (352)

Nur noch angeführt seien die drei Tätigkeiten, die der arbeitenden Kirche zugeordnet werden. Es ist zunächst die „grundlegende oder neubildende" Tätigkeit, die „zu ihrem Resultat durch Aufstellung des Symbols" kommt, die Kirche also überhaupt erst konstituiert und eine „Theorie der Gesetze" (354) nötig macht. Weiterhin sind es die kirchenerhaltenden Tätigkeiten, also Katechese und Katechetik, christliche Pädagogik, Seelsorge und die ebenfalls

---

18 Zum Kultus vgl. erneut Schleiermacher: Praktische Theologie (s. Anm. 8), 68–320.

zur Erhaltung gehörende „Selbstreinigung der Kirche“ (357), die Kirchenzucht. Schließlich begründet auch der Missionsauftrag noch eine eigene praktisch-theologische Aufgabe, so daß sich „hier als Schlußstein der praktischen Theologie eine Theorie des Missionsdienstes ergeben“ (357) würde.[19]

II. Die Homiletik als Lehre von der Predigt, dem Mittelpunkt des Kultus

Palmers eigene Homiletik[20] bestätigt in der Tat den Hinweis, von „welcher folgenreicher Bedeutung“ seine Verhältnisbestimmung zwischen Liturgik und Homiletik „für die wissenschaftliche Idee der Predigt ist“ (s.o.). Denn die Homiletik „hat die Predigt einfach an den Ort zu stellen, an den sie gehört, in den Mittelpunkt des Kultus“ (IV). Umgekehrt heißt dies aber, daß es wesentlich der Kultus ist, der die Predigt zur kirchlichen Predigt macht.

In den Prolegomena führt Palmer zunächst drei Predigtformen ein. „Predigen heißt im weitesten Sinne: religiöses Leben mittelst der Rede bezeugen, um es in den Hörern zu wecken oder zu befestigen“ (1). Weil „die christliche Kirche auf eine geschichtlich

---

19 Ganz zuletzt kommt Palmer noch auf das Verhältnis von Praktischer Theologie und Pastoraltheologie zu sprechen und hält fest, „daß die Pastoraltheologie weder mit dem Ganzen der praktischen Theologie identisch ist, noch auch einen Theil derselben in der Art bildet, wie Liturgik, Homiletik u.s.w.“, da sie „genau genommen gar keine Wissenschaft ist, und eben hiedurch sich wesentlich von der praktischen Theologie unterscheidet“ (359). Insofern nun „der Mittelpunkt der Pastoraltheologie eben der Pastor“ ist und sie also alles enthalten muß, „was ihn unmittelbar zur Führung des Amtes befähigt“ (359), kann sie freilich „mehr oder weniger in allen [praktisch-theologischen Disziplinen] ein Wort“ (360f) mitsprechen. – Vgl. Christian Palmer: Evangelische Pastoraltheologie, Stuttgart 1860.

20 Palmer: Evangelische Homiletik (s. Anm. 17). Zitate werden im folgenden durch die in Klammern angegebene Seitenzahl nachgewiesen. – Zu Palmers Homiletik vgl. Hans Martin Müller: Art. Homiletik, in: TRE 15, (1986) 526–565, 541. – Hans Martin Müller: Homiletik. Eine evangelische Predigtlehre, Berlin, New York 1996, 117–119. – Friedrich Wintzer: Die Homiletik seit Schleiermacher bis in die Anfänge der ‚dialektischen Theologie‘ in Grundzügen (APTh 6), Göttingen 1969, 93–97: Die unmittelbar der Praxis dienende Homiletik Chr. Palmers.

abgeschlossene und schriftlich fixierte Offenbarung sich gründet, ist in ihr die Predigt wesentlich Darbietung des göttlichen Worts und nach ihrem Hauptinhalt Verkündigung des in Christo erschienenen Heils" (1f). Darum läßt sich „der Begriff der Predigt auf jedes Zeugnis, jede Mitteilung ausdehnen, deren Inhalt und Zweck jenes Heil nach irgend einer Seite hin ist" (2). So ergeben sich als die drei Formen christlicher Predigt die Missionspredigt, die Katechese und, sofern „die Thatsache und der Inhalt der Offenbarung ... der Gemeinde bereits bekannt und zu einem lebendigen Teil des Gemeindebewußtseins geworden ist", die gottesdienstliche Predigt, durch die „der durchs Evangelium dem christlichen Volk eingepflanzte Gedankengehalt immer frisch und in steter Cirkulation" (2f) bleibt.

Um aber „den im geistlichen Leben der Gemeinde liegenden Trieb, Gottes Wort zu reden und zu hören", vollständig werden zu lassen, „bildet sich *die Feier*, *der Kultus*", dessen Wesen es ist, „in der Form des Irdischen ... bereits des Ewigen sich teilhaft zu wissen, dies anzuschauen und, damit es ein Gemeinsames und ein jedem Einzelnen klar Bewußtes werde, auch auszusprechen, das was über der Zeit steht, die himmlischen Gnadengüter, mitten in der Zeit und in zeitlichen Formen gegenwärtig zu haben und seiner sich gemeinsam zu freuen" (3f).[21]

Predigt und Kultus brauchen nun notwendig die wechselseitige Bezogenheit aufeinander; denn es „läßt sich nämlich erweisen, daß ebenso sehr die Predigt in den Kultus eindringt und eine Stelle in ihm als Recht anspricht, wie seinerseits der Kultus eine leere Stelle in sich haben und unvollendet dastehen würde, wenn die Predigt ihm ferne bliebe" (4; vgl. dazu 4f). So sieht Palmer das Wesen der Predigt darin, „daß der Geist der Gemeinde sich im Kultus auch durch *Rede* äußert" (7). Indem sich der Gemeinde „ein persönliches Leben aus ihrer Mitte, genährt von ihrem Geist, erfüllt mit Gottes Wort", predigend gegenüberstellt, damit es „das zur Offenbarung bringe, was als Gemeindeglaube auf Grund der Schrift in ihr wohnt und lebt", schlägt ein „solches lebendiges, persönliches Zeugnis ... nun auch die Brücke von den allgemeinen Über-

---

21 Vgl. dazu auch Christian Palmer: Evangelische Hymnologie, Stuttgart 1865, 33–40.

zeugungen des christlichen Glaubens zur konkreten, zeitlich bedingten Bestimmtheit der Einzelgemeinde" (7f).

Diese gottesdienstliche Predigt unterscheidet sich in zwei Hinsichten erheblich von dem, „was die Schrift predigen heißt" (11). Weil nämlich „aller Gottesdienst ein menschliches Thun, eine Wirkung des in der Gemeinde lebenden religiösen Triebes ist, so ist auch die Predigt eine auf menschlicher Übereinkunft und kirchlicher Anordnung beruhende Form gottesdienstlichen Thuns" (11). Darum ist es „falsch, eine Theorie des Kultus und in specie der Predigt darauf gründen zu wollen, daß in diesen Funktionen Gott mit den Menschen handle" (12). Auch wenn in der „Thätigkeit des Predigers der Zuhörer ein göttliches Wirken" entdecken kann, will Palmer dennoch „die menschliche Seite in den Vordergrund stellen, weil nur von dieser aus ein wissenschaftliches Begreifen und ein praktisches Erlernen möglich ist" (12).

Weiterhin ist die gottesdienstliche Predigt im Unterschied zur apostolischen nicht mehr Missionspredigt: „Wer sind unsere treuesten, aufmerksamsten Kirchgänger? Diejenigen, denen das Evangelium teuer, für die es Wahrheit und Leben ist. Und wo sind die, welchen dasselbe erst bekannt gemacht, erst als Gotteswahrheit bewiesen werden sollte? Sie sind draußen, sie hören uns nicht." (13f) Darum schließt sich Palmer darin Schleiermacher an, „daß die Predigt, wie aller Kultus ..., in erster Linie nicht dem wirksamen, sondern dem darstellenden Handeln beizuzählen ist" (15)[22]. Insofern ist die Predigt, „wie aller Kultus, Selbstzweck" (16) und dient so der Erbauung. Denn „es ist nicht die missionarische, erstmalige Verkündigung des Heils, die die Predigt an die Gemeinde ergehen läßt", sondern vielmehr vermittelt die Predigt

22 Nach Schleiermacher ist das „darstellende Handeln ... die eigentliche Basis der religiösen Gemeinschaft" (Friedrich Schleiermacher: Die christliche Sitte nach den Grundsäzen der evangelischen Kirche im Zusammenhange dargestellt. Aus Schleiermacher's handschriftlichem Nachlasse und nachgeschriebenen Vorlesungen hg. v. Ludwig Jonas [Friedrich Schleiermacher's sämmtliche Werke. Erste Abtheilung: Zur Theologie, Zwölfter Band], Berlin 1843, Beilagen-Anhang 147 [§ 6 der Beilage B, 1822/23]). – Zum Verständnis des darstellenden Handelns und seines Verhältnisses zum wirksamen Handeln bei Schleiermacher vgl. Hans-Joachim Birkner: Schleiermachers christliche Sittenlehre im Zusammenhang seines philosophisch-theologischen Systems (TBT 8), Berlin 1964, v.a. 105ff, 115ff.

„das Alte stets wieder als ein Neues, das Neue, Eigene, Originale, als ein aus dem Alten, Unveränderlichen Erwachsenes" (17). Palmer lehnt es ab, „nach Methodistenart Bekehrungen mittelst der Erschütterung durch die Predigt zu stande zu bringen, die sich sofort registrieren und alljährlich summieren lassen" (18). Denn er ist sich sicher: „Durch Darstellen ist sie wirksam." (19)

Zweck der Predigt ist also, die Hörer zu erbauen, indem sie „die Wahrheit, die wir aussprechen, den Hörern zur Freude, zum Genusse werden" (23) läßt: „das tiefe Wohlgefallen, die Freude an der in edler Form sich kund gebenden Wahrheit, die uns dadurch immer aufs neue teuer wird: diese Wirkung nennen wir auf dem Gebiete des christlich religiösen Lebens Erbauung" (25). Und „Erbauen ist das Gegenteil von Aufregen; Andacht ist von wahrer Erbauung unzertrennlich …; daher ist denn auch z.B. eine methodistische Erschütterungspredigt, ein Sturm auf das Gefühl im Geschmack der Heilsarmee, je mehr er wirkt, d.h. je stärker er aufregt, desto weniger erbaulich" (25).

Als Resultat kann Palmer schließlich feststellen: „So fügt sich die Predigt als ein eigentümliches und doch genau passendes, wesentlich ergänzendes Glied ins Ganze des christlichen Gottesdienstes ein" (25).

Die Einteilung der Homiletik zeigt nun vier Teile, die „vom Allgemeinsten absteigen zum Besondersten, von dem, was der ganzen Christenheit gemein ist, zur besonderen Konfessionskirche, von dieser zur Lokalgemeinde, und von dieser zur Person des einzelnen Predigers" (27). Der quantitativ größte Teil ist dabei der religiösen Sitte, also dem Kultus gewidmet.

1. Die Predigt als Auslegung: der „exegetisch-homiletische Teil" (27)

Dieser Teil, dem es um den „Prediger im Prediger" (27) geht, läßt sich in drei Punkte zusammenfassen.

Zum biblischen Text

Grundlegend stellt Palmer fest: „Die Geschichte Jesu ist … die Hauptsache, die der Gemeinde fortwährend in lebendiger Gegenwart vor Augen stehen muß" (67). Darum macht er in homiletischer Perspektive ein Gefälle innerhalb der biblischen Überlieferung geltend. Denn diese Geschichte Jesu, vor allem Jesu Tod und Auferstehung, „diesen Kern des Evangeliums selbst aber, die *Thatsache*, enthalten in seiner vollen, lebendigen Geschichtlichkeit die Evangelien und nicht die Episteln" (69) – freilich auch nur, insofern sie die sogenannten „Grundthatsachen"[23] zur Geltung bringen. Die Episteln dagegen „sind selbst schon eine Art Predigten über die Thatsache des Heils" (68). Darum fällt es schwerer, über sie zu predigen. Entscheidende Bedeutung kommt ihnen aber dennoch zu – und zwar durch ihre spezifische Eigenart: Als „Musterzeugnis menschlich-göttlicher Rede, als erster Erguß des in den Jüngern Christi, den Prototypen der Gemeinde, lebenden und redenden Geistes, als göttliche Wahrheit in reinster menschlicher Form ... sind die apostolischen Lehrschriften anzusehen; damit sind sie die Norm und die Regel für alles künftige Reden des Wortes Gottes" (70).[24]

Das Alte Testament schließlich ist homiletisch insofern von Bedeutung, als „ein tieferer und das Ganze zusammenschauender Blick in das Alte Testament [zeigt], daß alle die wesentlichen Momente, die die neutestamentliche Offenbarung in Christo ausmachen, zuvor einzeln und außer einander stehend, obwohl durch ein gemeinsames Band wieder zusammengehalten, im Alten Testamente sich darstellen" (185). Dennoch aber wäre es unmöglich, „aus dem Alten Testament allein ein vollständiges Bild des Erlösers zu gewinnen ...; dies Ganze ist uns erst durch die Evangelien gegeben" (186). Darum betont Palmer, „daß wir als Christen jedenfalls sowohl das Recht als die Pflicht haben, das A.T. christlich auszulegen" (186).

---

23 Bei diesen ist eine „innere Notwendigkeit vorhanden, daß speziell gerade dieses, und dasselbe gerade so geschah" (101). Die Grundtatsachen sind demnach Christi Geburt, Passion, Auferstehung, Himmelfahrt und Ausgießung des heiligen Geistes (vgl. 103–134). Die anderen Teile der Evangelienüberlieferung bezeichnet Palmer als „Historien zweiten Ranges", da sie nicht „an und für sich schlechthin zum Erlösungswerke notwendig" (134) waren (vgl. 134–157).

24 Vgl. dazu auch 157–183.

Zum Verhältnis von Text und Predigt

Während das Schriftwort „das Urzeugnis, die Urkunde über die Thatsache der Erlösung, über die Person und das Werk Christi, über die in ihm geschehene Offenbarung durch sein Wort, sein Thun und Leiden" darstellt, ist jedes „spätere Zeugnis ... bloße Kundgebung des eigenen Bewußtseins, der subjektiven christlichen Erfahrung", die für den Prediger insofern entscheidend ist, als er ohne diese „nicht selbst Zeuge für Christum" (71) sein könnte. Sein eigenes Bewußtsein kann er aber nur dann „als ein wirklich christliches behaupten, wenn es fortwährend im klarsten Zusammenhang mit dem Objektiven des Christentums, ... mit der Schrift sich erhält ... Demgemäß muß jede Predigt beides einheitlich in sich darstellen, den Inhalt jener Urkunde, als den objektiven – und das eigene christliche Bewußtsein, als den subjektiven Bestandteil" (72). Priorität hat dabei die objektive Seite, die Schrift. Denn Inhalt der Predigt ist „das vom frommen Bewußtsein angeeignete, geistig verarbeitete, auf die Bedürfnisse der Zeit und der besonderen Gemeinde angewandte Schriftwort" (73).

Darum „gestaltet sich die Aufgabe der Predigt näher als Auslegung" (73). Auslegung heißt zunächst, daß „derjenige Sinn, den die biblischen Autoren oder die von ihnen eingeführten Personen in ihrer Weise ausgedrückt haben, in der Weise der Gegenwart, aber genau und vollständig, ausgedrückt und der Ideenwelt derselben einverleibt werden" (74). Weiterhin bedeutet Auslegung, den „bleibenden Gehalt und Wert ..., den dieses Geschichtliche [die neutestamentliche Offenbarung] in sich trägt" (76), aufzuzeigen. Und schließlich leistet Auslegung das „beständige Beziehen des Schriftinhalts auf die jeweilige Gegenwart und damit auf das Allgemeine des Welt- und Christenlebens" (78).

Für diese Auslegungsaufgabe bedient sich die Homiletik „der sogenannten praktischen Exegese", die sich von der wissenschaftlichen dadurch unterscheidet, daß sie „den Zwecken christlichen und kirchlichen Lebens zu dienen habe" (79). Dazu stellt sie die drei „Kategorien der Aneignung, der Anwendung und der Allegorie" bereit, die allesamt „lediglich Sache der praktischen Auslegung"[25] (80) sind.

---

25 Zu diesen „verschiedenen Arten praktischer Auslegung" (82) vgl. 82–100.

Zum Verhältnis von Schrift- und Bekenntnisbindung der Predigt

Insofern Predigt kirchliche Predigt ist, hat der Prediger den „in bestimmter Lehre ausgeprägten Glauben [der Kirche], ihre zum Bekenntnis formulierte Erkenntnis" (199) zu respektieren. Gleichwohl warnt Palmer davor, die Bekenntnisbindung allzu rigide zu handhaben, weil „auch die kirchliche Theologie einer steten Läuterung bedarf, … um nicht ein toter Buchstabe, eine Reliquie, sondern Geist und Leben zu sein. Und diese reineren, lebendigeren Begriffe und Anschauungen auch für die Predigt zu verwenden, … eine auf unsrer wissenschaftlichen Überzeugung ruhende, durch sie bedingte Erbauungs-Sprache zu reden, … das kann uns nicht untersagt werden" (200). Mehr noch: „Die Predigt der Gegenwart würde sich vielmehr eines schweren Versäumnisses schuldig machen, wenn sie statt auf die Quelle, den Glaubensgehalt der heil. Schrift zurückzugehen und von hier aus Antwort zu geben auf die Fragen, welche die Gemeinde von heute bewegen, auf halbem Wege d.h. bei den dogmatischen Feststellungen irgend welcher vergangenen Zeit stehen bliebe." (200f)[26] Denn nur so hat der Prediger in der Gegenwart auch die Freiheit, den Zeitgenossen so entgegenzukommen, „daß sie sich selbst, ihr Bestes und Innerstes im Christentum finden, [denn] das ist die homiletische Kunst und Aufgabe; und wir leben des Glaubens, daß, wer so das Christentum als Leben predigen will, sich damit vom Kern der Kirchenlehre nicht nur nicht entfernt, sondern gerade das Bekenntnis zu ihr, indem er es innerlich stets neu erzeugt, zu einem desto wahreren und treueren macht" (205).

---

26 Auch mit dieser Beschreibung des Verhältnisses von Bibel und Bekenntnissen nimmt Palmer in vermittlungstheologischem Sinne Einsichten Schleiermachers auf. Vgl. Friedrich Schleiermacher: Ueber den Werth und das bindende Ansehen symbolischer Bücher, in: Friedrich Schleiermacher: Kleine Schriften und Predigten, hg.v. Hayo Gerdes und Emanuel Hirsch, Bd. 2 (Schriften zur Kirchen- und Bekenntnisfrage), Berlin 1969, 141–166.

2. Die Predigt als Kunstwerk: der „liturgisch-homiletische Abschnitt“ (27)

Da die Predigt „ein Teil *des Kultus* wird“ (213), beschäftigt sich Palmer nun mit dem „Liturgen im Prediger“ (27). Der Kultus steht „nicht auf dem Boden juristisch verbindender, positiver Vorschrift, sondern auf dem der Sitte ..., die sich auch im Kultus volkstümlich frei gestaltet“, darin aber „nicht eine zufällige, grund- und sinnlose“ (213) ist. Diese kirchliche Sitte, die sich im Kultus manifestiert, beeinflußt die Predigt in zweierlei Form.

Der Einfluß „auf den Stoff der Predigt“ (215)

Zunächst beeinflußt die Sitte den Stoff der Predigt durch die „heiligen Zeiten“, die „allgemeinen Feste der Kirche“ (215). Hier sind vor allem die „fünf Hauptfeste ...: Weihnachten, Karfreitag, Ostern, Himmelfahrt und Pfingsten“ zu nennen, die „die Grundthatsachen feiern, auf denen die Kirche, auf denen das christliche Heil ruht“ (215). Die Predigt muß an diesen Festen die „Durchdringung des Vergangenen und Gegenwärtigen, des zeitlichen Faktums und seiner ewigen Heilsbedeutung“ (216) zur Geltung bringen. Und dem Festcharakter entsprechend, muß auch die Predigt „ein Festgewand tragen; ein gehobener, geweihter Ton, eine festliche Stimmung muß die Predigt auszeichnen ... An solchen Tagen und für dieselben, weil sie heilige Zeiten sind, bedarf es mehr als irgendwann der Begeisterung ..., der Salbung“ (217). Der Bemerkung Nitzschs, „,das Fest bestimmt aus dem allgemeinen Objekte heraus auch den Inhalt der Einzelpredigt‘“ (218), pflichtet Palmer ebenfalls bei.[27]

Daneben wirkt sich die Sitte auf den Stoff der Predigt auch durch die „heiligen Handlungen“ aus, die freilich „zunächst Gegenstand der Liturgik [sind], die dieselben aus dem Wesen des Kultus abzuleiten, ihre Bedeutung, Geschichte und äußere Form festzustellen hat“ (281). Homiletisch bedeutsam sind sie aber, insofern sie die Anlässe zur Kasualpredigt darstellen. Das Gemeinsame aller Kasualpredigten sieht Palmer „in der Anwendung des

---

27 Vgl. Carl Immanuel Nitzsch: Praktische Theologie, Bd. 2, 1. Abt.: Der Dienst am Wort, Bonn 1848, 81.

allgemeinen Gottesworts auf einen nicht willkürlich herausgegriffenen, sondern thatsächlich gegebenen einzelnen Fall oder die für die Feier in Betracht kommenden konkreten Personen" (284). Eben dies aber macht die Schwierigkeit der Kasualpredigt aus, daß sie die „zwei Brennpunkte ..., das allgemeine Gotteswort und der einzelne Fall" (284), verbinden muß. Ein „homiletischer Fehler" ist es, „wenn das eine oder das andere Moment vernachlässigt wird" (284). Vielmehr muß das Persönliche und das Allgemeine „in einander gearbeitet sein, das Allgemeine sich bewährend an diesem Besonderen, das Besondere aber sich deutend, heiligend, verklärend durchs Allgemeine" (285).[28]

Schließlich hat die Sitte auch noch Einfluß auf den Text. Denn es muß „die heilige Schrift in die Mitte treten zwischen Fest und Predigt, Sonntag und Predigt; muß eine bestimmte Beziehung anknüpfen mit dem Tage oder der Handlung, um diese mit der Predigt zu vermitteln" (302). Darum soll auch „jede Predigt einen Text haben" (303). Diese Forderung entspricht dabei ganz „der Sitte der Kirche; für die Predigt ist er die Vollmacht, das Siegel, daß sie Gottes Wort sei" (305). Für die Predigt als Auslegung ihres Textes ist dabei „*Texttreue* und *Texterschöpfung*" erforderlich. Sorgt die Texttreue dafür, daß tatsächlich über diesen einen Text gepredigt wird, gewährleistet die Texterschöpfung, „daß die Momente des Textes, die seine Hauptgedanken ausmachen, in denen der erbauliche Gehalt sich unzweifelhaft darlegt, auch in der Predigt ihre Stelle erhalten" (308f). Texterschöpfung so zu verstehen, „als müßte jedesmal alles über den Text gesagt werden, was darüber gesagt werden kann" (309), ist also ein Mißverständnis. Schließlich plädiert Palmer auch für eine Perikopenordnung, die allerdings für Kasualpredigten nicht gelten solle (vgl. 310). Denn „die feste Ordnung an sich ist etwas, das in Dingen des Kultus jeder möglichen Willkür vorzuziehen ist. Die Predigt selbst repräsentiert das freie persönliche Element, der Text aber ist eben der Ring, durch welchen dieses sich mit dem Kultus verkettet, und dieser will feste Normen" (316). „Diese Auswahl aber soll ... auf

---

[28] Palmer macht noch auf die von der Kasualpredigt zu unterscheidende Kasualrede aufmerksam. Denn es wird „die Rede sich mehr auf die Seite des Persönlichen neigen, die Predigt sich mehr an das evangelisch-Allgemeine halten" (287).

kirchlichem Wege, durch Zusammenwirken gemacht, dann aber streng festgehalten werden. Denn so allein empfängt jeder Sonntag seinen bestimmten Charakter, seine bestimmte Farbe." (317)[29]

Der Einfluß auf die „Form der Predigt" (349)

„Der Kultus macht an jede Darstellung in seinem Bereich die Anforderung, daß sie *schön,* daß sie ein *Kunstwerk* sei." (214)[30] Dies gilt nun nicht nur für besondere heilige Zeiten, sondern für jeden Gottesdienst und also auch für jede Predigt. Sie muß „eine Rede sein, oratorisch gebildet, es muß das Beste von menschlicher Rede auch der Form nach gegeben werden" (214).

Weil jede Predigt ein Kunstwerk sein soll, „so winken wir damit an diesem Punkte die Rhetorik herbei, daß sie der Homiletik die Hand reiche. Sie soll uns lehren, auch wo wir reden als Diener am Heiligtum, immer nur das Edelste und Beste als Opfer vor Gott zu bringen" (350). Dabei geht es nicht darum, durch Rhetorik eine „sittliche Wirkung zu erzielen", weil diese beim Wort Gottes „von rednerischer Kunst schlechthin nicht abhängig, sondern einzig durch Gottes Gnade und Segen ... bedingt ist" (350). Vielmehr geht es um eine „ästhetische Wirkung", die zu erreichen es nützlich ist, die Gesetze der Rhetorik „auch auf wissenschaftlichem Wege kennen zu lernen" (350f).

Rhetorik ist freilich „nicht ein Teil der Homiletik" (351). Vielmehr setzt die Homiletik sie voraus und „hat nur nach ihrer Weise und für ihren Kreis zu bestimmen, worin das Rednerische, d.h. das Schöne der Predigt bestehen muß" (352). Hier nennt Palmer sieben Punkte. Er geht davon aus, daß „das schlechthin Wahre ... eben als frei und klar erfaßte evangelische Wahrheit das tiefste, geistige Wohlgefallen erregt und die beseligendste Befriedigung gewährt" und darum „auch das Schöne und Schönste" (352) ist. Weiter ist „ein Merkmal des Schönen an der Predigt ..., daß sie immer wieder in neue Gestalten sich hüllt" (353). Auch „muß, was schön sein soll, Gestalt haben", was „die Klarheit und Bestimmtheit der Gedanken und ihres Ausdrucks bewirkt, die selber wieder

---

[29] Insofern ist es auch konsequent, wenn Palmer für nur eine Perikopenreihe plädiert. Denn durch mehrere Reihen „ist das Interesse kirchlicher Einheit wie das Einswerden der Perikope mit ihrem Sonntag schon verletzt" (318).

[30] Vgl. dazu auch Palmer: Evangelische Hymnologie (s. Anm. 21), 62ff.

auf der innern Klarheit der eigenen Anschauung des Redners beruht“ (353). Die Predigt hat sich daneben an der Musik zu orientieren, was „die phonetische Seite der Predigt, … den Fluß der Rede“ betrifft: „es sind die Wellen, von denen sich der Zuhörer muß getragen fühlen“ (353f). Aber auch die „Lebendigkeit der rednerischen Darstellung“ ist zu beachten, „daß die Rede sich stets an den Zuhörer wendet, daß sie zu ihm spricht, so daß er fortwährend sich angesprochen findet“ (354). Zum Kunstwerk gehört weiterhin, daß die Predigt „als ein abgeschlossenes, aber innerlich organisiertes Ganzes erscheint, dessen einzelne Teile sämtlich in richtigem Verhältnisse unter sich wie zum Ganzen stehen“ – denn „das Gesetz des Schönen ist das Maß“ (354). Und schließlich gilt es, „die Sprache mit ihrem unendlichen Reichtum von Wörtern …, von Satzformen und Konstruktionen, von Redeweisen … dem Gedanken dienstbar zu machen“, und zwar so, daß „immer der treffendste, adäquateste Ausdruck gefunden wird: das ist die künstlerische Herrschaft, die der Redner … über den gesamten Sprachschatz ausüben muß“ (354f).

3. Die Popularität der Predigt: der „pastoral-homiletische Teil“ (27f)

Nun „tritt im Prediger der Pastor auf, der Seelsorger seiner Gemeinde“ (27). Für den Prediger ist es dabei von entscheidender Wichtigkeit, genaue Kenntnis von seiner Gemeinde zu haben. Denn diese unterscheidet sich nach außen „von *jeder andern Gemeinschaft* oder Korporation“ wie auch „von *jeder andern Gemeinde;* sie ist ein Individuum, eine Person“ (470). Dennoch aber und zugleich ist sie auch nach innen differenziert: „die Gemeinde ist auch zu unterscheiden von ihren *eigenen einzelnen Mitgliedern*“ (470).

All dies hat der Prediger zu berücksichtigen, damit die Predigt Popularität[31] gewinnt. Diese „besteht darin, daß die Gemeinde eben als Gemeinde … angeredet wird“ (471). Popularität meint

---

31 Auch im Blick auf den Begriff der Popularität ist Palmer Schleiermacher verpflichtet. Vgl. hierzu Schleiermacher: Praktische Theologie (s. Anm. 8), 74f.

also „Gemeindemäßigkeit" (471), die zu erreichen insofern alles andere als selbstverständlich ist, als „die Gegensätze der religiösen Anschauung, des gesamten Denkens es erschweren, wo nicht am Ende unmöglich machen, daß eine geistliche Rede von allen gleichmäßig aufgenommen und angeeignet wird" (471).

Popularität der Predigt heißt nun zunächst negativ, daß sich die Predigt alles Speziellen zu enthalten hat, „sofern es nicht etwa ins Allgemeine schon übergegangen ist", weil „die Zuhörerschaft eine Gemeinde" und also „keine Genossenschaft für irgendeinen speziellen sonstigen Zweck" (372) ist. Positiv gewendet bedeutet Popularität, „für die rechte Auffassung der Gemeinde ... zwei Momente zu unterscheiden ... Erstens nämlich lebt die Gemeinde in der heil. Schrift als ihrem geistigen Elemente" (473). Darum muß „die Grundsprache der Prediger die Sprache der Bibel" sein: „der Prediger soll so innig vertraut geworden sein mit der Schrift ..., daß seine freiesten, durchaus selbständig erzeugten Gedanken ... immer wieder von selbst und unwillkürlich in biblische Sprüche, Ausdrücke, Bilder und Anspielungen einmünden" (474). Daneben aber, und das ist das zweite Moment, „lebt die Gemeinde in der gegebenen, konkreten Wirklichkeit" (475). Auch darauf muß der Prediger Rücksicht nehmen: „ein populäres Reden wird ... hineingreifen ins wirkliche Leben, wird die ewige Wahrheit in und an dieser Wirklichkeit nachweisen" (475). So gehört auch zur Popularität, „daß der Prediger sich nicht begnügt, die göttliche Wahrheit in ihrer Objektivität darzustellen, und nun jedem zu überlassen, sie auf sich zu beziehen, sondern daß er sich ganz unmittelbar an den Zuhörer wendet" (481).

Allerdings hat die Popularität auch ihre Grenzen. Denn „daß, wenn ein herumziehender Freiprediger ..., z.B. ein Methodisten-Missionar ... auftritt, ... selbst Christen aus gebildeten Kreisen sich ... angezogen und befriedigt fühlen" (483), „daß manchmal ein Prediger, dessen Predigtweise nicht anders als trivial genannt werden kann, dennoch auf Leute aus allen Ständen eine ungemein große Anziehungskraft ausübt" (484), das darf den wissenschaftlichen Theologen nicht dazu anspornen, diesen nachzueifern. „Da nun der theologisch gebildete, es mit der Wahrheit genau und streng nehmende Prediger nimmermehr sein besseres Wissen und Gewissen um dieser Art von Popularität willen verleugnen kann, so muß er, so schmerzlich dies für ihn ist, darauf verzichten, als Konkurrent jener Sendlinge aufzutreten und diesen gegenüber populär zu sein." (485)

4. Die Predigt als Ausdruck der Persönlichkeit

Der Prediger muß sich genügend Zeit zur vorbereitenden Predigtmeditation nehmen. Diese „zweckgemäß zu bewerkstelligen, ist Sache jedes Predigers, der selber wissen muß, z.B. welche Zeit, welche Methode für ihn die geeignetste ist; das Studierzimmer des Pfarrers ist ein Heiligtum, in welchem niemand ihm etwas vorzuschreiben hat, wie sich denn auch bei jedem eine individuelle Art dieses Arbeitens bilden wird" (511).

Für die Homiletik ist die Persönlichkeit des Predigers insofern von Bedeutung, als sie im Blick auf diesen eine „Lehre vom Vortrage" (514) entwickeln muß. Diese „nimmt ihren Inhalt, ihre Regeln eben daraus, daß er [der Vortrag] die lebendige Erscheinung, die volle Manifestation der Persönlichkeit sein soll" (514). Daraus ergeben sich als „Erfordernisse ... *Freiheit* des Vortrags, und *Wahrheit* desselben; ohne Freiheit giebt es keine Lebendigkeit der Rede, ohne Wahrheit aber ist Rede und Gebärde der Kanzel unwürdig, die Predigt wird zur Komödie" (514).

Nach Palmer muß „das Recht der Persönlichkeit festgestellt und gewahrt werden" (531). Denn „das ist das Wunderbare am Evangelium, daß es keine einzige Gabe aus seinem Dienst ausschließt" (532). Vielmehr hat jede persönliche Prägung das „Recht, in der Predigt zu walten, so lange es im wahrhaften, gläubigen Dienst des Evangeliums und der Gemeinde steht, und so lange es die, durch den Kultus geforderten Schranken des Schönen nicht überspringt" (533).

So darf sich auch der Prediger „in der einzelnen Predigt selbst geltend machen" – freilich „nur in der Weise, daß der Prediger etwas von sich selbst, von seiner Person aussagt, das, wie z.B. eine gemachte Erfahrung ... gerade dazu gesagt wird, damit auch andere veranlaßt werden, dieselbe Erfahrung zu machen" (534). Von „ganz persönlichen Erfahrungen zu sprechen, das ist freilich eine Sache, die sich nur selten und nur am rechten Ort geziemt" (537).

Dem Prediger kommt Autorität zu, sofern er die Gemeinde und vor allem die Angefochtenen „durch die unwiderstehliche

Macht der glaubensstarken Persönlichkeit" (540) aufzurichten vermag: „Diese Autorität übt der Prediger aus, indem er dem Zuhörer als *Zeuge* der Wahrheit erscheint; dies Zeugnis ist seine ganze, mit der Wahrheit Eins gewordene Persönlichkeit." (540f)

Für Palmer ist es dabei „gewiß, daß ein tüchtiger Prediger zum Prediger geboren sein muß" (543f). Denn wo die natürlichen Gaben und Fähigkeiten fehlen, „mag die Bildung thun, was sie will, sie kann das Fehlende nicht ersetzen; und da dies Fehlende, d.h. die geeignete Persönlichkeit, hier nicht irgend eine durch andere Tugenden leicht zu ergänzende Tugend, überhaupt nichts Einzelnes ist, sondern dasjenige, was eben das Wesen des Predigers ausmacht, so kann in solchem Falle, wenn dennoch der Predigerberuf festgehalten wird, nur über einen verfehlten Lebenszweck geklagt werden" (544).

Den Abschluß der ‚Homiletik' nun mag mancher Pfarrer und Prediger als Wohltat empfinden. Denn dieses schon vom Umfang her beträchtliche Werk schließt mit einem für den nüchternen Theologen Palmer geradezu bemerkenswert leidenschaftlichen Plädoyer für das ebenfalls zur Persönlichkeit des Predigers gehörende Anrecht auf Ruhe, zumal unmittelbar nach der Predigt. Es wird „jedem rechten Prediger ein Bedürfnis sein, nach gehaltener Predigt eine gute Weile in die Stille sich zurückzuziehen; es ist eine Rücksichtslosigkeit, wenn sich hernach Besuche bei ihm einstellen, denen er standhalten muß. Das Wort, das er gesprochen, tönt, wie einer Glocke tiefer Ton, noch eine Zeit lang in ihm fort, bis er wieder ein Ohr haben kann für das gewöhnliche Leben. Und ist's auch nicht eitles Geschwätz, womit man ihn behelligt, will der Besuch etwa auch religiöse Gespräche führen: es soll auch dies nicht sein, sonst bringt man ihn um den Segen, den er selber von seiner Predigt haben sollte. Er hat lange genug geredet, man soll ihn jetzt auch in Ruhe hören lassen, was der Geist ihm zu sagen hat ... In der Stille wird dem Prediger selbst gepredigt, und wo er allein ist mit seinem Gott, da soll er sich nicht stören lassen; der Vorhang des Heiligtums soll ihn decken." (554)

Martin Weeber

Kultivierte Kulturdistanz

Die Homiletik Theodor Christliebs

Theodor Christlieb ist ein exemplarischer Repräsentant jener sich durch suggerierte Bibelunmittelbarkeit legitimierenden Bewegung des Protestantismus, die ihre Wurzeln im Pietismus hat, ihr spezifisches Profil im Verlaufe des 19. Jahrhunderts gewann und die bis heute das Erscheinungsbild der evangelischen Kirche in nicht zu unterschätzendem Maße prägt. In seiner Homiletik finden die Anschauungen, Präferenzen und Bestrebungen dieser Richtung des Protestantismus einen charakteristischen Ausdruck. Christliebs Predigtideal offenbart ein Verständnis des Christentums, welches seine Eigenart in der Überzeugung besitzt, sich nur im Gegensatz zur eigenen Epoche zum Ausdruck bringen zu können. Sind zum Beispiel die Predigtlehren Schleiermachers oder jene der Theoretiker der ‚Modernen Predigt' nicht zuletzt dadurch charakterisiert, daß sie ein Auseinanderklaffen von christlicher Überlieferung und Gegenwartsbewußtsein zu vermeiden suchen,[1] so exponiert sich in Christliebs Homiletik ein deutliches Bewußtsein der Distanz zur Kultur der eigenen Gegenwart. Damit aber ist Christliebs Predigttheorie ein klassischer Fall jener Spielart von Homiletik, welche die im weitesten Sinne liberalen Spielarten neuzeitlicher Predigtlehre wie ein nicht abwerfbarer Schatten begleitet. Beinahe sämtliche Motive der Kritik an liberalen Predigtlehren finden sich bei ihm versammelt oder präformiert.

Doch nicht nur darum, weil sich an Christliebs Homiletik die homiletischen Ideale einer einflußreichen Spielart evangelischer Frömmigkeit aufweisen lassen, kann ihr die Würde des Darstel-

---

1 Vgl. die Beiträge über Schleiermacher und Niebergall in diesem Band.

lungswerten zugesprochen werden. Ein zweiter Grund spricht für die Aufnahme Christliebs in eine Galerie der Klassiker protestantischer Predigtlehre: Seine ‚Homiletik' ist ein exemplarisches Beispiel für den Typus eines homiletischen Lehrbuchs, der in der zweiten Hälfte des 19. Jahrhunderts weit verbreitet war. Was ihren Aufbau und ihren Themenbestand anlangt, kann sie als eine Normal-Homiletik der Epoche gelten. Es finden sich in ihr all die Fragen versammelt, die in der Homiletik der zweiten Hälfte des 19. und der ersten Jahre des 20. Jahrhunderts diskutiert wurden. Ein ganz ähnlicher Kanon von Themen und Gesichtspunkten prägt auch die – jene Diskussionen zusammenfassenden – homiletischen Lehrbücher z.B. von Stockmeyer[2], Hering[3], Kleinert[4], Sachsse[5], Gottschick[6] oder die der Homiletik gewidmeten Abschnitte in den großen Lehrbüchern der Praktischen Theologie von Krauss[7] und Achelis[8]. Dieser Typus von Lehrbuch ist für die Geschichte der Homiletik deshalb von Interesse, weil er Problemstellungen zu Gesamtentwürfen vereinigt, deren dauerhafte Aktualität darin zum Ausdruck kommt, daß nahezu alle diese Probleme im Rahmen der ‚Projekt- und Mottohomiletik' der 70er- und 80er Jahre des 20. Jahrhunderts erneutes Interesse fanden. All jene dort in den Rang von Schlüsselproblemen der Predigtlehre und Predigtpraxis erhobenen Gesichtspunkte (biblisch predigen, seelsorglich predigen, persönlich predigen, rhetorisch predigen, konkret predigen)[9] fanden in diesen Lehrbüchern schon Berücksichtigung – und bekamen durch die Integration in homiletische Gesamt-

2 Immanuel Stockmeyer: Homiletik. Vorlesungen, hg. v. Karl Stockmeyer, Basel 1895.

3 Hermann Hering: Die Lehre von der Predigt, Berlin 1905.

4 Paul Kleinert: Homiletik, Leipzig 1907.

5 Eugen Sachsse: Evangelische Homiletik. Ein Leitfaden für Studierende und Kandidaten, Leipzig 1913.

6 Johannes Gottschick: Homiletik und Katechetik, Tübingen 1908.

7 Alfred Krauss: Lehrbuch der Praktischen Theologie, Bd. 1, Freiburg 1890, 197–351.

8 Ernst Christian Achelis: Lehrbuch der Praktischen Theologie, Bd. 2, Leipzig [3]1911, 79–277.

9 Vgl. die Zusammenstellung der entsprechenden Programmliteratur bei Hans Martin Müller: Art. Homiletik, in: TRE 15, Berlin, New York 1986, 526–565, hier 550.

entwürfe den ihnen zukommenden (nämlich eingeschränkten) Stellenwert zugewiesen.[10]

Christliebs homiletische Anschauungen haben eine zusammenhängende Darstellung in zwei Texten gefunden: zum einen in dem Artikel „Homiletik" in der zweiten Auflage der ‚Real-Encyklopädie für protestantische Theologie und Kirche'[11], zum anderen in den von Theodor Haarbeck aus Christliebs Nachlaß herausgegebenen Homiletik-Vorlesungen.[12] Diese Nachlaßedition dokumentiert Christliebs Vorlesungsstil, den Haarbeck so kennzeichnet: „Christlieb hatte die Gewohnheit, ein knappes Diktat zu geben und dasselbe in freiem Vortrag weiter auszuführen."[13] Haarbecks Ausgabe bietet nun sowohl Christliebs Diktatsätze als auch, durch Petitsatz abgehoben, seine freieren Erläuterungen. Zwar fehlt dem auf diese Weise entstandenen Homiletik-Lehrbuch einerseits die Geschlossenheit des Christliebschen Realenzyklopädie-Artikels, andererseits aber gewinnt diese Ausgabe einen besonderen Reiz daraus, daß naturgemäß gerade in den erläuternden Passagen Christliebs eigene Anschauungen deutlicher zum Ausdruck kommen als in den Diktatsätzen. Trotz aller Bedenken, die gegenüber Nachlaßeditionen immer am Platze sind, orientiert sich meine Darstellung von Christliebs Homiletik deshalb in erster Linie an diesem Lehrbuch. Dessen Aufriß und wesentliche Gehalte werden im folgenden dargestellt, und zwar in zwei Durchgängen. Zunächst versuche ich, die gattungsspezifischen Züge dieses Lehrbuches so zu skizzieren, daß deutlich wird, inwiefern es sich bei ihm um ein typisches Homiletik-Lehrbuch der Epoche handelt (I). In einem zweiten Durchgang (III) wird die Aufmerksamkeit dann den autorenspezifischen Zügen dieses Werkes zu gelten haben. Den Übergang zwischen beiden Durchgängen wird ein Abschnitt bilden, der zum einen einen Überblick über Christliebs Lebensgang gibt und zum anderen versucht, Christliebs theologische Präferenzen knapp zu erläutern (II).

---

[10] Eine Wiederaufnahme und Fortschreibung der Tradition dieser Lehrbücher bietet Hans Martin Müller: Homiletik. Eine evangelische Predigtlehre, Berlin, New York 1996.

[11] RE^2, Bd. 6, Leipzig 1879, 270–294.

[12] Theodor Christlieb: Homiletik. Vorlesungen, hg. v. Theodor Haarbeck, Basel 1893.

[13] Christlieb: Homiletik, V.

I.

Christliebs ‚Homiletik' gliedert sich in fünf Teile: Eröffnet wird sie durch „Prolegomena"[14], in denen Christlieb Begriff und Aufgabe der Homiletik bestimmt, das Verhältnis zur Rhetorik erörtert und einen kurzen Abriß der „Entwicklungsgeschichte der Predigtwissenschaft" gibt. Abgeschlossen werden diese Prolegomena durch Bemerkungen zum enzyklopädischen Ort der Homiletik sowie zum Aufbau des eigenen Entwurfs.

Die Durchführung der Homiletik erfolgt dann in vier Kapiteln. Die Kapitel I, III und IV[15] entfalten die prinzipielle, die materiale und die formale Homiletik. Kapitel II[16] hat zum Thema die „Persönliche[n] Erfordernisse zum Predigen".

Schon dieser Aufriß und Themenbestand des Christliebschen Lehrbuches ist aufschlußreich, wenn man ihn mit bestimmten Eigentümlichkeiten gegenwärtiger homiletischer Entwürfe kontrastiert: Zeichnen sich diese aus durch eine gewisse Vernachlässigung von Prinzipienfragen, den weitgehenden Ausfall einer materialen Homiletik sowie die meist nur prinzipielle Behandlung der formalen Fragen der Predigtgestaltung, so finden in den Homiletik-Lehrbüchern aus der zweiten Hälfte des 19. Jahrhunderts die genannten Themen in der Regel eine gründliche Bearbeitung.

In der Prinzipienlehre wird zwei Fragenkreisen eine ausführliche Erörterung zuteil: zum einen der Bestimmung von „Begriff und Aufgabe der Homiletik", zum anderen dem „Verhältnis der Homiletik zur Rhetorik". In seiner Begriffs- und Aufgabenbestimmung der Homiletik bedient sich Christlieb der einschlägigen doppelten Grundunterscheidung seiner Zeit: Zwei verschiedene Adressatenkreise lassen sich für die Predigt benennen. Zum einen gibt es die Predigt an Nichtchristen, „die Verkündigung des Evangeliums nach aussen vor Juden und Heiden"[17], zum anderen die Predigt an Christen. Die Predigt kann demnach entweder als Missionspredigt oder als Gemeindepredigt verstanden werden. Die Aufgabe der Missionspredigt wäre die „Erweckung" des

[14] Christlieb: Homiletik (s. Anm. 12), 1–51.
[15] Christlieb: Homiletik, 52–103; 124–281; 282–347.
[16] Christlieb: Homiletik, 104–123.
[17] Christlieb, Homiletik (s. Anm. 12), 5.

Glaubens der Nichtchristen, diejenige der Gemeindepredigt die „Erbauung der schon gläubigen Gemeinde".[18] Die homiletischen Entwürfe lassen sich nun dadurch unterscheiden, daß sie sich entweder als Theorien der Gemeindepredigt verstehen oder als Theorien der Missionspredigt, oder aber daß sie beide Predigtgenera umfassend bearbeiten. Es könnte nun den Anschein haben, als sei die Frage der Orientierung entweder an der Aufgabe der Missionspredigt oder an der Aufgabe der Gemeindepredigt oder schließlich der Versuch einer beide Predigtarten umfassenden homiletischen Gesamttheorie lediglich eine Frage wissenschaftssystematischer Zweckmäßigkeitserwägungen. Diese Sicht aber bekäme den Kern des Problems noch nicht in den Blick. Denn charakteristisch für die Homiletik des 19. Jahrhunderts ist es, daß die erläuterte doppelte Grundunterscheidung problematisiert wird. Diese Problematisierung ergibt sich aus einer bestimmten Zeitdiagnose, welche ihre Pointe darin findet, daß sie im Blick auf die Gegenwart der eigenen Kultur massive Entchristlichungstendenzen wahrnehmen zu müssen glaubt. Sie konstatiert eine „Zersetzung der Gemeinden durch Unglauben, Indifferentismus, ja Atheismus bis hinab in den Arbeiterstand".[19] Wird diese Diagnose geteilt, dann muß die eigene Gegenwart als der Missionierung bedürftig betrachtet werden. Da die Predigt als das klassische Medium für solcherlei Missionszwecke betrachtet wird, ergibt sich bei den Anhängern jener Entchristlichungsdiagnose die Notwendigkeit eines Neuzuschnitts der Aufgabenbestimmung von Predigt und Homiletik. Die Predigtlehre soll sich nunmehr verstehen als eine Theorie, die sich nicht mehr an einem von Prediger und Hörern geteilten Bewußtsein orientiert, sondern an der Differenz zwischen einem gläubigen Prediger und seinen erst noch (oder wieder) zum Glauben zu erweckenden Hörern.[20] Bestim-

---

[18] Christlieb, Homiletik, 4.

[19] Christlieb, Homiletik, 5.

[20] Die radikalste Durchführung gewann das Programm der Umpolung der Gemeindepredigt zu einer Missionsveranstaltung bei Rudolf Stier, der schon mit der Bezeichnung seiner Predigtlehre als „Keryktik" die Distanz zu der gängigen Orientierung der Homiletik an der Gemeindepredigt zum Ausdruck zu bringen suchte (Kurzer Grundriß einer biblischen Keryktik, oder einer Anweisung, durch das Wort Gottes sich zur Predigtkunst zu bilden. Mit besonderer Beziehung auf Mission und Kanzel, Halle 1830, [2]1844). – Vgl.

mend blieb freilich während des gesamten 19. Jahrhunderts die Orientierung an der Gemeindepredigt. Jedoch wurde in einer ganzen Reihe homiletischer Entwürfe die Missionsaufgabe immerhin als Teilmoment der Aufgabenbestimmung der Gemeindepredigt gewürdigt.

Der zweite Fragenkreis, der in der Einleitung von Christliebs ‚Homiletik' eine ausführliche Besprechung findet, umfaßt die Verhältnisbestimmung von Homiletik und Rhetorik. Auch im Blick auf die dort verhandelte Problematik läßt sich wiederum konstatieren, daß sie sich nicht einfach als eine wissenschaftssystematische Frage angemessen würdigen läßt. Es geht in der Frage der Verhältnisbestimmung von Homiletik und Rhetorik immer auch um die angemessene Relationierung von Glaube und Vernunft, Überlieferung und Gegenwart, binnenkirchlicher und öffentlicher Kommunikationskultur. Einige wenige homiletische Entwürfe des 19. Jahrhunderts orientieren sich sehr stark an der Rhetorik[21], einige wenige lehnen diese Orientierung vehement ab.[22] Die Mehrzahl der Predigtlehren freilich rezipiert mit pragmatischer Gelassenheit die Einsichten und Gesichtspunkte der klassischen Rhetorik. Während die etwas sterile, weil meist im Bereiche der prinzipiellen Fragen hängenbleibende Neuauflage der Debatte um das Verhältnis von Homiletik und Rhetorik, die von den späten 60er bis in die frühen 80er Jahre des 20. Jahrhunderts geführt wurde,[23] kaum zu einer wirklichen Bearbeitung der Probleme geführt hat, zeichnen sich die homiletischen Lehrbücher des

---

Friedrich Wintzer: Die Homiletik seit Schleiermacher bis in die Anfänge der ‚dialektischen Theologie' in Grundzügen (APTh 6), Göttingen 1969, 75–93, v.a. 85–93.

21 Zum Beispiel Heinrich August Schott: Kurzer Entwurf einer Theorie der Beredsamkeit, Leipzig 1807, ²1816; Franz Theremin: Die Beredsamkeit eine Tugend, oder Grundlinien einer systematischen Rhetorik, Berlin 1814, ²1837; Heinrich Bassermann: Handbuch der geistlichen Beredsamkeit, Stuttgart 1885.

22 Auch hier am radikalsten Rudolf Stier (s. Anm. 20). – Vgl. die Charakterisierung der Stellungnahmen Stiers durch Eugen Sachsse (s. Anm. 5), 36: „Alle menschliche Rhetorik ist eitel und lügenhaft; die christliche Laletik [so Stiers Bezeichnung für die entsprechende Disziplin, M. W.] ist daher nicht eine Art Rhetorik, sondern ihr Gegenteil."

23 Die wichtigsten Beiträge zu dieser Debatte stammen von Manfred Josuttis und Gert Otto.

19. Jahrhunderts dadurch aus, daß sie im Zusammenhang des formalen Teils der Homiletik die Probleme der angemessenen sprachlichen Gestaltung detailliert diskutieren. Schon aus diesem Grunde bilden diese Lehrbücher auch heute noch eine anregende und eventuell sogar der Predigtpraxis förderliche Lektüre.

Ein drittes Thema aus der Prinzipienlehre der Christliebschen ‚Homiletik' soll abschließend genannt werden: der „Überblick über die Geschichte der Predigtwissenschaft". Während gegenwärtige Beiträge zur Homiletik häufig suggerieren, die von ihnen zur Geltung gebrachten Gesichtspunkte seien schlechterdings originell, wird in der Homiletik des 19. Jahrhunderts das Bewußtsein historischer Kontinuität kultiviert. Von den damals erbrachten historischen Rekonstruktionsleistungen lebt die Wissenschaftsgeschichte der Homiletik bis heute, und gleiches gilt für die Darstellungen der Geschichte der Predigt.

Nun kurz zu den auf die Prolegomena folgenden Kapiteln des Christliebschen Lehrbuches. Wiederum soll einstweilen nur der autorenunspezifische Gehalt dieser Kapitel skizziert werden. Das „Begriff und Wesen, Aufgabe und Zweck der Predigt" darstellende Kapitel I hat den Vorzug, daß Christlieb hier seine Predigtauffassung von konkurrierenden Entwürfen abgrenzt und damit einen konzentrierten Überblick über homiletische Standpunkte der Epoche liefert. Seine Predigtauffassung will sich zunächst (und hierin ist er sich mit allen protestantischen Homiletikern einig) absetzen von der „römisch-katholischen Auffassung und Praxis" der Predigt. Diese römisch-katholische Auffassung sei geprägt dadurch, daß sie „schon den Wert der Predigt gegenüber dem Ceremonialdienst geringer anschlage und daher auch die Predigt weit weniger streng in den Organismus des Gottesdienstes einfüge als die evangelische Kirche, resp. Homiletik es thut"[24]. Sodann sei sie gekennzeichnet durch ihre Absicht, den Einzelnen zuerst zur „Kirche" und dann erst zu „Christus" führen zu wollen; ferner durch ihr „loseres Verhältnis" zum „Schriftwort"; schließlich durch die Tendenz zum „oratorischen Prunk und sonstige auf Effekt berechnete Künste"[25]. – Auf evangelischer Seite nennt Christlieb folgende mangelhafte Beschreibungen der

24 Christlieb: Homiletik (s. Anm. 12), 86.
25 Christlieb: Homiletik, 86f.

Predigtaufgabe, von denen er sich distanzieren will: die „einseitig rhetorische", die „bloss didaktische", die "einseitig erweckliche" und schließlich die „einseitig erbauliche, bloss kultisch-darstellende Auffassung der Predigtaufgabe". Der zuletzt genannten Predigtauffassung gilt übrigens die – in ihren Gründen später noch zu erläuternde – Hauptgegnerschaft Christliebs. Weniger deutlich ausgeprägt ist Christliebs Opposition gegenüber den einseitig die Momente des Rhetorischen, des Didaktischen oder des Erwecklichen zum Hauptgesichtspunkt erhebenden Predigttheorien. Diese teilen nämlich allesamt Christliebs Grundüberzeugung, die Predigt müsse als ein „wirksames Handeln" (im Gegensatz zu einem „darstellenden Handeln") verstanden werden. Die Christliebsche Gegenüberstellung von Predigtauffassungen, welche die Predigt als ein „wirksames" Handeln auffassen, und solchen, die sie als ein „darstellendes" Handeln verstehen, ist wiederum epochentypisch. Entlang der genannten Entgegensetzung bilden die meisten Predigtlehren der Zeit ihr Selbstverständnis aus.[26] Und ein weiteres Mal kann festgestellt werden, daß die Selbstzuordnung der homiletischen Entwürfe zu der einen oder der anderen Seite des Gegensatzes Aufschluß gibt über die von den jeweiligen Verfassern dieser Entwürfe geteilten Zeitdeutungen. Diejenigen Autoren, welche ihr Predigtverständnis an der als Teil der gottesdienstlichen Feier der Gemeinde verstandenen Predigt orientiert sein lassen, in welcher das gemeinsame Bewußtsein der Christen sich zum Ausdruck bringt, bedienen sich bevorzugt der Kategorie des darstellenden Handelns. Umgekehrt tendieren

---

26 Freilich muß festgestellt werden, daß diese Entgegensetzung zumeist von einer vergröbernden Interpretation dieser Schleiermacherschen Kategorien lebt. Vgl. den Beitrag von Christian Albrecht über Schleiermachers Homiletik in diesem Band (93–119) sowie Dietrich Rössler: Unterbrechungen des Lebens. Zur Theorie des Festes bei Schleiermacher, in: In der Schar derer, die da feiern. Feste als Gegenstand praktisch-theologischer Reflexion, hg. v. Peter Cornehl u. a., Göttingen 1993, 33–40, hier 39: „So kann im darstellenden Handeln das Element des verbreitenden Handelns eingeschlossen sein. Der Gemeindegottesdienst ist offenbar auch eine missionarische Gelegenheit." – Weitere wichtige Aspekte von Schleiermachers Theorie der Handlungsformen finden sich dargestellt bei Eberhard Jüngel: Der Gottesdienst als Fest der Freiheit, in: ders.: Indikative der Gnade – Imperative der Freiheit. Theologische Erörterungen IV, Tübingen 2000, 330–350.

Autoren, für die das Bewußtsein der Distanz zwischen den religiösen Gestimmtheiten der Prediger und jenen der Hörer kennzeichnend ist, zu Auffassungen, die das wirksame Moment der Predigt betonen.

Das zweite Kapitel der Homiletik Christliebs widmet sich dem Katalog der Anforderungen, die an die Persönlichkeit des Predigers zu stellen sind. Ein solches Anforderungsprofil entfalten die meisten homiletischen Lehrbücher der Zeit. Je nach positioneller Prägung der Autoren werden dabei die Schwerpunkte verschieden gesetzt. Vergröbernd läßt sich sagen, daß die vom Prediger zu erwartenden Qualifikationen entweder eher auf der Seite der Frömmigkeit oder eher auf der Seite der Bildung angesiedelt werden. Angesichts einer in einer späteren Epoche der Homiletik begegnenden Desavouierung des persönlichen Elementes der Predigt verdient jedenfalls der breite Konsens notiert zu werden, der zwischen den Predigttheoretikern des 19. Jahrhunderts darüber besteht, daß die Predigt jedenfalls *auch* als ein persönliches Wort des Pastors muß aufgefaßt werden können.

Im dritten Kapitel seiner Homiletik befaßt Christlieb sich mit den Fragen der materialen Homiletik. Das Kapitel gliedert sich in vier Abschnitte. Im ersten geht Christlieb zunächst auf die „Heilige Schrift als Quelle des homiletischen Stoffs“ ein.[27] Anschließend erläutert er die Grundsätze und Verfahrensregeln der „schriftgemässe[n] homiletische[n] Auslegung“. Der zweite Abschnitt beschäftigt sich mit der Kontextualisierung, die der biblische Stoff durch das kirchliche Bekenntnis und die kirchliche Sitte (vor allem das Kirchenjahr mit seinen Festzeiten) erfährt. Ausführlich wird im Zusammenhang der Erwägungen über das Verhältnis von Text und kirchlicher Sitte die in der Homiletik der Zeit viel verhandelte Frage besprochen, ob die Bindung der Predigt an feste Perikopen der freien Textwahl vorzuziehen sei oder umgekehrt. Ein dritter Abschnitt widmet sich zum einen der durch die jeweilige Gemeindesituation bestimmten Zuspitzung der Predigtaufgabe, zum anderen den verschiedenen Gattungen der Kasualpredigt: „Taufrede“, „Konfirmationsrede“, „Vorbereitungs- und Beichtrede“, „Trauungsrede“, „Leichen-

27 Diese Ausführungen sind dreigeteilt: „Die evangelische Geschichte“, „Geschichte und Lehre der Apostel“, „Das alte Testament und die Apokryphen“.

rede". Ein kurzer Abschnitt über den „homiletischen Stoff als ein durch die individuelle Persönlichkeit des Predigers mitbestimmter" beschließt das Kapitel über die materiale Homiletik. Alles in allem repräsentieren die von Christlieb hier traktierten Themen ohne besondere individuelle Pointierung den Normalbestand der zeitgenössischen homiletischen Literatur.

Ähnlich repräsentativ sind auch Christliebs Erörterungen über die „Form der Predigt als Rede und Vortrag" im letzten Kapitel seines Lehrbuches. In abgewogener Weise werden die Vorzüge und Nachteile von analytischer und synthetischer Predigtform gegeneinander gehalten.[28] Es werden ausführlich die Regeln für den gelungenen Aufbau einer religiösen Rede erörtert. Die üblichen Anweisungen für den mündlichen Vortrag der Predigt schließen das Lehrbuch ab.

II.

Nachdem nun in einem ersten Durchgang das Christliebsche Homiletik-Lehrbuch als zeittypisches Exemplar seiner Gattung vorgestellt worden ist, sollen in diesem Abschnitt nun die biographischen Prägungen[29] und theologischen Präferenzen Christliebs skizziert werden, aus denen sich dann die im nächsten Abschnitt zu benennenden individuellen Züge seiner Homiletik erklären.

August Theodor Christlieb wurde am 7. März 1833 im württembergischen Birkenfeld als Pfarrerssohn geboren. 1843–1847 besuchte er das Gymnasium in Tübingen, anschließend das Semi-

---

28 Eine eingehende Darstellung dieser in der Homiletik des 19. Jahrhunderts viel verhandelten Frage, wie die Eigenart dieser Predigtformen zu bestimmen und worin die jeweiligen Vorzüge und Nachteile dieser Formen zu sehen seien, findet sich bei Achelis (s. Anm. 8), 231–239.

29 Vgl. Eugen Sachsse: Art. Christlieb, Theodor, in: RE^3, Bd. 4, 1–4; Ernst Christian Achelis: Art. Christlieb, Theodor, in: ADB 47, 1903, 483–486; Johann Friedrich Gerhard Goeters: Theodor Christlieb 1833–1889, in: 150 Jahre Rheinische Friedrich-Wilhelms-Universität zu Bonn 1818–1968. Bonner Gelehrte. Beiträge zur Geschichte der Wissenschaften in Bonn, Bd. Evangelische Theologie, 103–120. – Das ausführlichste (auch Einzeldrucke von Predigten aufführende) Schriftenverzeichnis Christliebs findet sich in dem Artikel von Achelis (485f).

nar in Maulbronn. 1851–1855 studierte er Theologie in Tübingen. Sein wichtigster theologischer Lehrer war dort der Biblizist Johann Tobias Beck, den er sich als Vorbild erkor. Im Jahre 1855 ging er als Hauslehrer einer Adelsfamilie nach Montpellier. 1856 wurde er in Luwigsburg Hilfsprediger seines Vaters. Bald darauf übernahm er eine Stelle als Pfarrverweser in Ruit bei Stuttgart. Die Anforderungen des dortigen Gemeindepfarramtes hielten sich offensichtlich in Grenzen, denn sie ließen ihm die Zeit zur Anfertigung einer Dissertation über den mittelalterlichen Theologen Johannes Scotus Eri(u)gena, mit der er im Jahre 1857 in Tübingen den philosophischen Doktortitel erwerben konnte.[30] Im Oktober 1858 wurde Christlieb Pfarrer der deutschen Gemeinde Islington (London). Im Oktober 1865 wurde er vom württembergischen König als Pfarrer nach Friedrichshafen berufen. In der dortigen Schloßkirche gehörte die königliche Familie häufig zu seinem Predigtpublikum. Während seiner Friedrichshafener Jahre hielt Christlieb apologetische Vorträge in der nahen Nordschweiz (St. Gallen und Winterthur). Diese Vorträge erschienen zuerst in einzelnen Heften, wurden aber bald in erweiterter Form als umfängliches Buch herausgegeben: ‚Moderne Zweifel am christlichen Glauben für ernstlich Suchende erörtert'[31]. Im Jahre 1868 wurde er als Professor der Praktischen Theologie und Universitätsprediger nach Bonn berufen, wo er bis zu seinem Tode lehrte.[32] Am 15. August 1889 ist Christlieb gestorben.

Neben den beiden genannten größeren Werken und der postum edierten ‚Homiletik' sind von Bedeutung vor allem seine Artikel über Homiletik[33] und die Geschichte der christlichen Predigt[34] für die zweite Auflage der ‚Realencyklopädie für protestantische Theologie und Kirche'. Die Spuren des letztgenannten Artikels

---

30 In erweiterter Fassung veröffentlicht unter dem Titel: Leben und Lehre des Johannes Scotus Erigena in ihrem Zusammenhang mit der vorhergehenden und unter Angabe ihrer Berührungspuncte mit der neueren Philosophie und Theologie dargestellt von Theodor Christlieb, Gotha 1860.

31 Bonn 1870.

32 Eine recht ausführliche Darstellung von Christliebs konfliktträchtigem Wirken in Bonn gibt Goeters (s. Anm. 29), v.a. 110–117.

33 Siehe Anm. 11.

34 RE^2, Bd. 18, Leipzig 1888, 466–653.

lassen sich bis in die neuesten Darstellungen der Predigtgeschichte hinein verfolgen.[35] Das übrige Schrifttum Christliebs gehört dem Felde der Broschüren-Literatur zu und ist hauptsächlich dem Thema der Mission gewidmet.[36]

Eine treffende Kurzbeschreibung der theologischen Vorlieben Christliebs verdanken wir Hermann Mulert: „Er war lebhaft apologetisch interessiert und pflegte daneben die Beziehungen zwischen deutschem und angelsächsischem Christentum, ein Vorkämpfer der Evangelisation in Deutschland, auch eifrig für die Heidenmission tätig."[37]

Christliebs Kenntnis der angelsächsischen Welt schlug sich in der ausführlichen Berücksichtigung der englischen und amerikanischen Predigtkultur in seiner Darstellung der Geschichte der

---

35 Vgl. z.B. Albrecht Beutel: Art. Predigt VIII. Evangelische Predigt vom 16. bis 18. Jahrhundert, in: TRE 27, 1997, 296–311. – Goeters (s. Anm. 29) bezeichnet den Artikel über die Geschichte der Predigt zu Recht als Christliebs „wohl bedeutendste Arbeit auf seinem Fachgebiet" und hebt als besondere Stärke dieser Darstellung die Tatsache hervor, „daß sie den deutschen Leser mit der reichen Predigtgeschichte des 18. und 19. Jahrhunderts im englischen Sprachbereich bekannt machte" (115). – Mit gleichem Recht beurteilt freilich Achelis (s. Anm. 29) die übrigen Beiträge Christliebs zur Homiletik äußerst skeptisch: „Eine wissenschaftliche Förderung der Homiletik ist von Christlieb nicht erzielt, vielleicht auch nicht beabsichtigt" (484).

36 Vgl. vor allem: Der Missionsberuf des evangelischen Deutschlands nach Idee und Geschichte. Eine vergleichende Studie, Gütersloh 1876; Der indobritische Opiumhandel und seine Wirkungen. Eine Ferienstudie, Gütersloh 1878; Der gegenwärtige Stand der evangelischen Heidenmission. Eine Weltüberschau, Gütersloh 1880; Die ärztlichen Missionen, Gütersloh 1891. – Christlieb war – zusammen mit Reinhold Grundemann und Gustav Warneck – Gründungsherausgeber der ‚Allgemeinen Missionszeitschrift' (seit 1874).

37 Hermann Mulert: Art. Christlieb, Theodor, in: RGG[1], Bd. 1, 1909, 1712. – Vgl. die Würdigung Christliebs durch Goeters (s. Anm. 29), 117: „Bleibende kirchengeschichtliche Bedeutung hat Christlieb gerade mit jenen Bestrebungen und Initiativen im weiteren kirchlichen Sinne gewonnen, die über seinen akademischen Beruf hinausgingen, ihn der Mehrheit seiner Fakultätskollegen besonders fremdartig erscheinen ließen und dann auch Gegenstand ihrer Beschwerden gegen ihn wurden. Am stärksten kamen hier die Anregungen der Londoner Jahre zur Geltung. Drei, allerdings vielfältig miteinander verbundene Bereiche lassen sich dabei herausheben: die äußere Mission, die Allianzbestrebungen und die Evangelisation."

Predigt nieder. In England erschloß sich ihm auch die Überzeugung von der Wichtigkeit der Mission. Die Vorliebe für dieses Aufgabenfeld teilt er mit vielen seiner Zeitgenossen. Die Gründe, die dazu führten, daß das 19. Jahrhundert sich mit viel Einsatz der Missionsthematik annahm, brauchen hier nicht erörtert zu werden. Nur auf einen Punkt sei hingewiesen: Angesichts der Erfahrung zunehmender sozialer und kultureller Komplexität in den Heimatländern bot die Begeisterung für die Mission gewissermaßen ein Ventil. In den Missionsgebieten bot sich ein zwar schwieriges, aber durch Eindeutigkeit gekennzeichnetes Aufgabenfeld an. Die Missionsgebiete konnten gewissermaßen als Projektionsfläche für frustrierte Eindeutigkeitssehnsüchte herhalten. Auf dem Missionsgebiet lagen die gewünschten klaren Unterscheidungen zwischen Christlichkeit und Nichtchristlichkeit auf der Hand, während sie unter den Bedingungen der eigenen Kultur kaum noch mit der Eleganz der Schlichtheit vollzogen werden konnten.

Christliebs Bemühungen, den christlichen Glauben – wie er ihn verstand – vor den Anmutungen der modernen Kultur zu retten, haben ihre weit ausgreifende Darstellung in seinem Werk über ‚Moderne Zweifel am christlichen Glauben‘[38] gefunden. Einige zentrale Gesichtspunkte, mit denen er sich dort beschäftigt, sollen kurz genannt werden. Christlieb diagnostiziert im Blick auf seine zeitgenössische Kultur eine tiefe und weite „Kluft zwischen Bildung und Christenthum“. Er kritisiert die – wesentlich von Ferdinand Christian Baur entwickelte – „neuere kritische Auffassung des Urchristentums“. Er attackiert die „moderne Leugnung der Auferstehung Jesu“, die „modernen wunderscheuen Darstellungen des Lebens Jesu“ und die „moderne Leugnung des Wunders“. Den „neueren nichtbiblische[n] Gottesbegriffe[n]“ setzt er den „biblisch-christliche[n] Gottesbegriff“ entgegen. Die Argumentationen, die Christlieb bei seinen Attacken vorträgt, sind nicht ohne Scharfsinn. Sie tragen allerdings bisweilen das Signum trotziger Skurrilität.[39] Das Grundproblem seiner Apologetik besteht darin,

38 Siehe Anm. 31.

39 Vgl. z.B. Christliebs Einlassungen über den redenden Esel Bileams, den Stillstand der Sonne unter Josua, die Himmelfahrt des Elia und über Jona im Bauch des Fisches (Moderne Zweifel [s. Anm. 31], 367–391).

daß er die Positionen seiner Gegner letztlich immer als Ausdruck sündiger Unwilligkeit und Widersetzlichkeit zu deuten geneigt ist: „Wie schon beim ersten Zweifler im Paradies, so ist heute noch der Zweifel seiner innersten Natur nach eine falsche Nachgiebigkeit, ein Schwachwerden, ein feiges Zurückschrecken vor Wagnissen und Schwierigkeiten".[40]

Es sind hier jetzt nur die zentralen Punkte der Christliebschen Apologetik benannt worden. Reizvoll wäre es vor allem, Christliebs Beschreibung der Kluft zwischen Christentum und Bildung einer genaueren Würdigung zu unterziehen. Es würde dabei deutlich, daß man zu kurz greifen würde, wollte man Christlieb und die durch ihn repräsentierte Frömmigkeitsrichtung einfach als konservativ bezeichnen. Schon die von Christlieb und den Seinen gepflegte Kritik am Staats- und Landeskirchentum und die gleichzeitige Bewunderung freikirchlicher Konzeptionen ließe eine solche Etikettierung als Verkürzung erscheinen. Auch lassen sich Christliebs dogmatische Präferenzen kaum eindeutig als konservativ verbuchen. Denn obwohl er seinen Hauptgegner im „falschen Liberalismus" erblickt, gilt seine Abneigung doch auch einem „schroffen Konfessionalismus". Er stellt den „biblischen consensus" über den „confessionellen dissensus".[41]

III.

Die Spezifika von Christliebs Homiletik ergeben sich nahtlos aus seiner theologischen Position. Es sind vor allem zwei oder drei Momente hier zu nennen. Zum einen das Profil des Anforderungskatalogs für den Prediger. Der Prediger muß vor allem fromm sein: „Persönliche Heilserkenntnis und Heilserfahrung, oder Glaube und Salbung" sind vom Prediger zuvörderst zu erwarten. Er muß die Gabe der „Lehre" besitzen. Die Selbstkultivierung des

40 Christlieb: Moderne Zweifel, 627.

41 Christlieb: Homiletik (s. Anm. 12), 178. – Auch im Blick auf die konfessionelle Frage erscheinen Christlieb die Verhältnisse in den Missionsgebieten komplexitätsreduzierend: Die konfessionellen „Lehrdifferenzen" treten „dem Heidenthum gegenüber ... doch in der Regel sehr in den Hintergrund" (Der gegenwärtige Stand der evangelischen Heidenmission [s. Anm. 36], 20).

Predigers soll sich vollziehen durch „fleissiges Bibelstudium und anhaltendes Gebet". Der „Wandel" des Predigers soll ein „heiliger und charaktervoller" sein. Auf diese Forderungen legt Christlieb die Betonung. Daneben freilich weiß er auch durchaus die „homiletische Bildung" zu würdigen, den „sittlich-ästhetische[n] Takt" und die „Erregbarkeit des Gemüts und der Vorstellungskraft bei Betrachtung der Schrift und bei Beobachtung der Gemeindezustände" – kurz: die Vermittlungskompetenzen des Predigers – zu schätzen.

Bei aller Deutlichkeit, mit der Christlieb seine homiletischen Spezialanschauungen zum Ausdruck bringt, ist er doch stets darum bemüht, nicht in Extreme zu verfallen. Dies gilt auch für den zweiten, in zwei Unterpunkte zerfallenden Gesichtspunkt, der nun abschließend zu erläutern ist: Christliebs Bestimmung der Aufgabe der Predigt und der Homiletik. Die Aufgabe der Predigt ist für Christlieb unterbestimmt, wenn man sie nur durch ihren Erbauungszweck definiert sein läßt. Neben der Bestärkung des Glaubens der Glaubenden hat die Predigt auch den Glauben bei den noch nicht oder nicht mehr Glaubenden neu zu erwecken. Dieser Aufgabe wird sie gerecht, wenn sie sich als bezeugende Verkündigung der biblisch-christlichen Wahrheit gestaltet: „Daher ist unsere Wissenschaft auf einem Predigtbegriff aufzubauen, der das kultisch darstellende, erbauliche Moment für die schon Gläubigen, wie das wirksam erweckliche, neuverbreitende für die nicht mehr oder noch nicht wahrhaft Glaubenden zugleich enthält. Und dies ist der biblisch christliche Begriff der Predigt als des *Zeugens von Christo*"[42]. Christlieb versteht seine Homiletik als „Zeugniswissenschaft"[43], als „Martyretik"[44]. Homiletik als Martyretik – unter dieser Formel wurde fortan seine homiletische Konzeption verbucht.[45] Freilich legt Christlieb keinen allzu großen Wert auf eine Namensänderung der Disziplin: „Nachdem einmal (in der alten Kirche) der Name Homilie für eine Masse von Predigten sich einbürgerte, auch von der griechischen Kirche in die lateinische, und von da in den neueren Sprachgebrauch über-

42 Christlieb: Homiletik (s. Anm. 12), 7 (Hervorhebung im Original).
43 Christlieb: Homiletik, 11.
44 Christlieb: Homiletik, 10 u. ö.
45 Vgl. Wintzer: Homiletik seit Schleiermacher (s. Anm. 20), 89f.

ging, lässt sich diese Tradition nicht mehr ignorieren. Aber in vieler Hinsicht wäre eine Änderung des Namens in Martyretik doch sehr gut. Sie würde dazu beitragen, vielen Halbheiten ein Ende zu machen, viele Versuche, sich über den Zustand der Hörer als bereits gläubig hinwegzutäuschen, abschneiden ... Aber schlechthin nötig ist die Änderung des Namens nicht."[46]

Christlieb beansprucht mit seiner Konzeption, den Erbauungszweck und den Erweckungszweck der Predigt vereinigen und damit die weiter oben geschilderte Alternative zwischen beiden Zweckbestimmungen umgreifen zu können, „ohne dass man deshalb nötig hat, die ganze Heidenmissionspredigt mit hereinzuziehen. Denn wer gläubige Brüder zu erbauen hat, kann dies nur thun, wenn er vor ihnen lebendig zeugt vom Heil in Christo; und wer vor Ungläubigen zu predigen hat, wird nur dann Eindruck machen, wenn die Zuhörer es ihm abfühlen, dass er die Wahrheit seiner Sache persönlich erfahren hat, also lebendiger *Zeuge* davon ist. Und wo Gläubige und Ungläubige gemischt sind, wie in den heutigen Gemeinden, wird daher nur ein lebendiger Zeuge allen verschiedenen Bedürfnissen zugleich genügen können."[47]

Dieser Anspruch vermochte freilich die liberalen Homiletiker seiner Zeit nicht zu überzeugen. So urteilt zum Beispiel Heinrich Bassermann über Christliebs Konzeption wie folgt: „Ich fürchte diese doppelzweckige Predigt wird den einen Teil der Zuhörer verlieren und den andern nicht gewinnen, und halte es meinerseits mit *Schleiermacher* (Vorwort zur ersten Predigtsammlung): ‚es gibt nichts Verderblicheres für unsere religiösen Vorträge als das Schwanken zwischen jenen beiden Ansichten, ob wir als zu Christen reden sollen oder als zu Nichtchristen.' Sofern aber Bekehrung, Erweckung, Rettung unserem Volke nötig ist – und das soll nicht geleugnet werden – so mag hierin die *Innere Mission* recht eigentlich ihr Feld erblicken. Der Gemeindegottesdienst soll sich dagegen nicht nach ihren Gesichtspunkten richten."[48]

---

46 Christlieb: Homiletik, 11.

47 Christlieb: Homiletik (s. Anm. 12), 9 (Hervorhebung im Original).

48 Heinrich Bassermann: Zweck und Wirkung der evangelischen Kultuspredigt (1894), in: Bassermann: Beiträge zur praktischen Theologie. Gesammelte Aufsätze und Vorträge, Leipzig 1909, 205–223, hier 209 (Hervorhebungen im Original).

IV.

Christliebs Homiletik ist geprägt vom Bewußtsein der Distanz zur neuzeitlichen Kultur. Freilich bringt Christlieb diese Kulturdistanz auf kultivierte Weise zum Ausdruck. Und bei genauerem Hinsehen zeigt sich sogar, daß sein homiletischer Entwurf in etlichen Punkten wichtigen Einsichten und Grundsätzen dieser Kultur verpflichtet ist. So gewinnt zum Beispiel der für das neuzeitliche Bewußtsein so zentrale Begriff der Erfahrung bei Christlieb eine fundamentale Funktion: Es ist die persönliche Heilserfahrung, von der die Prediger Zeugnis abzulegen haben; es ist eine „*erfahrungsmässige* Einsicht“[49], die sie auf der Kanzel vertreten sollen. Die Betonung der Unverfügbarkeitsmomente dieser Erfahrung ändert nichts an der Berufung auf gerade diese Instanz. Offensichtlich gehört es zu den Eigenarten der Neuzeit, daß man in ihr kaum anders als auf neuzeitliche Weise vorneuzeitlich sein kann.

---

49 Christlieb: Homiletik, 105 (Hervorhebung im Original).

Hans Martin Dober

Die moderne Predigt

Über Friedrich Niebergalls Homiletik

I. Liberale Reformhomiletik im Zeichen der praktisch-theologischen Wende zur Erfahrungswelt

Friedrich Niebergall (1866–1932), Sohn eines Lehrers, seit 1892 Pfarrer in Kirn a.d. Nahe, wurde 1903 Privatdozent, 1908 Professor für Praktische Theologie in Heidelberg; 1922 folgte er einem Ruf nach Marburg. Vor allem als Homiletiker[1] und Pädagoge[2] nimmt er seinen Platz unter den modernen praktischen Theologen um 1900 ein, die eine Wende ihrer Disziplin zur Erfahrungswelt in der zeitgenössischen Kultur und der christlichen Religion in ihr vollzogen haben[3]. Wie Paul Drews[4] und Otto

---

1 Friedrich Niebergall: Die moderne Predigt, in: ZThK 15 (1905), 203–271. – Niebergall: Wie predigen wir dem modernen Menschen? Erster Teil. Eine Untersuchung über Motive und Quietive, Tübingen ³1909; Zweiter Teil. Eine Untersuchung über den Weg zum Willen, Tübingen 1906; Dritter Teil. Predigten, Andachten, Reden, Vorträge, Tübingen 1921. – Niebergall: Die moderne Predigt: Kulturgeschichtliche und theologische Grundlage, Geschichte und Ertrag, Tübingen 1929.

2 Vgl. dazu: Henning Luther: Religion, Subjekt, Erziehung. Grundbegriffe der Erwachsenenbildung am Beispiel der Praktischen Theologie Friedrich Niebergalls, München 1984, bes. 69–272.

3 Volker Drehsen: Neuzeitliche Konstitutionsbedingungen der Praktischen Theologie. Aspekte der theologischen Wende zur sozialkulturellen Lebenswelt christlicher Religion. 2 Bde., Gütersloh 1988, Bd.1, 349–513, hier: 388. – Unter besonderer Berücksichtigung der homiletischen Theorie ist die moderne Theologie um 1900 ausführlich dargestellt worden von: Friedrich Wintzer: Die Homiletik seit Schleiermacher bis in die Anfänge der ‚dialektischen Theologie' in Grundzügen (APTh 6), Göttingen 1969, 119 bis 183, bes. 171–179. – Wolfgang Steck: Das homiletische Verfahren. Zur modernen Predigttheorie

Baumgarten[5] hat auch er von einer spekulativen, dogmatisch oder biblisch deduktiven Begründung dieser theologischen Disziplin Abschied genommen, um die „alternative Theoriegestalt“ eines „empirischen Realismus“[6] zu erarbeiten. Es macht das Reflexionsniveau dieser unermüdlich einer Gesellschaft im Wandel entsprechenden homiletischen Arbeit zwischen Kaiserreich und Weimarer Republik aus, daß sie sich selbst die Wahrnehmung ihrer historischen Bedingungen voraussetzt.

Nun erschweren aber vor allem systematische und zum Teil auch terminologische Schwächen die Rezeption der Niebergallschen Homiletik. Sein Vorgehen ist ausdrücklich impressionistisch, d.h. von einer frei schaltenden und waltenden Subjektivität, die sich selbst als solche allerdings reflektiert[7]. Seine expressionistische Deutung der Dogmatik[8] scheint wie sein Realismus „partiell

---

(APTh 13), Göttingen 1974. – Hans Martin Müller: Homiletik. Eine evangelische Predigtlehre, Berlin, New York 1996, 123–132.

4 Vgl. Paul Drews: Das Problem der Praktischen Theologie. Zugleich ein Beitrag zur Reform des theologischen Studiums, Tübingen 1910.

5 Vgl. Otto Baumgarten: Art. Praktische Theologie, in: RGG[1] Bd. 4 (1913), Sp. 1720–1726. – Baumgarten: Predigt-Probleme, Tübingen, Leipzig 1904.

6 Drehsen: Konstitutionsbedingungen I (s. Anm. 3), 387. – Luther: Grundbegriffe (s. Anm. 2), 86–93. – Vgl. Niebergall: „Wir dürsten nach Wirklichkeit“ (Die moderne Predigt [1905] [s. Anm. 1], 254). Oder: „Die Wirklichkeit hat … Recht gegen alle Theorie. Darum muß sich die Theorie immer wieder nach der Wirklichkeit richten“ (Wie predigen wir I [s. Anm. 1], 70). Oder: „Leben und Wirklichkeit ist immer so grausam, allen Theorieen und Systemen zu spotten. Aber dennoch muß man versuchen, durch Theorieen und Systeme dazu anzuleiten, wie man ihrer Herr werden kann“ (Wie predigen wir II [s. Anm. 1], 4).

7 „Wie schon zum Beginn gesagt, gebe ich Einzelheiten meiner Beobachtungen und Eindrücke preis, aber die Methode des Empirismus und der Induktion bitte ich genau zu prüfen, ehe man sie verwirft“ (Niebergall: Wie predigen wir II [s. Anm. 1], 198). – Für die selbstkritische Reflexion auf den eigenen Impressionismus vgl. Niebergall: Wie predigen wir II (s. Anm. 1), 122.127.

8 Niebergall möchte die Dogmen als Ausdrucksphänomene verstanden wissen: „von innen, fast möchte man sagen von unten heraus, als zeitlich notwendige Lebensäußerungen eben der christlichen Frömmigkeit“ (Die moderne Predigt [1905] [s. Anm. 1], 209). „Entsprechend dem Schlagwort ‚die Kunst als Ausdruck‘ könnte man sagen die ‚Theologie als Ausdruck‘“ (ebd.).

eine Chiffre für die [ihm eigene theologische und systematische] Genügsamkeit"[9] zu sein, und „die Modernität wird für Niebergall zum ausschließlichen Prinzip seiner Homiletik, ... das nur vage definiert und nur mit höchst subjektiven Verfahrensweisen charakterisiert werden kann"[10]. Man wird aber gut daran tun, in einer gewissen Analogie zu seiner eigenen Analyse von Predigten die „Außenseite"[11] von der Innenseite seines Programms zu unterscheiden, um mit jener nicht auch diese zu den Akten zu legen. Auch wenn begründete Zweifel geltend gemacht worden sind, dieses Niebergallsche Programm als geglückt ansehen zu können, verdienen doch die Intentionen der liberalen Reformhomiletik ausdrückliche Würdigung, das allgemeine Leben überhaupt wahrzunehmen und als Voraussetzung einer zeitgemäßen homiletischen Pragmatik „die tatsächliche Kultur- und Lebensbedeutung der Religion insgesamt auszuleuchten"[12], um sie in ihrer Wechselbeziehung zur kirchlichen Praxis mit jener zu vermitteln. An Niebergall ist der Herrschaftswechsel exemplarisch zu studieren, der nach Trutz Rendtorff charakteristisch ist für die moderne Theologie um 1900: „Der Durchsetzung der Lehre der Kirche ‚von oben' tritt die Überzeugungsbereitschaft der Rezipierenden ‚von unten' in der Gestalt des frommen Subjekts gegenüber"[13]. Die Fragestellungen dieser Homiletik haben an Aktualität nichts eingebüßt, wenngleich die Antworten nicht allesamt kritischer Prüfung standhalten.

---

9 Wintzer: Die Homiletik seit Schleiermacher (s. Anm. 3), 179.

10 Steck: Das homiletische Verfahren (s. Anm. 3), 215. Vgl. 83–93.

11 Niebergall: Wie predigen wir II (s. Anm. 1), 136.

12 Drehsen: Konstitutionsbedingungen I (s. Anm. 3), 395.

13 Trutz Rendtorff: Theologie in der Moderne. Über Religion im Prozeß der Aufklärung, Gütersloh 1991, 21. Vgl. ebd. Rendtorff zum theologischen Modernismus nach 1890 (226ff, bes. 231ff), zur empirischen Theologie (234). Niebergall nennt entsprechend dieser Neugewichtung das eigene Unternehmen „eine Homiletik *gleichsam von unten*, von der Kirchenbank her" (Niebergall: Wie predigen wir II [s. Anm. 1], 5).

II. „Die moderne Predigt" als Programm

Für die Grundlegung der Niebergallschen Homiletik maßgebend ist der programmatische Aufsatz ‚Die moderne Predigt'.[14] Das hier skizzierte Deutungsmuster der Modernität „leitet Wahrnehmungen, interpretiert Erfahrenes und motiviert Verhalten"[15]. Für die spätere Ausführung des Programms bleiben diese Funktionen erhalten bis zur Reflexion im Angesicht der die moderne Predigt überholenden Homiletik der dialektischen Theologie des Wortes Gottes.

Niebergall wollte einer aktuellen, den Kommunikationserfordernissen der Gegenwart entsprechenden Predigt den Weg bereiten. Diese Intention wird hier wie in der späteren Ausführung im Gegenzug zu einer kritisch wahrgenommenen Situation entwickelt: „Die Voraussetzung für die folgenden Darlegungen bildet der nicht seltene Eindruck, daß manche heute gehaltene Predigt gerade so anmutet, als wäre sie vor dreissig Jahren gehalten worden oder als hätte sie damals gehalten werden können ... Jene so altmodisch anmutenden Predigten stoßen aufmerksame Hörer und Kritiker durch zwei sich oft sehr bemerkbar machende Eigenschaften: einmal entspringen sie einer Auffassung vom *Evangelium,* dem Inhalt der Predigt, die durch die Arbeit der Theologie der letzten Jahrzehnte hier ganz überwunden, dort sehr geschwächt worden ist; und dann reden häufig kluge und treue Menschen auf *Kirchenbesucher* ein, die in Wahrheit einmal in der Vergangenheit zu finden waren, gegenwärtig aber nur in der konstruierenden Phantasie der Herrn Pfarrer vorhanden sind. Sie antworten auf Fragen, die niemand stellt, und auf Fragen, die jeder stellt, antworten sie nicht" (203).

---

14 Niebergall: Die moderne Predigt (1905) (s. Anm. 1), 203–271. – Die Seitennachweise im folgenden beziehen sich auf diesen Aufsatz.

15 Vgl. zur Bestimmung der Funktionen eines Deutungsmusters: Georg Bollenbeck: Bildung und Kultur. Glanz und Elend eines deutschen Deutungsmusters, Frankfurt, Leipzig 1994, 19. – Zur Modernität als Deutungsmuster vgl. Rendtorff: Theologie (s. Anm. 13), 13.

1. Aspekte des Begriffs der Modernität

Grundlegend für das Verständnis dieses Programms ist die Bestimmung des *Begriffs der Modernität,* den Niebergall zwar nicht in der wünschenswerten Präzision, wohl aber in einem bewährten Differenzierungsgrad gebraucht: zum einen *formal* bestimmt als zeitliche Relation im Sinne einer von ihrer jüngsten Vergangenheit sich abhebenden Gegenwärtigkeit der Gegenwart[16], zum andern, und das zeigen die zeitdiagnostischen Partien des Aufsatzes, *material* als Situation des Wechselspiels von „äußeren Kräften der Modernität“ und „Kräfte[n] des modernen Bewußtseins“[17]. Diese Definition entspricht zwar nicht ganz der von Niebergall. Sie bietet aber den Vorteil, seine Ausführungen besser verständlich zu machen, als es der nicht ganz klare Gedankengang des Aufsatzes ermöglicht. Dort heißt es: „Zuerst ein Wort über das Wort *‚modern‘*, über den Sinn, in dem es vorliegende Arbeit verwendet. Es wird in einer doppelten Weise gebraucht. Einmal rein als Zeitbegriff im Sinn von ‚aus den letzten Jahren und aus unsrer Gegenwart stammend‘. Dieser objektiven Bedeutung steht nun eine andere, rein subjektive gegenüber: modern – dem wirklichen Sinne und Bedürfen unsrer Zeit entsprechend. Könnte man für die erste Bedeutung auch einsetzen ‚gegenwärtig‘, so trifft das Wort modern den zweiten Sinn am besten“ (204)[18].

Der von Niebergall im Subjekt-Objekt-Schema erklärte Terminus gewinnt Plausibilität, wenn man ihn auf die Frage bezieht, unter welchen Bedingungen von der Moderne als einer *Epoche,* als

---

16 Rudolf Piepmeier (Art. Modern, die Moderne, in: HWP Bd. 6 [1984], Sp. 54–62) bestimmt die Modernität als einen „zeitliche[n] Relationsbegriff“ (54).

17 Um eine Formulierung Peter L. Bergers zu gebrauchen, mit der sich prägnanter, als dies Niebergall gelungen ist, die von ihm beschriebene Situation begrifflich fassen läßt (Berger: Der Zwang zur Häresie. Religion in der pluralistischen Gesellschaft, Freiburg 1992 [= Frankfurt am Main 1980], 18). Das moderne Bewußtsein sei als „ein Aggregat psychischer und kognitiver Strukturen“ (ebd.) zu fassen, wobei hier offen bleiben muß, was darunter konkret zu verstehen ist.

18 Aufgrund dieser zeitlichen Bestimmung kann eine neue „Geistesrichtung schon den grinsenden Zug des Greisenalters im Gesicht tragen“ (216).

„einer Periode“ (207) zu handeln ist in dem Sinn, in dem Ernst Troeltsch von „unsere[r] Weltperiode“ gesprochen hat, „aus der sich niemand am eigenen Zopf herausheben kann“.[19] Der Stärkegrad des die moderne Situation bestimmenden Wechselverhältnisses war historisch etwa in der Zeitspanne erreicht, in der die substantivische Prägung „die Moderne“ zuerst im Französischen, später im Deutschen[20] aufkam.

Daß nun aber die Frage nach dem Anfang und Ende dieser Epoche selbst unter den Bedingungen der Modernität, und das heißt der Subjektivität, Perspektivität und Pluralität steht, macht eine Schwierigkeit der Periodisierung aus.[21] Sie ist „stark subjektiv mitbedingt“ und bleibt „gebunden ... an das unbeweisbare Zutrauen zu dem konstruktiven Scharfblick, der in den kämpfenden Kräften der Gegenwart eine ... von bestimmten Knotenpunkten ausgehende Linie zu erkennen meint“[22]. Niebergall ist sich des hermeneutischen Zirkels bewußt, daß die Beschreibung der Modernität selbst unter den historisch gewordenen Bedingungen steht, die erst zu beschreiben sind, und daß also die Periodisierung geknüpft ist an ein von Wertsetzungen geleitetes Vorverständnis. Doch „daß sich der Stolz der einen und der Haß der andern in diesem Worte [modern] zusammenfindet, kann kein Grund gegen seine Verwendung sein, wenn es darauf ankommt, auf wenigen Seiten möglichst klar die Gegensätze der Theorie und der Praxis herauszustellen, während das Leben der Schattierungen und Uebergänge genug bietet“ (204). Niebergall geht vom

19 Zit. nach Rendtorff: Theologie in der Moderne (s. Anm. 13), 14.

20 Hans Robert Jauß: Literarische Tradition und gegenwärtiges Bewußtsein der Modernität, in: Jauß: Literaturgeschichte als Provokation, Frankfurt am Main 1970, 11–66, hier: 11.

21 Ein weiteres Problem stellt der begriffsgeschichtliche Befund dar, daß das Wort „modernus“ älter ist als die Neuzeit und es also nicht selbstverständlich ist, daß es „das Einmalige einer Epoche unverwechselbar zu kennzeichnen“ vermag (Jauß: Literarische Tradition [s. Anm. 19], 11). Vgl. dazu auch Niebergall: „es gab immer moderne Menschen, es gab immer modernes Evangeliumsverständnis“ (206).

22 Ernst Troeltsch: Der Historismus und seine Probleme. Erstes Buch: Das logische Problem der Geschichtsphilosophie (Gesammelte Schriften Bd. 3), Tübingen 1922 (ND Aalen 1961), 702f.

„Grundzug einer *doppelten Reaktion* [aus], der unsrer Zeit das Gepräge, ihre Unruhe und Not, aber auch ihr Vorwärtsstürmen und ihre Bedeutung gibt" (206f). Er folgt damit der Einsicht Nietzsches, auf den er sich – hierin ganz Kind seiner Zeit[23] – vor allem in der frühen Programmschrift mehrfach bezieht (vgl. 216f. 251), wonach „der zweideutige Charakter unserer modernen Welt" darin besteht, daß „eben dieselben Symptome ... auf Niedergang und Stärke deuten" können[24].

Die Gegenwart um 1900 wird als „eine weitere Phase in dem großen Prozeß der allgemeinen *Säkularisation*" verstanden, „wie er seit der Reformation und Renaissance im Gange ist" (206)[25]. Zum einen faßt Niebergall darunter der Sache nach durchaus den von späterer Theorie herausgearbeiteten Vorgang abnehmender Kontrolle durch die kirchliche Institution: Die Lebensgebiete neben der Religion, das rechtliche, das politisch-bürgerliche, das künstlerische und wissenschaftliche, seien „aus der religiös-kirchlichen Vormundschaft entlassen" worden (208; vgl. 206).[26] Zum andern gebraucht er den Begriff im Sinne einer genetischen Herkunftsbezeichnung, so daß die als modern respektierte, von Niebergall keineswegs bloß affirmierte[27] Gegenwartssituation von ihrer Vergangenheit abgehoben werden kann. Die im Begriff der

23 Karl Löwith beschließt seinen Überblick über „die *jeweilige Aktualität*", die Nietzsche „in der wechselnden Ansicht der literarischen Nachfolger" gehabt hat, mit einem Zarathustra-Zitat, das seine kritische Spitze auch gegen Niebergalls Rezeption bewahrt: „Wer sich zum Zweck einer Philosophie ‚unserer Zeit' auf Nietzsche stützen will, muß sich von Zarathustra sagen lassen: ‚Ich bin ein Geländer am Strom – fasse mich, wer mich fassen kann – eure Krücke aber bin ich nicht'" (Löwith: Von Hegel zu Nietzsche. Der revolutionäre Bruch im Denken des neunzehnten Jahrhunderts, Hamburg [9]1986, 209–211, hier: 209. 211).

24 Friedrich Nietzsche: Nachgelassene Fragmente, Herbst 1887, zit. nach: Zur Diagnose der Moderne, hg. v. Heinrich Meier, München 1990, 7.

25 Hervorhebung v. Vf. – Vgl. dazu Hermann Lübbe: Säkularisierung. Geschichte eines ideenpolitischen Begriffs, Freiburg, München 1965. – Lübbe: Religion nach der Aufklärung, Graz, Wien, Köln 1990, 91–106. – Volker Drehsen: Art. Säkularisierung, Säkularismus, in: WdC, Sp.1108f.

26 Vgl. Lübbe: Säkularisierung (s. Anm. 25), 60 (mit Bezug auf Howard Becker).

27 Vgl. Niebergall: Die moderne Predigt (1905) (s. Anm. 1), 217. 219.

Modernität gesetzte zeitliche Relation gibt so die Struktur für ein im historischen Rückblick skizziertes Bild der Gegenwart ab.

Niebergalls Interesse ist ein *eminent praktisches*.[28] Doch auch wenn es unter dieser Voraussetzung „zu weit führt und unsere Kräfte übersteigt, die neue Zeit in den größten geschichtsphilosophischen Rahmen zu stellen" (206), muß dieser doch für eine auf die wirkliche Situation bezogene Handlungstheorie vorausgesetzt werden[29]. So geht auch in dem frühen Aufsatz eine Besinnung auf den „Geist der Zeit" (206f) einer Beschreibung des „moderne[n] Mensch[en]" (212–220), die eigentlich eine Beschreibung seiner Situation ist, ebenso voraus wie der Darlegung der Grundzüge eines „moderne[n] Evangeliumsverständis[ses]" (208–212). Während die Beschreibung der modernen Situation unter Einbeziehung soziologischer, religionspsychologischer und anthropologischer Erkenntnisse entfaltet wird, geht die Darlegung der Grundzüge modernen Evangeliumsverständnisses von der in die Zeit der christlichen Aufklärung historisch zurückverweisenden Unterscheidung von Theologie und Religion[30] und der These von

---

[28] Friedrich Niebergall: Praktische Theologie. Zweiter Band, Tübingen 1919, 479: „Es handelt sich in allem um das eine: Einfluß zu erlangen auf das persönliche und gemeindliche Leben, Einfluß im Geiste Gottes und Jesu". – Vgl. Friedrich Wintzer: Art. Niebergall, Friedrich (1866–1932), in: TRE 24 (1994), 464–468, 465, und Wintzer: Die Homiletik seit Schleiermacher (s. Anm. 3), 173.

[29] Im zweiten Band seiner Homiletik klagt Niebergall dem durch den „Historizismus" genährten Vorurteil gegenüber, „als bedeute auf praktisch-theologischem Gebiet wissenschaftlich arbeiten geschichtlich arbeiten", eine „geschichtsphilosophische Behandlung der Historie" ein (Niebergall: Wie predigen wir II [s. Anm. 1], 199). Er nimmt hier ein Problem wahr, für dessen Entfaltung er sich auf die zweite unzeitgemäße Betrachtung Nietzsches berufen könnte und das in hochdifferenzierter Form erst später von Ernst Troeltschs groß angelegter Verwindungsbemühung des Historismus angegangen worden ist. Niebergall begnügt sich aber mit einem Problem-Panorama, in dem er sich seinem Arbeitsfeld zuwendet: „Unsere Basis ist nicht die *Geschichte*, sondern die *Empirie*" (ebd., 135). Die fehlende Vermittlung erschwert das Verständnis des ohnehin nicht immer ganz klaren programmatischen Aufsatzes.

[30] Dietrich Rössler: Grundriß der Praktischen Theologie, Berlin, New York ²1994, 89. Luther: Grundbegriffe (s. Anm. 2), 73–81. Vgl. zur Religionsthematik: Niebergall: Die moderne Predigt (1905) (s. Anm. 1), 209–212.

einer für die kirchliche unsichtbaren Religion auch außerhalb ihrer institutionalisierten Bindung aus (208. 211)[31].

2. Grundzüge der modernen Situation („moderner Mensch")

Niebergall berührt in seiner Physiognomie der Zeit, die nicht nur „geistig" ist, sondern auch die *„soziale Frage"* (218) mit umfaßt, die gesellschaftlichen Wandlungsprozesse, die sich durch Wechselwirkungen der Verwissenschaftlichung, Technisierung, Industrialisierung und Kapitalisierung[32] beschreiben lassen. Vor dem Hintergrund der Unterscheidung zwischen der äußeren und der inneren Situation der Modernität erscheinen die *„äußerlichen* Kennzeichen" nicht beliebig: „die *Unrast* des Lebens. Zeit ist Geld, Geld ist Vergnügen" (212). Die Fülle von Reizen, zuerst in der Großstadt des 19. Jahrhunderts durch die massenweise Ansammlung von Menschen und Waren, durch die Beschleunigung der Fortbewegung in der Eisenbahn ebenso erfahrbar wie durch die neuen Medien der Information (erst durch den Journalismus, später durch Radio und Film), hat entweder eine „starke Nervenschwäche" (213) zur Folge[33] oder erfordert die Ausbildung eines den neuen Verhältnissen angepaßten Reizschutzes: die „Innervation"[34] eines durch das Schockerlebnis geprägten Lebens.

---

31 Vgl. für eine methodisch reflektierte Ausführung dieser These: Thomas Luckmann: Die unsichtbare Religion. Mit einem Vorwort von Hubert Knoblauch, Frankfurt am Main 1993, 50–76. Vgl. weiter: Trutz Rendtorff: Von der Kirchensoziologie zur Soziologie des Christentums. Über die soziologische Funktion der „Säkularisierung", in: Rendtorff: Theorie des Christentums. Historisch-theologische Studien zu seiner neuzeitlichen Verfassung, Gütersloh 1972, 116–139.

32 Vgl. Anthony Giddens: Konsequenzen der Moderne, Frankfurt am Main 1995, 9–74.

33 Vgl. Georg Simmel: Die Großstädte und das Geistesleben, in: Jahrbuch der Gehe-Stiftung 9 (1903), 185–201.

34 So der von Walter Benjamin in seinen Modernitätsanalysen gebrauchte Terminus. Vgl. Benjamin: Das Kunstwerk im Zeitalter seiner technischen Reproduzierbarkeit, in: Gesammelte Schriften. Unter Mitwirkung von Theodor W. Adorno und Gershom Scholem hg. v. Rolf Tiedemann und Hermann Schweppenhäuser (Suhrkamp-Taschenbuch Wissenschaft), Bd. 1 ff, Frankfurt am Main 1972 ff, hier Bd. I/2, 445. (zit. GS)

Niebergall leitet aus seiner Skizze eine Bestimmung der modernen Predigt ab, auf die er im 3. Teil des Aufsatzes und im 2. Band seiner Homiletik zurückkommt: Unter den Bedingungen eines „immer interessanter" (212) werdenden Lebens müsse auch an die Predigt die Forderung gestellt werden, *interessant* zu sein.[35]

Zu den „*innern* Eigenschaften" (212) gehört nach Niebergall vor allem der Wandel von nicht mehr ohne weiteres kompatiblen Plausibilitätsstrukturen und Wirklichkeitskonstruktionen[36] infolge von Modernisierungsprozessen: Naturbeherrschung und Naturerlebnis, Fortschrittsglaube und eine beginnende Skepsis darüber, „wie herrlich weit wir es gebracht haben" (215), ein zum Materialismus tendierender Realismus (213f) und ein „idealistische[r] Sinn" (216). Der für das moderne Bewußtsein charakteristische Relativismus wird am Beispiel des „Bildungsphilister[s]" herausgestellt: Er „ist natürlich über Pfaffen, Religion und Kirche weit erhaben. Straußsche, Vogtsche und Darwinsche Weisheit lassen ihn am Stammtisch mit kecker Stimme alle Rätsel lösen. Alles ist relativ, die alten Werte des Lebens verblassen vor dem blinzelnden Auge der Weisheit, die da weiß, wie es bei ihrem Ursprung zugegangen ist ... Der Bildungsphilister ist zum materialistischen Proletarier und zum aufgeklärten Bauern geworden" (215). In diese ambivalente Situation hinein ist nun das moderne Evangelium *verständlich* zu machen: „Wir werden unbedingt nicht anders können, als das, was wir zu bringen haben, einzuzeichnen in die Umrisse dieser Gesamtanschauung" (216). Nur unter den Voraussetzungen, verständlich und interessant zu sein, ist von der Predigt unter moderngesellschaftlichen Bedingungen nach Niebergall noch zu erwarten, daß sie auch *wirksam* sei.

---

35 Vgl. dazu Baumgarten: Predigt-Probleme (s. Anm. 5), 36–60. „Ich-Predigten" gelten Baumgarten als „interessant" (52f) „im besten Sinn": „sie prickeln nicht die sensationelle Neugierde, sondern sie fesseln den Willen und sprechen das Gewissen an" (49), indem hier „Spannung der Gegensätze und geheimnisvolle Einheit des Lebens sich offenbart" durch „das Zeugnis eines Lebens, das seine Zeit und seinen Gott versteht" (51).

36 Vgl. zum Begriff: Peter L. Berger, Thomas Luckmann: Die gesellschaftliche Konstruktion der Wirklichkeit. Eine Theorie der Wissenssoziologie, Frankfurt a. M. 1980.

3. Modern verstandenes Evangelium

Auf dem Weg der Beschreibung der modernen Situation erschließen sich für Niebergall die Kommunikationsbedingungen eines modern verstandenen Evangeliums. Zu dessen Grundzügen gehört, daß eine Reflexion auf zeitgenössisches Vorverständnis für den Zugang zum Text leitend ist.[37] Und dieses Vorverständnis ist gebildet an der modern-liberalen Theologie, für die in der Rezeption Niebergalls der Zusammenhang von Persönlichkeit, Erlebnis und Einfühlung in die Geschichte so etwas wie die nicht institutionalisierte, mehrdeutige, elastische, mit der allgemeinen Gesellschaftskultur vor allem außerhalb der Kirche kompatible Vermittlungsgestalt einer „Menge gleichwertiger und gleichrangiger religiöser Positionen … [darstellt], deren Relationen nicht durch die Beziehung auf einen übergeordneten Lehr- oder Glaubensstandpunkt … herzustellen sind"[38].

Nach Niebergall gilt es, „besonnen und gesammelt Lebenskraft an den Mann zu bringen in klarem und wahrem Zeugnis von Selbsterlebtem" (267). Die Vermittlung der Vergangenheit des Textes mit der Gegenwart des Erlebens nimmt aber den Weg einer Idealisierung der im Text geschilderten Persönlichkeiten im Medium der Einfühlung: „Wenn es auf die Kräfte in der Religion ankommt, auf Kräfte persönlichen Lebens, dann werden wir auf die Geschichte gewiesen, die uns Personen und Gestalten zeigt, von denen wir schon unbewußt leben, die uns aber immer noch reicher machen, *wenn wir uns bewußt in sie versenken*" (253, Hervorhebung v. Vf.). Leitend für dieses hermeneutische Vorverständnis ist aber das Ideal der religiösen Persönlichkeit mit unverzichtbaren Funktionen für die von der modernen Predigt zu erbringenden Vermittlungsleistungen: Erstens stellt sie einen Gegenstand geisteswissenschaftlicher Forschung dar, der ihr naturwissenschaftlich nicht streitig gemacht werden kann. Weil „die gar

---

37 Niebergall hat später sein modernes Evangeliumsverständnis „speziell für Pfarrer und Lehrer" ausgeführt, indem er „die ‚Praktische Auslegung des Neuen Testaments' (Tübingen 1909 ^{3}1923) und die ‚Praktische Auslegung des Alten Testaments' (Tübingen, Bd. I 1912, Bd. II 1915)" verfaßte (Wintzer: Niebergall [s. Anm. 28], 466).

38 Rössler: Grundriß (s. Anm. 30), 105.

nicht ableitbare Originalität der Persönlichkeit des Kausalzusammenhangs spottet und zugleich auf den Trümmern alter Herrlichkeit ganz neues und viel größeres Leben hervorsprießen läßt", habe man im „mechanisch-materialistischen Geiste der Zeit" hier „die Eigenart des religiösen Lebens sowie die Offenbarungsstätte der Gottheit" (209) gefunden. Zweitens vermittelt dieses Ideal zwischen dem gebildeten modernen Bewußtsein und den frommen Bildern vom Erlöser. Unter den „positiven Hilfen", die dem modernen Prediger „die historisch-kritische Arbeit schenkt", sei nichts zu vergleichen „mit der großen Gabe der religiösen Persönlichkeit ..., die uns die Kritik aus den Trümmern des inspirierten Wortes als überreichen Ersatz herausgeholt hat ... Wie quillt aus altem Gemäuer überall frisches persönliches Leben auf, wie erscheint hinter dem Wolkenschleier alter Dichtungen und Konstruktionen der eherne Gang Gottes in der Geschichte! Gott überall, aber vor allem in großen klassischen Gewalten und Gestalten!" (247). Drittens steht die Persönlichkeit wie ein Fels in der Brandung der Moderne, die eben durch ewigen Wechsel und Bewegung charakterisiert ist. Die Persönlichkeit, bei Niebergall als die Bedingung der Möglichkeit dafür gedacht, in der Moderne zu bestehen, ist der Fixpunkt, auf den die Argumentation seiner modernen Theologie hinausläuft und von dem her sie ihren Zusammenhang gewinnt.

Der Preis, um den die moderne Predigt in ihrem frühen Entwurf ihre Funktionen erbringt, besteht denn auch in der fehlenden Unterscheidungskraft von den zeitgenössischen „Götzen", in deren Dienst sich – so Max Weber 1917 – vor allem die Jugend gestellt habe: „die ‚Persönlichkeit' und das ‚Erleben'. Beide sind eng verbunden: die Vorstellung herrscht, das letztere mache die erstere aus und gehöre zu ihr. Man quält sich ab, zu ‚erleben', – denn das gehört ja zur standesgemäßen Lebensführung einer Persönlichkeit, – und gelingt es nicht, dann muß man wenigstens so tun, als habe man diese Gnadengabe. Früher nannte man dies ‚Erlebnis' auf deutsch: ‚Sensation'. Und von dem, was ‚Persönlichkeit' sei und bedeute, hatte man eine – ich glaube – zutreffendere Vorstellung"[39]. Man muß die Persönlichkeit nicht mit Karl Barth

[39] Max Weber: Wissenschaft als Beruf, in: MWG I/17, 71–111, hier: 83f.

den „alte[n] Satanas“[40] nennen, um am hypertrophen Gebrauch des Terminus ein Aufklärungs-Defizit auszumachen.[41]

Insgesamt wird man sagen können: Bei aller Kritik der Schablonenhaftigkeit abgewehrter Dogmatik (240)[42] oder eines konventionalisierten Text- und Schriftverständnisses[43] ist die Wahrnehmung Niebergalls selbst von Formen geleitet. Zwar ist das Deutungsmuster Modernität insofern keiner „Schablone“ vergleichbar, als es in formaler Hinsicht dynamisch und in materialer mehrdeutig und plural ist, aber es leitet die Wahrnehmung, hat die Funktion eines „verbindende[n] Elements“[44] des mannigfaltig Wahrgenommenen und orientiert das Handeln, ohne dabei den Rang einer ausgeführten Theorie zu erreichen.

4. Das Ideal der modernen Predigt

Im Deutungsmuster der Modernität erfährt schließlich der *Begriff der Predigt* eine Transformation. Anschließend an Schleiermacher begreift Niebergall die komplexe Predigtaufgabe in einem funktionalen Beziehungsgeflecht zwischen den Polen Text (Evangelium), Prediger und Gemeinde. „Neben der Persönlichkeit kommen zwei Faktoren in Betracht, die für die Predigt von begründender Bedeutung sind: um es so auszudrücken, neben dem *Nominativ*, dem Prediger, muß berücksichtigt werden der *Akkusativ*, nämlich das Evangelium, das er zu verkündigen hat, und der *Dativ*, die Gemeinde in ihrer örtlichen und zeitlichen Bestimmtheit, der er es verkündigen soll“ (205).

„Modern verstandenes Evangelium und moderner Mensch“ machen nun „die beiden Brennpunkte“ (237) aus, auf die die Funktionen von Niebergalls Deutungsmuster so bezogen sind, daß sie die Praxis einer das wirkliche Leben ansprechenden Pre-

---

40 Karl Barth: Homiletik. Wesen und Vorbereitung der Predigt, Zürich ^{3}1986, 66.

41 Vgl. Luther: Grundbegriffe (s. Anm. 2), 170–221, bes. 173–178. – Vgl. Friedrich Niebergall: Person und Persönlichkeit, Leipzig 1911.

42 Vgl. Niebergall: Wie predigen wir I (s. Anm. 1), 94.

43 Bei Niebergall: Wie predigen wir I (s. Anm. 1), 94 heißt es mit Blick auf Röm 7: „Wir stehen eben alle noch sehr unter dem Schema, statt unsere Erkenntnis rein von der Wirklichkeit leiten zu lassen.“

44 Steck: Das homiletische Verfahren (s. Anm. 3), 88.

digt orientieren.[45] Deren Ideal (vgl. 237. 205f) besteht in einer Neubestimmung der Schnittpunkte des homiletischen Dreiecks[46]: „Es liegt unabänderlich in unserer Geistesrichtung begründet, daß von den drei Gliedern, aus deren Synthese nach Schleiermacher die Predigt bestehen soll, gegenwärtig der Nachdruck von dem Texte auf die Persönlichkeit des Predigers und besonders auf den Zustand der Gemeinde fällt" (240).[47] Für das Verständnis der Homiletik Niebergalls ist relevant, daß dieser Zusammenhang vorausgesetzt werden muß, um sein eminent praktisches Interesse im Labyrinth seiner Programmatik nicht aus den Augen zu verlieren. In einer Orientierung am „Erziehungsbegriff" der Pädagogik, die das homiletische Schrifttum nur indirekt zu erkennen gibt, begreift er auch „die Predigt als Gemeindeerziehung und Hilfe zur Lebensbewältigung"[48]. Das praktische Interesse Niebergalls findet sich zusammengefaßt in dem Satz: „Wer der modernen Zeit aus dem modern verstandenen Evangelium Ziel und Umblick, Trost und Kraft bietet, der predigt modern" (205f). Die dreibändige Predigtlehre führt dieses „Ideal" aus.

III. Die Ausführung der Frage: Wie predigen wir dem modernen Menschen?

Die ausführliche Darstellung der Grundzüge von Niebergalls Programm hatte den Zweck, den Wandel in seinem Verständnis *prinzipieller* Homiletik sichtbar zu machen: die grundlegenden Fragen der Predigtlehre haben im Deutungsmuster der Modernität

[45] Die moderne Predigt „will nicht Schrift auslegen, sondern sie will Leben gestalten" (240).

[46] Vgl. zur Bestimmung des Terminus: Müller: Homiletik (s. Anm. 3), 196. 277–293.

[47] Dem entspricht schon die Definition des modernen Predigtideals: „Predigen ist die in bestimmten Formen vor sich gehende Tätigkeit einer dazu berufenen religiösen Persönlichkeit, die aus ihrem Verständnis des Evangeliums heraus einer gottesdienstlich versammelten Gemeinde dazu verhilft, auf ihre Fragen und Nöte Antwort und Hilfe zu finden" (205).

[48] Wintzer: Die Homiletik seit Schleiermacher (s. Anm. 3), 173. Vgl. für eine Darstellung der pädagogischen Bedeutung Niebergalls: Luther: Grundbegriffe (s. Anm. 2).

eine umfassende Transformation erfahren. Ihre traditionelle Gestalt wird auf diese Weise verborgen oder verfremdet. Nicht mehr sind der Begriff von Kirche oder die Lehre vom Wort Gottes hier leitend, sondern das modern *verstandene* Evangelium im Verhältnis zur *Wahrnehmung* der modernen Situation. In Vermeidung einer an die Lehrgestalt der Theologie anschließenden Prinzipialisierung der Predigtaufgabe[49] widmet sich der erste Band einer *materialen Homiletik*[50], der zweite einer *formalen*. Gerade weil Niebergall selbst „an einer Systembildung ... der Praktischen Theologie ausgesprochen desinteressiert"[51] war, ist für eine Darstellung seines Predigtverständnisses eine Orientierung an dieser enzyklopädischen Unterscheidung von Vorteil.

1. Motive und Quietive

Mit der im ersten Band entwickelten Unterscheidung von *Motiven* und *Quietiven* (I, §§ 2–14), Schlüsselbegriffen Niebergalls, sind Kategorien homiletischer Textwahrnehmung aufgestellt, die im Unterschied zu exegetischen oder dogmatischen Forschungsmethoden eine Vermittlung des (wie auch immer näherhin auf den Text bezogenen) Evangeliums mit der an die Redesituation angemessenen Intention des Predigers erlauben[52]: „Das letzte Ziel un-

---

49 Wilhem Gräb: Predigt als Mitteilung des Glaubens. Studien zu einer prinzipiellen Homiletik in praktischer Absicht, Gütersloh 1988, 239f.

50 „Dieser erste Teil unseres Werkes entspricht also im ganzen etwa dem Teil der Homiletik, der überschrieben zu werden pflegt ‚Der Predigtstoff'" (Niebergall: Wie predigen wir I [s. Anm. 1], 203; bei den folgenden Nachweisen wird das Werk nur noch mit den Bandziffern zitiert). – Wintzer schreibt: Niebergall „möchte die prinzipielle Homiletik auf ein Mindestmaß beschränken und ist dafür um so mehr an der materialen und formalen Homiletik interessiert" (Die Homiletik seit Schleiermacher [s. Anm. 3], 177).

51 Luther: Grundbegriffe (s. Anm. 2), 274.

52 Vgl. Müller: Homiletik (s. Anm. 3), 126: Bisher ist dies ein Nebengedanke gewesen. Vgl. Luther: Grundbegriffe (s. Anm. 2), 136–142. – Henning Luther: Predigt als Handlung. Überlegungen zur Pragmatik des Predigens, in: Homiletisches Lesebuch. Texte zur heutigen Predigtlehre, hg. v. Albrecht Beutel, Volker Drehsen, Hans Martin Müller, Tübingen [2]1989, 222–239, hier: 233. In der Focussierung des pragmatischen Zwecks der Unterscheidung bleibt hier allerdings der hermeneutische unterbelichtet: Es geht um mehr als einen möglichen „Richtungssinn von Predigtäußerungen".

serer Evangeliumsverkündigung ist gewiß dies, die uns anvertrauten Seelen mit Christus in Gott in Berührung zu bringen und des ewigen Reiches teilhaftig zu machen ... Wir müssen ihnen Motive darbieten, die ihre Beweggründe überbieten und überwinden, wir müssen ihnen Trostgründe, Quietive, darbieten, die ihre Trauer und Niedergeschlagenheit beseitigen, Öl auf die schwachen Funken des Guten, Öl auf die erregten Wogen der Verzweiflung" (I, 1).

In homiletischer (im Unterschied von exegetischer) Absicht stellt Niebergall das mit Blick auf den historischen Text hypothetische und mit Blick auf die wirkliche Predigt regulative Prinzip auf, „der Gedankeninhalt des Neuen Testaments [solle] so um die praktischen Aufgaben gruppiert werden ..., als wäre er eigens um ihretwillen erfunden" (I, 3). Im Ansatz der (ungefähr zeitgleich entwickelten) phänomenologischen Methode nicht unähnlich wird so verfahren, daß „aufgesucht und zusammengestellt werden [soll], was da ist", um dann (idealtypisch) zu elementarisieren: es geht um den „Kern" des Neuen Testaments, ein Bild, das Reduktion impliziert. „Manches fällt weg, aber so geht es immer, wenn geschält wird" (I, 4).[53]

Die Funktion der Kategorien Motiv und Quietiv ist es, den Redestoff in einer solchen Hinsicht zu ermitteln, die der aktuellen Hörersituation zu entsprechen vermag. Der Dualität des entwickelten Grundmusters folgend widmet sich der Mittelteil des ersten Bandes einer *religionspsychologischen* (I, §§ 16–21)[54] und *volkskundlichen* Rezeptionsforschung (I, §§ 22–26)[55]. Im Vergleich des Samens mit dem Acker erweitert Niebergall den bisherigen Fragehorizont: „man hat immer nur den Samen, aber selten den Acker studiert" (I, 70). Dieser Vergleich leitet nun den Blick auf solche Momente hin, von denen als Anknüpfungspunkte Gebrauch zu machen sei (vgl. I, 93; II, 136). Die Kriterien, nach denen derartige Anknüpfung zu regeln ist, bleiben noch implizit, wenn es heißt:

---

53 Zum Begriff der Idealtypologie und Niebergalls Gebrauch davon vgl. Drehsen: Konstitutionsbedingungen I (s. Anm. 3), 403–419.

54 Vgl. Wintzer: Niebergall (s. Anm. 28), 465: Niebergall bezieht sich auf Wilhelm Wundt, Rupert Mayer und William James.

55 Vgl. zur Offenheit der Rezeption hier schon: II, 139.

„An die neue Turmuhr darf man anknüpfen, aber an die neue Gemeindespritze oder gar an den Gemeindestier nicht" (II, 71).

Explizit gemacht werden diese Kriterien erst im Zusammenhang einer rudimentär eingeführten „Güterlehre", die in „normative[r] Funktion"[56] das vermittelnde Element zwischen Motiven und Quietiven auf der einen und der Schrift auf der anderen Seite darstellt. Unter der Voraussetzung, daß erstere im Neuen Testament schon enthalten sind, vermag das Ideal der Persönlichkeit, in welchem das „Heilsgut" (I, 69) unter Bedingungen eines verstärkten Bedürfnisses nach Selbstvergewisserung liegen soll, mit der „Bedeutung der *Person Christi*" als „Vertikallinie" (I, 68) eines modern verstandenen Evangeliums durch die Predigt in eine Entsprechung gebracht zu werden. „Das höchste Gut" (I, § 31), in dem „die anregenden und beruhigenden Gedanken zugleich ihren Ursprung und ihre Begründung haben" (I, 144f), wird als „Offenbarung" aufgefaßt, in deren Verständnis man „das Evangelium von der Theologie scheiden" könne, um in diesem Gut „das höchste Motiv und Quietiv in einem, unser *Universalheilmittel*" (I, 146) zu finden.

2. Die verständliche, interessante und wirksame Predigt

Im zweiten Band, „eine[r] Untersuchung über den Weg zum Willen", werden die erarbeiteten Bestimmungen der materialen mit Gesichtspunkten der *formalen Homiletik* vermittelt unter den schon aus der Programmatik abgeleiteten drei Bestimmungen, daß die moderne Predigt *verständlich* (II, §§ 2–11), *interessant* (§§ 12–25) und *wirksam* (§§ 26–35) sein solle. Daß das Gliederungsprinzip der Unterscheidung „zwischen Inhalten und Formen" dynamisch eine „fließende Unterscheidungslinie" (II, 5) darstellt, ist unter der prinzipiellen Voraussetzung konsequent, die Predigtaufgabe auf die moderne Situation der Kanzelrede zu beziehen. Unter dieser Bedingung findet sich die Individualität des Predigers in einer Pluralität von in der Gemeinde zu unterschei-

[56] Wintzer: Die Homiletik seit Schleiermacher (s. Anm. 3), 175. Vgl. weiterführend: Michael Moxter: Güterbegriff und Handlungstheorie. Eine Studie zur Ethik Friedrich Schleiermachers, Kampen 1992.

denden Plausibilitätsstrukturen vor, welche Pluralität wiederum auf der Seite der Prediger gespiegelt wird. Deshalb kann die moderne Predigt weder den einen Inhalt haben, zu dem dann die passende Form zu suchen sei, noch die eine Form, in die die unterschiedlichen Inhalte zu zwängen wären, sondern modern ist sie, insofern sie als ein Wechselverhältnis zwischen Inhalt und Form sich nach Maßgabe der aktuellen, an die jeweilige Situation gebundene Predigtaufgabe spezifiziert. Das impliziert aber, wenn man so will, auf der Seite des Predigers einen Zwang zur Wahl des Schwerpunkts oder des Themas sowie die Freiheit zur individuellen Persönlichkeit, und auf der Seite der Hörer die freie Wahl des Predigers: „Jeder wird sich nach seinen Grundansichten und Stimmungen verschieden entscheiden … Schließlich kann man als Prediger nicht allen etwas sein“ (II, 163). Bei Niebergall findet die prinzipielle Einsicht homiletische Bestätigung, daß „die Persönlichkeit des je Einzelnen, d. h. die Respektierung seiner (gegebenen und aufgegebenen) Subjektivität, den kritischen Zielpunkt praktisch-theologischer Arbeit“[57] bildet.

Daß der „Weg zum Willen“ eigens thematisiert wird, verdankt sich einer Begründung, die vor dem Hintergrund der Unterscheidungen der Redeanlässe (genera causarum) in der antiken Rhetorik plausibel gemacht werden kann.[58] Wenn Niebergall aufgrund veränderter Kommunikationsbedingungen die Predigt nicht mehr primär als darstellendes, sondern als wirksames Handeln begreift[59], so findet sie sich in einer Analogie zum klassischen *genus deliberativum* (Volksrede), unter dessen Leitung dann auch Momente der genera *iudiciale* (Gerichtsrede) und *demonstrativum* (Festrede) aufgenommen werden: Wenn auch letztlich der Wille, so sind doch auch Verstand und Gefühl anzusprechen: „Der Weg zum Willen führt vom Lande des Verständnisses aus durch das Gebiet der Freude und des Verlangens“ (II, 56). Eine „Wirkung der Predigt liegt [aber erst] vor, wo sie in das Leben der Leute *um*-

57 Luther: Grundbegriffe (s. Anm. 2), 277.

58 Wintzer: Die Homiletik seit Schleiermacher (s. Anm. 3), 174: Niebergall knüpft „an die rhetorische Tradition der Homiletik an“.

59 Vgl. Müller: Homiletik (s. Anm. 3), 123. – Vgl. für die nähere Charakterisierung dieser Unterscheidung den Beitrag von Christian Albrecht in diesem Band (93–119).

gestaltend eingreift" (II, 133). Mißverstanden wäre diese Intention zum einen, wenn man meinte, hier gehe es darum, es den Leuten um jeden Preis recht machen zu wollen[60], zum andern, hier seien „erprobte Methoden anzugeben, wie man ihn [den modernen Menschen] für die Kirche angeln könnte" (II, 2). Der Weg zum *Willen* hat vielmehr das selbständige Prinzip im Hörer zum Ziel, der sich selbst in den „Dienst" einer „große[n] Sache" (II, 2) rufen lassen muß. Die Berufung auf den Willen des Hörers stellt also erstens eine kritische Regulation aller kirchlichen Beeinflussungsbemühungen dar. Diese erfährt zweitens eine psychologische Begründung: „Der Wille entscheidet sich für eine Sache, die ihm wirksam nahegebracht wird" (II, 3). Drittens spiegelt der Weg zum Willen die Ambivalenz und Offenheit einer homiletischen Pragmatik wider, in der die Predigtlehre Niebergalls selbst ihren Modernitätsindex hat: „Daß in der Wirklichkeit unsere Winke und Regeln nicht immer stimmen wollen, liegt am *Willen.* Ihn zu beeinflussen ist unser Ziel" (II, 4).

Unter diesen Voraussetzungen wird der *Weg* zum Willen nun in transformierender Orientierung an den klassischen Aufgaben des Redners (officia oratoris)[61] beschrieben, deren idealtypische Unterscheidung sich bei Niebergall in einer eigentümlichen

---

60 „Wirkung ist ... nicht Verstehen, auch nicht Verhalten, Wirkung liegt auch nicht vor, wenn die Predigt aufmerksam und mit Spannung angehört, verschlungen, besprochen wird, auch nicht, wenn sie gefallen und den Prediger bekannt gemacht hat" (II, 133). Es geht Niebergall vielmehr um die empirisch nur schwer greifbare, nichtsdestoweniger aber wirkliche atmosphärische Bedeutung, die das gesellschaftliche Klima potentiell verändernde Wirkung der Predigt: „Vielmehr spielt sich der ganze Vorgang der Beeinflussung zu einem guten Teil im unbewußten Geistesleben ab, und dahinein wirken wir mit andern Momenten als mit dem richtigen und guten Wort allein" (II, 134). In einer Besprechung von 1928, angeregt durch die Wort-Gottes-Theologie, verweist er auch auf eine über das Empirische hinausgehende Regulation des Zwecks der Predigt, indem er den *finis ultimus* vom *finis intermedius* unterscheidet und gegen Fezer betont, daß über ersterem der letztere nicht vergessen werden dürfe. Seine eigene frühere homiletische Arbeit hatte allerdings ersteren dem letzteren gegenüber weitgehend ausgeblendet (vgl. Wintzer: Die Homiletik seit Schleiermacher [s. Anm. 3], 178). Man wird, um Ungerechtigkeiten zu vermeiden, auch auf die Diskrepanz von Niebergalls tatsächlicher Predigt und ihrer Theorie zu verweisen haben (ebd., 179 Anm.).

61 Vgl. Müller: Homiletik (s. Anm. 3), 261–312, bes. 293 ff.

Verfremdung wiederfindet. Während die in der Kommunikationsanforderung liegenden Bedingungen der *inventio* in der materialen Homiletik des ersten Bandes erörtert worden sind, finden sich die produktionsästhetischen verstreut an verschiedenen Stellen des zweiten Bandes; und die Frage nach dem Predigtstoff wird unter dem in die Aufgaben der *dispositio* (II, §§ 9. 23. 32) und der *elocutio* (II, §§ 5–8. 10f. 24f) unterschiedenen Gesichtspunkt der Gestaltung erneut aufgenommen (II, §§ 8. 15–20. 31).

Auch wenn somit die immanente Struktur der mit der materialen vermittelten formalen Homiletik des zweiten Bandes erkennbar geworden ist, bleibt aber die Frage offen, ob mit dem „Weg zum Willen" nicht unter der Hand eine Reduktion der Quietive auf die Motive stattgefunden hat. In der Tat faßt Niebergall den Willen hinsichtlich der Produktion und der Rezeption von Predigten als den „geheimen Herr[n] und Leiter des ganzen Vorstellungs- und Denkverlaufes" (II, 29). Das hat seinen guten Sinn für eine homiletische Pragmatik, der es verantwortungsethisch um Klärung der eigenen Intentionen ebenso gehen muß wie um die Abschätzung der Folgen des eigenen Handelns vor dem Hintergrund erfahrener Wahrnehmung der Differenz zwischen der Intention des Predigers und der Rezeption seiner Hörer[62]. Daß die Predigt als ein Sprech*akt* aber auch ein Sprach*vollzug* ist, dessen Geschehens- und Ereignischarakter in einem weiteren Horizont statthat, als in dem von Wille und Vorstellung erschließbaren Bezirk[63], gerät einer von theologischen Kategorien nicht mehr ausreichend regulierten Pragmatik wie der Niebergalls aus dem Blick.[64]

---

62 Diese Differenz wird von Niebergall mit einer Fülle von erfahrungsgesättigten Beispielen in lesenswerter Form ausgeführt. Methodisch reflektiert läßt sie sich mit den Mitteln der Sprechakttheorie weiter erhellen; vgl. dazu Luther: Predigt als Handlung (s. Anm. 52), bes. 229. 233. 239.

63 Vgl. hierzu die sprachhermeneutisch begründeten Reflexionen von Gerhard Ebeling: Fundamentaltheologische Erwägungen zur Predigt, in: Homiletisches Lesebuch (s. Anm. 52), 68–83.

64 Vgl. aber Luther: Grundbegriffe (s. Anm. 2), 139: „Die Bestimmung des Sinns und des Handelns erscheinen als aktive Wirkungen des Glaubens und seiner Entwicklung. Dies schließt nun nach Niebergall aber nicht aus, daß der Grundtenor des Glaubens ein passivischer ist. Glaube ist nicht aktiv herstellbar."

In Fortführung der im Mittelteil des programmatischen Aufsatzes gegebenen Beispiele (ZThK, 220–237) stellt der dritte Band eine Sammlung exemplarisch moderner Predigten vor. Wie am Nachwort dieser Sammlung zu erkennen ist, zeigt sich die Modernität Niebergalls als eine solche, die „in Bewegung“[65] ist nicht nur insofern, als sie einer veränderten Realität zu entsprechen sucht, sondern auch insofern, als sie die eigenen Intentionen kritisch weiterführt. Friedrich Wintzer hat seine Darstellung der Niebergallschen Homiletik auf dieses Nachwort aufgebaut.[66] So kommen deren Dynamik und Struktur zwar gut zur Ansicht; ihre spezifische Modernität tritt aber deutlicher hervor, wenn der Ausgangspunkt bei der frühen Programmschrift von 1905 genommen wird.

IV. Reflexion im Angesicht der Dialektischen Theologie

Daß die Dialektische Theologie des Wortes Gottes sein Programm tatsächlich überholt und also eine neue Position die eigene als jüngstvergangene zur veralteten gemacht hat, ist von Niebergall im Deutungsmuster der Modernität verarbeitet worden: „Moderne Theologie, moderne Predigt – diese Losungen, die vor einem Menschenalter ein junges Geschlecht von eifrigen Theologen begeisterten, sind nun unmodern geworden“[67]. Er bringt für die Heraufkunft der Dialektischen Theologie Verständnis auf, weil er eine Strukturanalogie zu seinem eigenen Neuanfang erkennt: „Wir haben, als wir jung waren, unsere Altvordern nicht geschont, sondern im Bewußtsein, selbst etwas zu sagen zu haben, fest angepackt, um sie aus dem Sattel zu heben“[68]. Zugleich erblickt er im

---

65 Wintzer: Die Homiletik seit Schleiermacher (s. Anm. 3), 179.

66 Wintzer: Die Homiletik seit Schleiermacher, 171–176.

67 Niebergall: Die moderne Predigt (1929) (s. Anm. 1), 1. An anderer Stelle ist von einem „begeisterte[n] Jünger der Modetheologie“ die Rede, der sich „gegen jede Berücksichtigung aller volkskundlichen und psychologischen Erkenntnisse“ wehrt (Friedrich Niebergall: Predigttypen und Predigtaufgaben der Gegenwart, in: ChW 39 [1925], 740). – Vgl. für eine einläßliche Darstellung des „Ende[s] der ‚Modernen Predigt‘“: Steck: Das homiletische Verfahren (s. Anm. 3), 198–206.

68 Friedrich Niebergall: Die neueste Theologie und die Praxis, in: MPTh 25 (1929), 13.

Zusammenhang der nun aktuellen Frage, „wie sich das Völkische und das Christliche zu einander zu stellen haben“[69], auch die wesentliche Bedeutung des „Durchbruch[s] einer neuen Einsicht in das Christentum“: Mit der neuen Theologie „begann eine neue Periode des evangelischen Verständnisses unserer christlichen Religion“[70]. Den Bedeutungswandel von Typen der Theologie wie auch von Typen der Frömmigkeit begreift er aber im Zusammenhang der Dynamik der Mode. Wenn ihm nun die homiletische Praxis unter der Leitung der Dialektischen Theologie wie eine „düstere Verkündigung“ erscheint, in der „Fragwürdigkeit, Gericht und das Modewort Anspruch mit seinen Ableitungen regieren“[71], oder wenn neue Gottesdienstformen sich ihm so darstellen, daß sie um den Preis der Kommunikationsverweigerung das Alte zitieren[72], dann gibt das Muster Modernität zwar einen Deutungsrahmen Niebergalls ab, findet aber in einem Horizont Anwendung, der das Wechselspiel der Vorstellungen vom Fortschritt und von der ewigen Wiederkehr übersteigt (wie es im Phänomen der Mode oszillierend spielt[73]). Das Bemühen um Verständigung

---

69 Friedrich Niebergall: Dr. Dinters Geistchristentum. Ein Beitrag zur Frage Völkische Bewegung und Religion, in: ChW 46 (1932), 26–31, hier: 26.

70 Friedrich Niebergall: Moderne und modernste Theologie, in: Wartburg 30 (1931), 107–110. 141–144. 175–179. 287–290, hier: 107.

71 Niebergall: Die neueste Theologie (s. Anm. 67), 16. Vgl. seine Kritik an Karl Fezer: „Es ist eine ‚unmenschliche‘ und darum ganz und gar ungöttliche und unchristliche Predigttheorie, die hier verkündigt wird. Hatte ich mir induktiv aus vielen Predigten meine Theorie gebildet, die Normen, Zustände und vor allem Hilfsgedanken umfaßte, so wird hier deduktiv aus jenen starren Sätzen der neuen Theologie gefolgert. Hatte ich dazu helfen wollen, daß man Menschen helfen könne, so wird hier angeblich aus Ehrfurcht vor Gott jede Beziehung auf Menschennot aufgegeben“ (Friedrich Niebergall: Vom Predigen, in: ChW 42 [1928], 34–37. 58–60, hier: 59).

72 „Man begeistert sich für Chorgebete, mehrere Liturgien am Altar, möglichst seltsame Veranstaltungen der feiernden Gemeinde. Oder wo man für die Verkündigung des Wortes Gottes eintritt, da schlägt man seltsam fremde Töne an und fragt nicht danach, ob eine Gemeinde da ist, die sie versteht“ (Niebergall: Die moderne Predigt [s. Anm. 1], 1).

73 Vgl. dazu Walter Benjamin: Als das Neue hebt sich die Mode zwar deutlich vom „Jüngstvergangenen“ ab, zitiert aber „eine vergangene Tracht“ (GS II/2 [s. Anm. 34], 701). Ihre Ambivalenz besteht nach Benjamin darin, daß sie zwar „die Witterung für das Aktuelle [hat], wo immer es sich im

mit dem Hörer und seiner Not verweist über das Ambivalenzverhältnis der Mode hinaus in den Bereich subjektiver Religion des Predigers als Quelle dieses Bemühens. Zwar ist Steck zuzustimmen: „Es sind große, undifferenzierte Muster, in denen er den Wandel der kirchlichen und theologischen Szene zeichnet, zu großflächig und pauschal, die Komplexität der religiösen und theologischen Welt mit dem Schema einer Geschichtsbetrachtung zu begreifen, das nur den Wechsel der Epochen ... kennt“[74]. Niebergall hat aber einen historischen Index theologischer und kirchlicher Arbeit unter moderngesellschaftlichen Bedingungen erkannt und benannt, den man mit einem theologischen Begriff als deren *Gesetzes*-Form bezeichnen könnte. In den Grenzen seines Deutungsmusters und seiner wissenschaftlichen Methodik[75] hat er Fragestellungen ausgearbeitet, deren empirisch und theologisch angemessenere Beantwortung er späteren Zeiten zum Vermächtnis machte.

Dickicht des Einst bewegt“ (ebd.), bei näherem Zusehen aber sich als die „ewige Wiederkehr des Neuen“ (GS I/2, 677) darstellt. Sie oszilliert zwischen der Tendenz zur Erneuerung und einem „hoffnungslose[n] perpetuum mobile“ (Heiner Weidmann: Flanerie, Sammlung, Spiel. Die Erinnerung des 19. Jahrhunderts bei Walter Benjamin, München 1992, 137).

74 Steck: Das homiletische Verfahren (s. Anm. 3), 202.

75 Vgl. hierzu die scharfe Kritik von Steck (Das homiletische Verfahren [s. Anm. 3], 203), die die grundsätzlichen Probleme des Niebergallschen Programms sowohl benannt wie auf spezielle Fehlurteile den Finger gelegt hat. Man mag aber fragen, ob die Dialektische Theologie in dieser Selbstverständlichkeit den Rahmen abzugeben hat, in dem Niebergalls Homiletik zu beurteilen ist. Zumal dessen rudimentäre und situationsgebundene Beschreibung der Modernität läßt sich im Licht stärkerer Theorie-Positionen würdigen. Und der systematische Rang einer Wahrnehmung der Moderne, die homiletischer Arbeit vorauszusetzen ist, verdient nach wie vor für die Prolegomena der Praktischen Theologie Beachtung.

Friedemann Voigt

Predigt als theologischer Begriff

Die Predigtlehre Karl Barths

Karl Barths theologisches Denken ist in seinen Wandlungen beständig auf das Problem der Predigt bezogen. Eine Betrachtung seiner Predigtlehre kann als Zugang zum Verständnis der Intentionen und Wirkungen seiner Theologie dienen. Mehrfach hat Barth die Predigt als Startpunkt und Zielort theologischen Arbeitens bezeichnet. Seine Predigtlehre dient so vor allem einer Klärung der prinzipiellen Frage nach dem theologischen Begriff der Predigt.

Barths Erwägungen zur Predigt wurde in den 60er Jahren der Vorwurf gemacht, sich von den tatsächlichen Aufgaben der Predigt abgewendet zu haben, den Prediger vernachlässigt und den Predigthörer aus der Predigtlehre eliminiert zu haben. Es wurde gegen Barths Begriff der Predigt die „wirkliche Predigt" als Gegenstand der Homiletik eingeklagt.[1] Diese Kritik resultierte sowohl aus Enttäuschung über die praktischen Folgen der Homiletik Barths als auch aus der Ablehnung seiner dogmatischen Theologie. In den letzten Jahren hat neben den zahlreichen Verteidigern Barths vor allem eine kritische und kontextualisierende Interpretation einer Wiederentdeckung Barths in der Homiletik den Weg gebahnt. Seine Überlegungen zum Predigtproblem werden im Zusammenhang der homiletischen Debatte seit Schleiermacher als Beitrag zu einer „prinzipiellen Homiletik in praktischer Absicht" angesehen.[2]

---

[1] Wolfgang Trillhaas: Die wirkliche Predigt (1963); Dietrich Rössler: Das Problem der Homiletik (1966), beide Aufsätze jetzt in: Homiletisches Lesebuch. Texte zur heutigen Predigtlehre, hg. v. Albrecht Beutel, Volker Drehsen und Hans Martin Müller, Tübingen [2]1989, 13–22. 23–38.

[2] Wilhelm Gräb: Predigt als Mitteilung des Glaubens. Studien zu einer prinzipiellen Homiletik in praktischer Absicht, Gütersloh 1988, bes. 50–114.

Die folgende Darstellung der Predigtlehre beleuchtet Ansatzpunkte für eine theoriegeschichtlich anschlußfähige Interpretation im chronologischen Durchgang des Werkes. Sie orientiert sich an der von Barth selbst vorgegebenen und forschungsgeschichtlich bewährten Periodisierung der Theologie Barths in seine „Anfänge" (1), seine „dialektische Theologie" (2) und die „dogmatische Theologie" (4).[3] Wegen der besonderen Bedeutung für die Homiletik wird die ‚Christliche Dogmatik' mit der ‚Homiletik' in einem gesonderten Abschnitt behandelt (3).

1. Das Problem der Predigt in den theologischen Anfängen

Die theologischen Anfänge Barths liegen in der Prägung durch das Studium in Marburg, vor allem bei dem liberalen Theologen Wilhelm Herrmann. Herrmanns Theologie hat sich, von der Frage nach der Bedeutung der Geschichtlichkeit Jesu für den Glauben ausgehend, in Richtung einer an Schleiermacher orientierten Gewichtung des subjektiven religiösen Erlebens und dessen Bedeutung für die Sittlichkeit entwickelt. Der junge Karl Barth bezeichnete sich in der ersten Zeit seiner Tätigkeit als Vikar in Genf (1909–1911) als „hundertprozentiger Marburger"[4], der den religiösen Individualismus und den historischen Relativismus bejahte. In seinen Predigten verstand er seine Aufgabe, der Gemeinde als „Führer … auf dem Gebiet des inneren Lebens" zu dienen.[5] Angeregt durch die Begegnung mit dem Schweizer religiösen Sozialismus (Hermann Kutter, Leonhard Ragaz) entstand in Barth

---

[3] Eberhard Jüngel: Art. Barth, Karl (1886–1968), in: TRE 5 (1980), 251–268, dort weitere Literatur. Für die Biographie Barths s. Eberhard Busch: Karl Barths Lebenslauf, München [4]1986.

[4] Brief an Adolf Keller vom 20. 5. 1956; zitiert nach Busch: Karl Barths Lebenslauf (s. Anm. 3), 65.

[5] Aus der Predigt vom 26. 9. 1909, zit. nach Busch: Karl Barths Lebenslauf, 64. Als zentrales theologisches Zeugnis dieser Zeit kann Barths Vortrag von 1910 „Der christliche Glaube und die Geschichte" angesehen werden, jetzt in: Karl Barth: Vorträge und kleinere Arbeiten 1909–1914, hg. v. Hans-Anton Drewes und Hinrich Stoevesandt (Karl Barth Gesamtausgabe III), Zürich 1993, 149–212. Später wollte Barth diesen Vortrag „besser ungedruckt" gelassen haben; zit. nach Jüngel: Karl Barth (s. Anm. 3), 255.

zunehmend der Eindruck, das vorhandene Christentum stehe in höchster Distanz zum Reich Gottes. Die Unterscheidung zwischen Gottes Wirklichkeit und dem zeitgenössischen Christentum wurde ihm zu einem zentralen Anliegen. Im Sozialismus sah er dagegen einige Zeit „eine sehr wichtige und notwendige Anwendung des Evangeliums".[6] Für Barths theologische Entwicklung aber folgenreicher als die sozialistischen Tendenzen wurde die scharfe Trennung von Gottes Reich und Welt, die er (unter dem Einfluß von Johann Christoph Blumhardt und Christoph Blumhardt) aus einer neuen Weise der biblischen Exegese gewann. Das Reich Gottes wird nun als lebendige Herrschaft Gottes aufgefaßt und streng von aller menschlichen Religion unterschieden gehalten. Diese Gedanken leiten zu der radikalen Diastase von Gott und Welt über, die zum Signum der theologischen Grundlegung Barths wurde: „Welt ist Welt. Aber Gott ist Gott."[7] Mit der Erstauflage seines Römerbrief-Kommentars (1919) findet diese anfängliche theologische Entwicklung Barths ihren Abschluß.

Dem Prediger Barth erschien mit der Gottesferne des Christentums auch die zeitgenössische Predigtpraxis in einem dramatischen Licht. In seiner Predigt „Der Pfarrer, der es den Leuten recht macht"[8] geißelt er eine der Gemeinde gefällige Predigtpraxis, in der der Pfarrer aus Bequemlichkeit und Harmoniebedürfnis den Gegensatz zwischen dem von Gott kommenden „neuen Leben" und dem „alten Leben" der Gemeinde entschärfe. Aufgabe des Predigers sei, die Gemeinde zur Entscheidung zu rufen: „Ihr könnt, das ist die eine Möglichkeit, den Willen Gottes resolut

6 Aus einer Predigt von 1914, zit. nach Busch: Karl Barths Lebenslauf, 92. In einer Rede über „Jesus Christus und die soziale Bewegung" (1911) kommt es bei Barth gar zur Identifizierung von Evangelium und Sozialismus: „Jesus ist die soziale Bewegung und die soziale Bewegung ist Jesus in der Gegenwart", zit. nach Jüngel: Karl Barth, 255.

7 Aus dem Vortrag von 1915 „Kriegszeit und Gottesreich", zit. nach Jüngel: Karl Barth (s. Anm. 3), 256.

8 Gehalten am 16. 1. 1916 in Barths Pfarrgemeinde Safenwil, die er von 1911 bis 1921 leitete. Der Predigt lag Ez 13,1–16 zugrunde. Diese Predigt Barths erschien 1916 in der ‚Christlichen Welt', der wichtigsten Zeitschrift der deutschsprachigen liberalen Theologie – allerdings anonym und ohne Wissen Barths: Die Christliche Welt, 30. Jg., Nr. 14, Marburg, 6. April 1916, 262–267.

von euch weisen: ... ich will nicht das neue, sondern das jetzige Leben ... Ihr würdet damit zeigen, daß ihr verstanden habt, daß es hier wirklich um ein Entweder–Oder zu tun ist. Ihr könnt euch aber auch, das ist die andere Möglichkeit, vom Willen Gottes einmal überwinden und gefangen nehmen lassen." Ein Mittelweg zwischen diesen beiden Entscheidungen sei unmöglich.

Diese Predigt Barths enthält bereits die Bestimmungen, die seine weiteren Klärungsversuche des Predigtproblems in Bewegung halten.[9] Diese Bewegung nimmt ihren Ausgang von der Situation des Predigers und läuft auf die prinzipielle Fragestellung nach der Definition und Bedeutung der Predigt zu. Zugleich sucht sie die Situation des Predigers aus der prinzipiellen Erörterung zur Definition der Predigt zu verstehen. In dieser Bewegung bildet sie das Gegenüber von Gott und Mensch ab, das Signum der „dialektischen Theologie" Barths. Für die Rezeption der Predigtlehre Barths scheint es von entscheidender Bedeutung, ob die Rezipienten den Bewegungscharakter zwischen Predigtsituation und Predigtdefinition erkennen können, oder ob Barths Erörterungen der prinzipiellen Definition der Predigt als Eliminierung von Person und Situation des Predigers aufgefaßt wurden. Damit ist zugleich eine wesentliche Frage nach der Intention und Wirksamkeit der Theologie Barths aufgeworfen.

2. Die Predigtlehre in Barths „dialektischer Theologie"

Barths Klärung der Predigtfrage auf dem Boden seiner neuen Grundlegung der Theologie kann als mit seiner Frage nach der rechten Theologie identisch aufgefaßt werden. „Die Aufgabe der

[9] Vgl. Friedrich Wintzer: Die Homiletik seit Schleiermacher bis in die Anfänge der ‚dialektischen Theologie' in Grundzügen (APTh 6), Göttingen 1969, 185. Eine Analyse dieser für Barths Homiletik wichtigen Predigt hat jetzt vorgelegt Volker Drehsen: Die Predigt, die es ihrem Verfasser nicht recht machen sollte. Karl Barths 1916 in Safenwil gehaltene Predigt über Ezechiel 13,1–16, in: Wegmarken protestantischer Predigtgeschichte. Homiletische Analysen. Festschrift für Hans Martin Müller zum 70. Geburtstag, hg.v. Albrecht Beutel und Volker Drehsen, Tübingen 1999, 206–222.

Predigt ist eins mit der Aufgabe der Theologie", heißt es 1923.[10] Diese neue Aufgabe der Theologie entwickelt Barth eindrücklich in seinem berühmten Tambacher Vortrag „Der Christ in der Gesellschaft" von 1919. Barth bricht nun entschieden mit der Theologie seiner Lehrer und schärft die unüberwindliche und unvermittelbare Differenz von Gott und Mensch ein. „Das Göttliche ist etwas Ganzes, in sich Geschlossenes, etwas der Art nach Neues, Verschiedenes gegenüber der Welt. Es läßt sich nicht auftragen, aufkleben, anpassen. Es läßt sich nicht teilen und austeilen, gerade weil es mehr als Religion ist. Es läßt sich nicht anwenden, es will stürzen und aufrichten. Es ist ganz oder es ist gar nicht."[11] Zunächst bedeutet dies die „tödliche Isolierung des Menschlichen gegenüber dem Göttlichen".[12] Deswegen ist es von vornherein ausgeschlossen, in und aus dem Menschlichen Wege zu Gott zu finden. Die Kategorien der Erfahrung, des Erlebens und damit der Religion werden vehement verworfen: Hingegen „wirklich auf den Anfang, auf Gott geworfen werden" bedeutet, alle menschlich-gesellschaftlichen Werte zu negieren: „Positiv ist die *Negation,* die von Gott ausgeht und Gott meint, während alle *Positionen,* die nicht auf Gott gebaut sind, negativ sind."[13] Es ist die Verhältnisbestimmung von Position und Negation, oder wie Barth in wirkungsvoller Schlichtheit auch sagen konnte: „Ja" und „Nein", die für die Rezeption Barths von wegweisender Bedeutung ist[14] – und dies gilt auch für seine Predigtlehre.

10 Karl Barth: Fünfzehn Antworten an Herrn Professor von Harnack (zuerst in: Die Christliche Welt 37 [1923]), hier zit. nach: Anfänge der dialektischen Theologie, hg. v. Jürgen Moltmann, Teil 1, München 51985, 325–329, 326.

11 Karl Barth: Der Christ in der Gesellschaft (1919), hier zit. nach ‚Anfänge' (s. Anm. 10), 3–37, 6.

12 Barth: Der Christ in der Gesellschaft, hier zit. nach ‚Anfänge', 15.

13 Barth: Der Christ in der Gesellschaft, hier zit. nach ‚Anfänge', 17; Hervorhebungen im Original.

14 Jüngel: Karl Barth (s. Anm. 3), 258, sieht bereits in der dialektischen Theologie Barths die „Prävalenz der Anwort vor der Frage" angelegt. Der vorgängige Charakter des „Ja" Gottes bestimme „das weitere theologische Werk Barths als eiserne hermeneutische Ration. In ihr koinzidieren Methodenproblematik und Sachproblematik. ‚Ja' wird das eigentlich zu denkende Wort der Barthschen Theologie, wenn auch ‚die Realität des Ja', weil sie ‚so stark beunruhigte', vorerst vor allem die theologische Verneinung zur Folge

„Wir sollen als Theologen von Gott reden. Wir sind aber Menschen und können als solche nicht von Gott reden. Wir sollen Beides, unser Sollen und unser Nicht-Können, *wissen und eben damit Gott die Ehre geben.* Das ist unsere Bedrängnis. Alles Andere ist daneben ein Kinderspiel."[15] In entschiedener Abkehr von der Predigtauffassung seiner ersten Predigten setzt Barth nun die Bedeutung der Predigt von den „vorletzten" Fragen des Erlebens und der Lebensführung streng ab. Der Mensch, der den Weg in den Gottesdienst nimmt, habe an solchen Fragen kein Interesse, denn diese könne er ebensogut an vielen anderen Orten in der Welt zur Sprache gebracht finden. Die verantwortliche Wahrnehmung der Predigtsituation habe sich den hermeneutischen Grundsatz zu eigen zu machen, „den Menschen besser zu verstehen, als er sich selbst versteht".[16] Der so verstandene Mensch „schreit nach Gott, nicht nach *einer* Wahrheit, sondern nach *der* Wahrheit, nicht nach *etwas* Guten, sondern nach *dem* Guten".[17] Der Prediger gerät mithin in die prekäre Situation, den Hörer mit Gottes „Nein" und „Ja", mit der ganzen Autorität Gottes zu konfrontieren, wohl wissend, daß diese Autorität allein Gott zukommt.[18] Dies wird nur möglich, wenn „mit dem positiven

---

hat." Dagegen hebt Trutz Rendtorff hervor: „Diese Nein ohne jedes Ja als ein Nein über den Menschen bildet den Anfang der Denkbewegung Barths. Er spricht es besonders radikal aus, wo immer im Blick auf Gott und seine Offenbarung irgendeine Aktivität des Menschen gegenüber Gott in Rede steht" (Trutz Rendtorff: Karl Barth, in: Klassiker der Theologie, hg. v. Heinrich Fries und Georg Kretschmar, Bd. II, München 1983, 331–346, 338).

[15] Karl Barth: Das Wort Gottes als Aufgabe der Theologie (1922), jetzt in: Karl Barth: Vorträge und kleinere Arbeiten 1922–1925, hg. v. Holger Fintze (Karl Barth Gesamtausgabe III), Zürich 1990, 144–175, 151; Hervorhebungen im Original.

[16] Karl Barth: Menschenwort und Gotteswort in der christlichen Predigt (1924), hier zit. nach Barth: Vorträge und kleinere Arbeiten 1922–1925 (s. Anm. 15), 426–457, 448.

[17] Barth: Das Wort Gottes als Aufgabe der Theologie (s. Anm. 15), 153 f.

[18] Barth ist dabei in den Beispielen zur Verdeutlichung dieser Schwierigkeit äußerst drastisch: „keine Negation, die wir ihm [dem Menschen] empfehlen können (und wenn wir ihm Selbstmord empfehlen würden!), ist so groß, so prinzipiell wie die Negation, auf die alles Negieren nur hinzielen kann, die Negation, die unmittelbar erfüllt ist von der Positivität Gottes" (Das Wort Gottes als Aufgabe der Theologie, 166).

Entfalten des Gottesgedankens einerseits und mit der Kritik des Menschen und alles Menschlichen andrerseits von vornherein Ernst gemacht (wird)."[19] Die prinzipielle Definition der Predigt ist demnach zugleich das adäquate Verständnis der Predigtsituation. Es ist die Art und Weise „dialektischer" Rede von Gott, daß Position und Negation unablässig aufeinander bezogen werden. Das für eine Bezugnahme notwendige Dritte, das der Dialektik von „Ja" und „Nein" „Sinn und Bedeutung" gibt, ist, daß „Gott (aber wirklich Gott!) Mensch (aber wirklich Mensch!) wird."[20] Diese stets vorauszusetzende Grundlage ist aber nicht anders zu aktualisieren als im wechselseitigen Verweis von Negation und Position. Es ist dieser wechselseitige Bezug, der dem Geschehenscharakter der Gegenwart Gottes in der Predigt entspricht: „So bleibt nur übrig, ein grauenerregendes Schauspiel für alle nicht Schwindelfreien, Beides, Position und Negation, *gegenseitig aufeinander* zu beziehen, Ja am Nein zu verdeutlichen und Nein am Ja, ohne länger als einen Moment in einem starren Ja *oder* Nein zu verharren".[21]

Damit nimmt Barth auch die Frage nach der Person des Predigers, „das spezifische Pfarrerproblem der Predigt"[22], in Augenschein. Die Frage „was heißt predigen?" laute ihrem Kern nach „nicht: wie *macht* man das? – sondern: wie *kann* man das?"[23] Barth bedient sich bei dem Versuch seiner Antwort der altprotestantischen Formel Bullingers: „Praedicatio verbi Dei est verbum Dei"[24], die er unter der Prämisse des Geschehenscharakters der Verkündigung interpretiert. Im wechselseitigen Bezug von Position und Negation ereignet sich Gottes Anrede an den Menschen. Barth muß jedoch weitere Voraussetzungen machen: Läßt sich in diesem Geschehenscharakter zwar die Präsenz des Wortes Gottes

---

19 Barth: Das Wort Gottes als Aufgabe der Theologie, 167.

20 Ebd.

21 Barth: Das Wort Gottes als Aufgabe der Theologie (s. Anm. 15), 167.

22 Karl Barth: Not und Verheißung der christlichen Verkündigung (1922), hier zit. nach Barth: Vorträge und kleinere Arbeiten 1922–1925 (s. Anm. 15), 65–97, 70.

23 Barth: Not und Verheißung der christlichen Verkündigung (s. Anm. 22), 72.

24 Barth: Menschenwort und Gotteswort in der christlichen Predigt (s. Anm. 16), 430. Das Zitat stammt aus der ‚Confessio helvetica posterior' (1562), BSRK, 171.

in der menschlichen Rede behaupten, ist doch um so deutlicher die Frage nach der Befähigung, Beauftragung und dem Selbstverständnis des Predigers gestellt. Barth selbst nennt zwei solcher Voraussetzungen: Erstens setzt das Wagnis, von Gott zu reden, das *Angeredetsein* durch Gott voraus[25], zweitens setzt das Wagnis, in solchen Verweiszusammenhängen von Gott zu reden, voraus, daß Gott sich hören lassen will.[26] Die erste Voraussetzung impliziert eine Gemeinschaft derer, die Gottes Wort einander verkündigen und voneinander empfangen. Barth führt hier die „christliche Kirche" als vorausliegende Gemeinschaft ein. Der Geschehenscharakter des Wortes Gottes legt aber hinsichtlich einer Begründung der kirchlichen Gemeinschaft einen infiniten Regreß des Verkündigungsgeschehens nahe – zumindest wenn es hier um Begründungszusammenhänge geht, die für menschliche Gemeinschaften gelten. Deshalb separiert Barth das Wort Gottes von diesen Begründungszusammenhängen: „Was von Gott zu mir gesagt ist, das kann ich nicht mit Anderm, das gewiß (von irgendwem zu irgendjemandem) *auch* gesagt ist, in *eine* Reihe stellen, auch nicht an die höchste Stelle *einer* Reihe. Sonst ist es eben nicht von *Gott*, nicht zu *mir*, nicht *gesagt* … Ein Warum? und ein Darum ist hier ausgeschlossen. Sonst ist es nicht *Gottes* Wort."[27] Gottes Wort und Kirche werden hier identifiziert. Die Kirche wird nicht als menschliche Gemeinschaft oder Institution angesehen, sondern als aktuales Ereignis des Offenbarwerdens Gottes in seinem Wort: „Wo das Wort ist, da ist auch die Kirche. Wenn es keine Kirche gäbe, würde sie sofort entstehen, nein geschaffen werden, weil es das Wort gibt."[28] Barths Anliegen ist es, durch diese Bestimmungen die Beauftragung zur Predigt einerseits – „nach links" – gegenüber einem an Schleiermacher anknüpfenden Verständnis des Predigers als Mittler des frommen Selbstbewußtseins im Zusammenhang des Gemeingeistes abzusetzen, andererseits – „nach rechts" – gegenüber dem gesteigerten Amtsverständnis des konservativen Luthertums als einer kontinuierlich fortwirkenden

25 Barth: Menschenwort und Gotteswort in der christlichen Predigt, 435 ff.

26 Barth: Menschenwort und Gotteswort in der christlichen Predigt, 439 f.

27 Barth: Menschenwort und Gotteswort in der christlichen Predigt, 435.

28 Barth: Menschenwort und Gotteswort in der christlichen Predigt (s. Anm. 16), 440.

Stiftung Gottes abzugrenzen. Die Predigt wie ihre Beauftragung werden bei Barth als Ereignis verstanden, in dem Gott sich selbst bestimmt. Die Menschenworte, die dieses Geschehen umkleiden, sind nicht mehr als *Hinweise* auf diese Selbstbestimmung Gottes und *Fragen* nach Gottes Antwort. Sowenig der Prediger Gottes Wirklichkeit offenbaren kann, sosehr ist es seine Aufgabe, auf diese zu *verweisen*.[29] Person und Situation der Predigt treten damit in den Hintergrund der homiletischen Betrachtung. Dies kann als prinzipielle Ausblendung des predigenden Menschen und seiner Hörer aus der Predigtlehre aufgefaßt werden.[30] Es ist aber auch zu notieren, daß je stärker Barth das Predigtereignis als Gotteswort, Offenbarung, Selbstbestimmung Gottes versteht, er desto gelassener die Predigt als Menschenwort zu nehmen scheint. Dies wäre dann als nüchterne Depotenzierung einer „priesterlichen“ Predigerautorität anzusehen. Für diese Interpretation spricht zumindest die überraschende Wendung, Aufgabe der Homiletik als theologischer Disziplin sei, eine „Kunstlehre“[31] zu sein, „die den Prediger auf das Gedränge zwischen Gott und den Menschen, das seiner wartet, vorbereitet, nicht um Anweisungen zu geben, sondern um ihm klar zu machen, daß dort eben, in der Folge von Niederlagen, die seiner dort warten, die allenfalls ‚gut‘ zu nennenden Predigten geboren werden.“[32] Den Vorwürfen an die Predigtlehre Barths, sie sei eine dogmatische Übersteigerung durch Gleichsetzung der Predigt mit dem Wort Gottes, scheinen diese Textbefunde eher eine an „Beziehungslosigkeit“ grenzende Unterscheidung von Gotteswort und Menschenwort entgegenzustellen.[33] Am Schluß des Aufsatzes, der mit der Formel Bullingers „Praedicatio verbi Dei est verbum Dei“ eröffnet wird, bleibt von dieser Formel lediglich der Geltungsanspruch der Predigt erhalten. Dieser Geltungsanspruch des Gotteswortes bringt das

---

29 Barth: Menschenwort und Gotteswort in der christlichen Predigt, 451.

30 Vgl. die in Anm. 1 verzeichnete Literatur.

31 Dies ein Verweis auf Schleiermachers Homiletik! Siehe dazu den Beitrag von Christian Albrecht: Schleiermachers Predigtlehre. Eine Skizze vor dem Hintergrund seines philosophisch-theologischen Gesamtsystems, in diesem Band S. 93–119.

32 Barth: Menschenwort und Gotteswort in der christlichen Predigt, 455.

33 Vgl. Gräb: Predigt als Mitteilung des Glaubens (s. Anm. 2), 56.

Menschenwort dann wieder unter die hohe Anforderung, der beanspruchten Tatsache zu genügen, daß es Gott selbst ist, der in der Predigt handelt. Dieses Handeln Gottes ereignet sich dabei nicht aufgrund einer der Predigt eingeschriebenen, gleichsam sie inspirierenden Autorität, sondern erst im Vollzug der Predigt. Die so bestimmte Bedeutung der Predigt und ihre Zentralstellung als Mitte des Gottesdienstes ersetzt das sakramentale Wandlungsgeschehen als Mitte der römischen Messe.[34]

Barths dogmatische Definition der Predigt tritt als normgebende Instanz der Predigtsituation gegenüber. Sie hat die Kriterien zu bestimmen, die den Vollzug der Predigt ermöglichen, in der es zur Selbstbestimmung Gottes je erst kommen kann. Die „gut zu nennende" Predigt ist auf die rechte Dogmatik angewiesen, und umgekehrt ist die Dogmatik auf die Predigt bezogen. Dies wohlgemerkt nicht so, daß die Dogmatik selbst zum Gegenstand, Inhalt oder Thema der Predigt wird. Die von ihr zu bestimmenden normativen Kriterien richten sich auf den formalen Vollzug der Predigt.[35] Die Dogmatik wird zur Hilfswissenschaft der Homiletik. Zugleich rückt die Predigt in den Mittelpunkt aller theologischen Arbeit.

Die Wirkung dieser prinzipiellen Neubestimmung des Predigtproblems hat Walther Fürst, Student Barths und später Mitherausgeber der ‚Göttinger Predigtmeditationen', zum Ausdruck gebracht: „Der Theologie wurde zugemutet, einen nur der praktischen Disziplin zugewiesenen Gegenstand, den man mit den Ergebnissen und Forderungen der Wissenschaft peinlich sich stoßen sah, als ihr beherrschendes Thema zu erkennen und anzuerkennen." Fürst sieht die epochale Bedeutung dieser Zentralstellung der Predigt darin, daß sie „dem Prediger Mut gemacht (hat), die Predigt ernst zu nehmen als Gottes eigene Rede und die falsche Bescheidenheit nicht länger gelten zu lassen, die Predigt als religiöse Rede, nur als Rede über Gott zu verstehen."[36] In der Predigt ereigne sich nun, so Fürst, „das Gegenwärtigwerden Jesu

---

34 Barth: Menschenwort und Gotteswort in der christlichen Predigt (s. Anm. 16), 431f.

35 Vgl. Gräb: Predigt als Mitteilung des Glaubens (s. Anm. 2), 53.

36 Walther Fürst: Karl Barths Predigtlehre, in: Antwort. Karl Barth zum siebzigsten Geburtstag am 10. Mai 1956, Zürich 1956, 137–147, 138.

Christi selber".[37] Fürst verweist zugleich aber auch auf eine Wirkung und Weiterführung dieser Predigtauffassung, die „für die kirchliche und theologische Situation bezeichnend und gefährlich ist". Nämlich dann, wenn die Tragkraft der Verheißung so stark belastet werde, daß „dem Prediger das Wort als Mittel der Beschwörung – wie soll man es noch anders sagen? – in die Hand gegeben wird. Die Predigt soll hier ex opere operato wirken".[38]

3. Die ‚Christliche Dogmatik' und die ‚Homiletik'

In der ‚Christlichen Dogmatik' von 1927 gibt Barth im Zuge einer Neustrukturierung seiner Theologie auch der Predigt eine neue Grundlegung. Das Wort Gottes legt sich demnach aus in der dreifachen Gestalt als geoffenbartes Wort (Jesus Christus), geschriebenes Wort (Bibel) und gepredigtes Wort (Verkündigung).[39] In der Konsequenz seiner früheren Überlegungen zur Stellung und Bedeutung der Predigt tritt nun das Verhältnis von Verkündigung und Dogmatik auch explizit in den Vordergrund. Barth lehnt die Identifizierung von Dogmatik und Verkündigung ab: Sowenig Dogmatik Verkündigung sei, sowenig solle Dogmatik gepredigt werden. Dogmatik ist die Besinnung auf die reine Lehre, während die Verkündigung Gottes Wort Raum schafft.[40] Die Dogmatik ist

37 Fürst: Karl Barths Predigtlehre (s. Anm. 36), 138. Dieser sakramentale Charakter der Predigt, von Fürst hier positiv hervorgehoben, wurde von Kritikern der Predigtlehre Barths auch polemisch als der „Glaube an eine Art Transsubstantiation des Wortes in der Predigt" bezeichnet, so von Hans-Dieter Bastian: Verfremdung und Verkündigung. Gibt es eine theologische Informationstheorie?, in: TEH 127 (1965), 8. Diese Kritik wurde wiederum leidenschaftlich bestritten, vgl. bes. Manfred Josuttis: Das Wort und die Wörter. Zur Kritik am Predigtverständnis Karl Barths, in: Freispruch und Freiheit. Theologische Aufsätze für Walter Kreck zum 65. Geburtstag, hg. v. Hans-Georg Geyer, München 1973, 229–243.

38 Fürst: Karl Barths Predigtlehre (s. Anm. 36), 139. Fürst bezieht diese Kritik auf Hans Asmussen und Peter Brunner.

39 Karl Barth: Die christliche Dogmatik im Entwurf. Erster Band: Die Lehre vom Worte Gottes. Prolegomena zur christlichen Dogmatik (1927), hier zit. nach: Karl Barth Gesamtausgabe II, hg. v. Gerhard Sauter, Zürich 1982, 58 ff.

40 Barth: Die christliche Dogmatik im Entwurf (s. Anm. 39), 543 ff.

auf den in der Verkündigung gegebenen Sachverhalt, die Offenbarung Gottes, gerichtet, den sie wiederum nur in Gestalt der Verkündigung erfassen kann. Die Dogmatik bezieht sich also weder direkt auf das Offenbarungsgeschehen noch auf den je konkreten Predigtinhalt, sondern auf die *Form* der Predigt. Darin ist sie „nur ein Dienst an dem von der Kirche versehenen Dienst am Wort und insofern eine Hilfsfunktion der Kirche. Dogmatik und Predigt verhalten sich zueinander wie Etappe und Front. An der Front wird der Krieg gewonnen oder verloren. Immerhin: Die Etappe muß um der Front willen auch sein, vorausgesetzt, daß dort etwas Wesentliches geschieht."[41] Der Kriegsmetaphorik dieser prinzipiellen Erörterungen tritt in behutsamerer Sprache die Thematisierung der Predigt als Menschenwort zur Seite: Der Inhalt der Predigt *als Menschenwort* aber „soll geschöpft sein aus dem Brunnen, der sich genau in der Mitte zwischen dem biblischen Offenbarungszeugnis, der eigenen konkreten Lage des Predigers und der Hörer befindet, nicht etwa aus einem dogmatischen Lehrbuch oder Kollegheft."[42] Die normierende Funktion der Dogmatik richtet sich mithin auf die Bestimmung der Form der Verkündigung, die eine Selbstbestimmung Gottes in der Predigt möglich macht.

Die ‚Homiletik' Barths, aus einem homiletischen Seminar in Bonn 1932/33 zunächst als Mitschrift erhalten und 1966 von Barth autorisiert im Druck erschienen[43], kann als Versuch angesehen werden, diese formnormierende Funktion der Dogmatik an der Predigt zu konkretisieren. Barth spricht von der „Behandlung der dogmatischen Fragen nach dem Wesen der Predigt".[44] Damit erörtert er hier also erneut hauptsächlich die prinzipielle Fragestellung der Homiletik. Dies geschieht der Intention nach, weil Barth darin den entscheidenden theologischen Beitrag zur Predigtlehre sieht, nicht weil er aufgrund einer vermeintlichen Identifizierung von Gottes- und Menschenwort die Fragen einer praktischen

---

41 Barth: Die christliche Dogmatik im Entwurf, 543.

42 Barth: Die christliche Dogmatik im Entwurf, 423.

43 Karl Barth: Homiletik. Wesen und Vorbereitung der Predigt, Zürich 1966, hier zit. nach der 3. Auflage, Zürich 1986. Zur Entstehungsgeschichte des Druckes s. das Nachwort von Günter Seyfferth, 113f.

44 Barth: Homiletik (s. Anm. 43), 7.

Homiletik für irrelevant hält. Diese „praktischen" Fragen werden in der ‚Homiletik' durchaus auch verhandelt, sie sind jedoch weitaus weniger originell und wirkungsvoll als die prinzipiellen Erwägungen.[45] Die prinzipiellen Erwägungen hebt Barth von den praktischen Fragestellungen dezidiert ab, denn: „Der Begriff der Predigt kann nicht auf Grund irgendwelcher Erfahrungen festgelegt werden, sondern er ist ein theologischer Begriff, der im Glauben geschieht, der nur hinweisen kann auf die göttliche Wirklichkeit."[46] Diesen theologischen Begriff bestimmt Barth aus dem Verhältnis von Gottes- und Menschenwort in zwei Leitsätzen:

> „1. Die Predigt ist Gottes Wort, gesprochen von ihm selbst unter Inanspruchnahme des Dienstes der in freier Rede stattfindenden, Menschen der Gegenwart angehenden Erklärung eines biblischen Textes durch einen in der ihrem Auftrag gehorsamen Kirche dazu Berufenen.
> 2. Die Predigt ist der der Kirche befohlene Versuch, dem Worte Gottes selbst durch einen dazu Berufenen so zu dienen, daß ein biblischer Text Menschen der Gegenwart als gerade sie angehend in freier Rede erklärt wird als Ankündigung dessen, was sie von Gott selbst zu hören haben."[47]

Diese höchst komprimierten dogmatischen Formeln entfaltet Barth dann, indem er die dogmatische Normierungsfunktion auf die Predigt anwendet. Es ergeben sich demnach neun Kriterien der Predigt: Offenbarungsmäßigkeit, Kirchlichkeit, Bekenntnismäßigkeit, Amtsmäßigkeit, Vorläufigkeit, Biblizität, Originalität, Gemeindemäßigkeit, Geistlichkeit.[48]

Die ersten vier Kriterien können als Kriterien der „objektiven Ermöglichung der Predigt" aufgefaßt werden, die letzten vier Kri-

---

[45] Barth: Homiletik, 73–112. Zu diesen konkret-„praktischen" Erwägungen Barths gehört etwa seine strikte Ablehnung der Themapredigt: „Wir Theologen haben nur das zu wiederholen, was Menschen von dem, was ihnen begegnete, sagten. Indem wir das schlicht und bescheiden tun, dienen wir dem Selbstworte Gottes" (85). Diese Bemerkungen Barths wurden zum Teil als Aufforderung zur trockenen exegetischen Predigt aufgefaßt. Diese Predigtpraxis wurde von den Kritikern der Homiletik Barths beanstandet, s. Rössler: Das Problem der Homiletik (s. Anm. 1), 34f.

[46] Barth: Homiletik, 32.

[47] Barth: Homiletik, 30.

[48] Barth: Homiletik, 32–72.

terien als solche der „subjektiven Verwirklichung der Predigt“.[49] Dazwischen steht die „Vorläufigkeit“ der Predigt, die nach Barth „die Schlüsselstellung des ganzen Problems der Predigt“ innehat.[50] Denn die rechte Predigt weiß darum, daß sie nur der vorläufige menschliche Versuch ist, Gottes Wort Raum zu schaffen. Sie ist allein gerechtfertigt durch Gottes Willen, der Gegenwart offenbar zu werden. Diese Rechtfertigung liegt jeder Predigt in „jener objektiven Substanz“[51] voraus, die mit den Begriffen Offenbarung, Kirche, Auftrag und Amt bezeichnet wurde, und von denen der Prediger – strikt passiv – in Anspruch genommen wird.[52] Die Kriterien der Biblizität, Originalität, Gemeindemäßigkeit und Geistlichkeit bezeichnen dann das Tun des Predigers, das sich innerhalb der Selbstbestimmung Gottes vollzieht, als „beschlagnahmtes Tun, das Tun eines Sklaven, der einen Herrn hat“.[53] Es steht unter der Frage nach dem Wie? dieses Tuns, oder „nach der Moral der Predigt“.[54] Mit dieser Frage reflektiert Barth die Differenz von Gotteswort und Menschenwort derart, daß auch, wenn Gott „in seinem Worte, dessen menschliches Korrelat die Aktion der Predigt ist, selbst handelndes Subjekt“[55] bleibt, die korrelierende Beteiligung des predigenden menschlichen Subjekts nicht schon immer vorgängig von dem Gotteswort regiert wird. Der Rekurs auf die vorausliegenden, objektiven Kriterien sowie die Erfüllung der Predigtkriterien macht erst die Predigt zu dem Ereignis, in dem der Prediger (und der Hörer) in Gottes Selbstbestimmung mit einbezogen werden.[56] Die Auffassung der Verkündigung als Gestalt des Wortes Gottes bringt so aber die Differenz von Gotteswort und – recht vollzogenem – Menschenwort zum Verschwinden. Mit der Lehre von der Verkündigung als Gestalt des Wortes Gottes findet die Predigtlehre Barths bei den

---

49 Siehe dazu Hartmut Genest: Karl Barth und die Predigt. Darstellung und Deutung von Predigtwerk und Predigtlehre Karl Barths, Neukirchen-Vluyn 1995, 137–152.

50 Barth: Homiletik (s. Anm. 43), 58.

51 Barth: Homiletik, 56.

52 Barth: Homiletik, 57.

53 Barth: Homiletik, 58.

54 Ebd.

55 Barth: Die christliche Dogmatik im Entwurf (s. Anm. 39), 88.

56 Vgl. Gräb: Predigt als Mitteilung des Glaubens (s. Anm. 2), 108.

prinzipiellen Erörterungen des Predigtproblems ihren Ort und scheint das Interesse an der Situation von Prediger und Hörer zu verlieren.

4. Die Predigtlehre in der ‚Kirchlichen Dogmatik'

In Barths Arbeit an der vielbändigen und unabgeschlossenen ‚Kirchlichen Dogmatik' (KD), die 1932 in Angriff genommen und über Jahrzehnte bis an sein Lebensende fortgesetzt wurde[57], läßt sich keine einheitliche Predigtlehre ausmachen. Von den zahlreichen Modifikationen, dogmatischen Um- und Neubildungen, die Barths theologisches Denken in den Jahrzehnten der Arbeit an der ‚Kirchlichen Dogmatik' durchläuft,[58] sind natürlich auch die homiletischen Erwägungen betroffen. Die folgende Darstellung konzentriert sich deshalb auf Barths Predigtbegriff in den Prolegomena (KD I 1/2) und nimmt schließlich die homiletischen Beiträge aus dem letzten Band der Versöhnungslehre (KD IV/3) in den Blick, die signifikante Veränderungen seiner Homiletik anzeigen.

Die ‚Kirchliche Dogmatik' setzt ein mit der Darstellung der Wirklichkeit Gottes in seinen drei Gestalten als offenbartes, geschriebenes und verkündigtes Wort (KD I/1, § 4). Barth wiederholt den Gedanken, die kirchliche Verkündigung sei der „Stoff der Dogmatik" (KD I/1, § 3). Allerdings erfährt der Verkündigungsbegriff gegenüber der früheren Beschränkung auf die Predigt nun die Ausweitung auf „Predigt und Sakrament".[59] Das Wort Gottes ist: 1. Der Auftrag oder positive Befehl zur Verkündigung;[60] 2. Der Gegenstand der Verkündigung;[61] 3. Das Urteil, das die Verkündigung wahr macht;[62] 4. Das Ereignis, in dem die Verkündigung wirklich wird[63]. Barth bezieht jetzt in die Bestimmung der Predigt

57 Erschienen sind 13 Bände, Zürich 1932–1967.

58 Einen ersten Überblick gibt auch hier Jüngel: Karl Barth (s. Anm. 3), 261 ff; dort auch die wichtigste weiterführende Literatur.

59 Siehe dazu bes. KD I/1, 56f.

60 KD I/1, 90–92.

61 KD I/1, 93f.

62 KD I/1, 94f.

63 KD I/1, 95–101.

als Verkündigung durchaus die kontingenten Faktoren der Predigt als menschlicher Handlung ein. Zwar ist die Verkündigung „zuerst und entscheidend Gottes eigene Tat“, aber nicht so, „daß das Wollen und Vollbringen des verkündigenden Menschen mit seiner ganzen Bedingtheit und in seiner ganzen Problematik in Wegfall käme“.[64] Dennoch beansprucht der Ereignischarakter wirklicher Verkündigung, daß in ihrem Vollzug die menschliche Predigthandlung von dem göttlichen Wort so regiert wird, daß diese Handlung letztlich als Selbstbestimmung Gottes aufzufassen ist.[65] Für Barths Predigtlehre entsteht jetzt das Problem, die vollkommene qualitative Unterschiedenheit von Gott und Mensch, von Inhalt und Form der Predigt, die im Gestalt-Begriff zu verschwimmen droht, als Fragestellung nach der Gegenwart Gottes in und durch die menschliche Rede neu zu begreifen.

Dies geschieht durch Barths Analogie-Lehre im Kontext der christologischen Konzentration der ‚Kirchlichen Dogmatik‘, die die Gestalt-Theorie zunehmend ablöst.[66] Das Verstehen des Wortes Gottes wird demnach möglich durch ein vom Wort Gottes selbst geschenktes Vermögen, durch das die Worte des Glaubenden dem Wort Gottes ähnlich werden. Im Glauben findet eine Gottförmigkeit des Menschen statt. Diese Analogie ist keine Analogie des Seins, sondern eine des Glaubens: „analogia fidei“.[67]

---

64 KD I/1, 95f. Das Verhältnis von Menschenwort und Gotteswort in der christlichen Predigt wird in KD I/2, § 22: Der Auftrag der Kirche, 831–848, in Anschluß an die früheren Überlegungen Barths nochmals ausführlich diskutiert.

65 Damit bleibt die Nähe zu einer „sakramentalen“ Auffassung der Predigt ein kritischer Punkt dieser Auffassung; vgl. Eberhard Jüngel: Karl Barths Lehre von der Taufe. Ein Hinweis auf ihre Probleme, in: Jüngel: Barth-Studien, Gütersloh 1982, 246–290, 277.

66 Jüngel: Karl Barths Lehre von der Taufe (s. Anm. 65), 277.

67 „Im Glauben und Bekenntnis wird das Wort Gottes menschlicher Gedanke und menschliches Wort, gewiß in unendlicher Unähnlichkeit und Inadäquatheit, aber nicht in gänzlicher Fremdheit gegenüber seinem Vorbild, sondern in der ganzen menschlich-sündigen Verkehrtheit dessen wirkliches Abbild, als Verhüllung des Göttlichen zugleich seine Enthüllung“ (KD I/1, 254). Die komplexen Probleme der Analogielehre Barths sind hier nicht zu diskutieren, s. dazu Eberhard Jüngel: Die Möglichkeit theologischer Anthropologie auf dem Grunde der Analogie. Eine Untersuchung zum Analogieverständnis Karl Barths, in: Jüngel: Barth-Studien (s. Anm. 65), 210–232. Eine erste Ein-

Diese Analogie ist nicht schon durch die Schöpfung bestimmt, sondern das Verhältnis von Gott und Welt ist „als Interpretation der in Jesus Christus geschaffenen und aufrecht erhaltenen Beziehung und Gemeinschaft“ auszusagen.[68]

Im dritten Teil der Versöhnungslehre (KD IV/3) werden so die Erwägungen zur Predigt einer christologischen Revision unterzogen. Nun heißt es, daß „Jesus Christus das eine, das einzige Wort Gottes“ ist.[69] Der Verweisungszusammenhang zwischen dem Wort Gottes und Jesus Christus kulminiert in dem prophetischen Amt Christi: „Jesus Christus, der wahrhaftige Zeuge“. Die Gemeinde als „irdisch-geschichtliche Existenzform“ Jesu Christi[70] ist Zeuge dieses Zeugen. Dadurch eröffnet sich Barth die Möglichkeit, die qualitative Trennung von Gottes- und Menschenwort in der Predigt deutlicher durchzuführen. Die Verkündigung ist nun nicht mehr eine der Gestalten dieses Wortes, sondern tritt nach ihrer Form als menschliche Verkündigung nurmehr als Bezeugung der Selbstmitteilung Gottes in Jesus Christus auf. Als seine irdische Existenzform hat sie ihn „menschlich zu bekennen“[71]. Als menschliches Zeugnis behält sie gegenüber der göttlichen Wirklichkeit „ihre eigene Wirklichkeit, die weder eine göttliche noch eine gottmenschliche, sondern eine besondere Gestalt kreatürlicher, menschlicher Wirklichkeit ist“[72]. Damit erfährt nun auch das menschliche Predigtsubjekt eine Aufwertung: Der Prediger ist „nicht bloß der Zuschauer seines Herrn und auch nicht bloß ein von ihm bewegtes und benütztes totes Instrument. Auch er ist ja lebendiges und also tätiges Subjekt und handelt, ganz mit der Sache seines Herrn beschäftigt, ganz auf sie ausgerichtet, in eigener Überlegung, Entschließung und Verantwortlichkeit“[73].

Die Bestimmungen der Predigt in der Versöhnungslehre sind im Blick auf die Predigtlehre Barths insgesamt unterschiedlich

---

führung bietet Hermann Fischer: Systematische Theologie. Konzeptionen und Probleme im 20. Jahrhundert (GKT 6), Stuttgart 1992, 99–102; dort jeweils auch weitere Literatur.

68 KD II/1, 360.

69 KD IV/3, 109.

70 KD IV/3, 780.

71 So Jüngel: Karl Barths Lehre von der Taufe, 277.

72 KD IV/3, 907.

73 KD IV/3, 690.

interpretiert worden. Zwar herrscht weitgehend Einigkeit darüber, daß es sich hierbei nicht um eine Abkehr von früheren Ansichten handelt, sondern um die Akzentuierung der menschlich-subjektiven Seite der Predigt.[74] Diese Akzentverschiebung der Predigtauffassung wird als „Ausdruck der ‚humanen Theologie' des alten Barth" gewertet[75] oder auch als „Entsakramentalisierung" der Verkündigung angesehen.[76] Die Unterscheidung zwischen Menschenwort und Gotteswort in der Predigt aus dem Spätwerk Barths läßt jedoch die formgebende normative Funktion der Dogmatik zumindest fraglich werden. Denn die unhintergehbare Differenz von Inhalt und Form der Predigt schließt nun auch aus, daß Formgesetze über die adäquate Repräsentation des Inhalts entscheiden können. Damit tritt die Frage nach der Handlungsfähigkeit des predigenden Menschen in neuer Schärfe hervor.[77] Dies korreliert überdies mit der Erweiterung des Verkündigungsbegriffes in der Versöhnungslehre der ‚Kirchlichen Dogmatik'. Als Erfüllung des Zeugenauftrages der Gemeinde erstreckt sich der Dienst der Verkündigung nun auf die ganze Lebensführung des Menschen.[78] Ob als Wandlung oder als Modifikation der Predigtlehre Barths aufgefaßt, führen diese Gedanken die Predigtlehre jedenfalls wieder auf Fragestellungen zurück, die Barth einst zu überwinden antrat. Seine Überlegungen zur Predigt als „theologischem Begriff" stehen im Kontext der modernen homiletischen Debatte und stellen einen wichtigen Beitrag im Verlauf dieser Debatte dar.

---

[74] Vgl. aber den auf der Einheitlichkeit der Predigtlehre Barths insistierenden Beitrag von Hinrich Stoevesandt: Wandlungen in Karl Barths theologischem Verständnis der Predigt?, in: EvTh 47 (1987), 536–550.

[75] Wolfgang Schildmann: Wandlungen im Predigtverständnis bei Karl Barth, in: PTh 72 (1983), 208–223.

[76] Jüngel: Karl Barths Lehre von der Taufe (s. Anm. 65), 277.

[77] Vgl. Gräb: Predigt als Mitteilung des Glaubens (s. Anm. 2), 69.

[78] KD IV/3, 951ff. Wie Jüngel betont, hätte die Verkündigung „ihren systematischen Ort ebensogut in der Ethik der Versöhnungslehre finden können", dies erinnere an „den großen Antipoden Schleiermacher" (Karl Barths Lehre von der Taufe, 276f).

Hans Martin Müller

Emanuel Hirschs Bedeutung für die Predigt

In der ersten Buchausgabe seiner Predigten[1] hat sich Hirsch kurz zu seiner Predigtauffassung geäußert. Er macht den Leser darauf aufmerksam, daß er „zwischen der Arbeit des Theologieprofessors und der des Predigers keinen Bruch sehe. Sie haben beide ihre höchste Aufgabe darin, hineinzuweisen in die Geheimnisse des göttlichen Worts."[2] Diese Einheit zwischen der Aufgabe des Wissenschaftlers und des Predigers hatte ihm sein Lehrer Karl Holl gleichsam vorgelebt. Als Hirsch 1926 die von Frau Anna Holl herausgegebenen ‚Christlichen Reden' seines im selben Jahr verstorbenen Lehrers und väterlichen Freundes betreut, zitiert er in seinem Geleitwort aus einem Brief Holls vom 1. Dezember 1925: „Predigten sind ein so persönliches, ein so heiliges Bekenntnis, daß jedes Wort eines andern darüber mir immer als eine unverschämte, eine die Sache selbst herabziehende Einmischung erschienen ist."[3] Von diesem Satz ließ Hirsch sich in seinem Geleitwort die Grenze ziehen. Auch wir tun gut daran, sie zu respektieren, wenn wir hier nicht nur die Arbeit des Theologieprofessors, sondern auch die des Predigers Emanuel Hirsch würdigen. Ich werde also keine Predigtanalysen bieten, sondern Hirschs Bedeutung für die Predigt aus seinem Gesamtwerk zu erheben suchen.

Was Hirsch an Karl Holls Predigten damals hervorhebt, soll uns heute zu einem Schlüssel werden, mit dem wir uns Hirschs Bedeutung für die christliche Predigt erschließen können. Das *erste* ist die Konzentration auf das persönliche Zeugnis, die es dem

---

1 Emanuel Hirsch: Der Wille des Herrn, Gütersloh 1925.
2 Hirsch: Der Wille des Herrn, 254.
3 Karl Holl: Christliche Reden, Gütersloh 1926, III.

Prediger nicht erlaubt, über das hinauszugehen, „was ihm als Gottes Wirklichkeit zu sehen und darunter sich zu beugen wirklich gegeben“ ist.[4] Das *zweite* ist der Ernst, mit dem der kritische Theologe „so lange in das vor ihm stehende Wort der Schrift hineinsieht, bis es zu ihm von seinen Nöten und den Nöten seiner Zeit und seines Volkes zu reden anfängt“.[5] Auf diese Weise, und das ist das *dritte,* verbindet sich in der Predigt der unerbittliche Wahrheitsernst des kritischen Forschers mit dem Glaubensgehorsam, dem allein die „entscheidende geschichtliche Wahrnehmung glückt, denn nur er kann bis ins letzte wahrhaftig sein“.[6] Was Hirsch hier an dem Prediger Holl betont, ist für ihn lebendige Erinnerung an den akademischen Lehrer: „Sein Kolleg“ über den ersten Teil der Kirchengeschichte, bezeugt es Hirsch, „zerstörte mir – wie dies Kolleg es muß, wenn es recht gelesen wird – den Kinderglauben, den ich mir bis dahin hatte bewahren können, dennoch wurde ich an Kirche und Theologie keinen Augenblick irre. Denn das mußte auch stumpfer Sinn spüren: dem Manne, der da tief ernst auf dem Katheder stand, war – obwohl er damals kaum eine unmittelbar religiöse Äußerung tat – das Evangelium eine wahrhaftige Wirklichkeit. So mußte eine Einheit da sein, die bei ehrlichem Suchen sich finden läßt.“ Und Hirsch schließt diese Erinnerung: „Ich danke Gott noch heute dafür, in diesem Kampf, der keinem Theologen erspart werden darf, dieses Mannes Führung gehabt zu haben.“[7]

Wir sollten diese Worte Hirschs über seinen Lehrer im Gedächtnis behalten, wenn wir nun daran gehen, ihn selbst als Prediger und der Predigt verpflichteten theologischen Denker uns vor Augen zu stellen. Wir versuchen dies in drei Gedankenschritten: Zunächst sehen wir auf das persönliche Zeugnis in der Predigt, sodann fassen wir die Predigt als aus der Begegnung mit dem Worte Gottes entspringend und zuletzt blicken wir auf das in der Predigt wirksame Verhältnis von Wahrheitsernst und Glaubensgehorsam.

---

4 Holl: Christliche Reden, IIIf.
5 Holl: Christliche Reden, IV.
6 Holl: Christliche Reden (s. Anm. 3), VI.
7 Holl: Christliche Reden, VIf.

I. Das persönliche Zeugnis

Daß die Persönlichkeit des Predigers einen entscheidenden Faktor im Vorgang der Predigt und ihrer Aufnahme durch den Hörer darstellt, ist kein neuer Gedanke. In seinem eine Unsumme von Praxiserfahrungen eklektisch verarbeitenden Werk ‚Wie predigen wir dem modernen Menschen?' hatte Friedrich Niebergall zu Anfang unseres Jahrhunderts behauptet: „Überhaupt entscheidet über die Kraft der Worte das, was von unserer Persönlichkeit, von unserer Seele mitschwingt."[8] Von dieser Voraussetzung her forderte Niebergall – ganz auf sein Ziel, die Predigt wirksam zu machen, ausgerichtet – vom Prediger, er solle eine „in Gott ruhende, über andere Dinge frei und gern erhabene, über Angst und Schmerz siegreiche Persönlichkeit" ausbilden.[9] Niebergall, der hier nur als Beispiel für die Homiletik des theologischen Liberalismus steht, war realistisch genug, die weite Entfernung zwischen dem wirklichen Prediger und diesem Ideal zu sehen; so gibt er auch dem Prediger mit einer weniger entwickelten eigenen Persönlichkeit den Rat, sich in der Predigt lieber an die Vorstellung einer biblischen Persönlichkeit zu halten, als seine eigene Person ins Feld zu führen. Er weiß, daß sein Persönlichkeitsideal brüchig und Ziel scharfer kulturkritischer Angriffe geworden ist. Trotzdem hält er gegen allzu forsche Kritiker fest: „Glaube ist, um das immer wieder auch gegen moderne Stimmungs- und Wahrheitsfanatiker zu sagen, Glaube ist auch Aufgabe und Pflicht."[10]

Es sind nicht die Kritiker gewesen, die diese Vorstellung von der idealen Predigerpersönlichkeit zunichte gemacht haben, sondern der Zusammenbruch des liberalen Menschenbildes im Grauen des Ersten Weltkrieges. Dies Grauen spricht aus dem Pathos,

---

8 Friedrich Niebergall: Wie predigen wir dem modernen Menschen? Zweiter Teil: Eine Untersuchung über den Weg zum Willen (1906), Tübingen ³1917, 173.

9 Friedrich Niebergall: Wie predigen wir dem modernen Menschen? Eine Untersuchung über Motive und Quietive (1902), Tübingen ⁴1920, 150.

10 Friedrich Niebergall: Praktische Theologie. Lehre von der kirchlichen Gemeindeerziehung auf religionswissenschaftlicher Grundlage. Zweiter Band: Die Arbeitszweige. Gottesdienst und Religionsunterricht. Seelsorge und Gemeindearbeit, Tübingen 1919, 116.

mit dem Karl Barth und seine Gesinnungsgenossen gegen den liberalen Persönlichkeitskult zu Felde ziehen. So gießt Eduard Thurneysen seinen Spott aus über die Ratschläge, Rezepte und Mittelchen der Praktischen Theologie, mit denen sie der Predigt aufhelfen will, die doch gerade nicht im Bereich menschlicher Möglichkeiten liegt: „Die Kanzel sei das Grab aller Menschenworte, denn auf ihr geht es um Auferstehung, um Gott."[11] So ist die Predigt das, „was sie nicht mehr ist und doch wieder werden muß: ein Kerygma, ein Zeugnis nicht von uns selber, sondern von Gott".[12]

Das Programm der kerygmatischen Predigt beruht auf einer krassen abstrakten Scheidung zwischen dem Menschlichen und dem Göttlichen, zwischen Zeit und Ewigkeit und führte letzten Endes zu jener dogmatisch objektivierenden Predigtweise, der Martin Doerne die oft zitierte „gespenstische Monotonie" bescheinigt hat. Daß Hirsch sich hier zum Widerspruch herausgefordert sah, liegt auf der Hand. Nicht nur sein Lehrer Karl Holl und seine Predigtauffassung begründete diesen Widerspruch, sondern auch und vor allem die geistige Zucht, in die Hirsch durch seine Studien zum deutschen Idealismus, zu Luther und nicht zuletzt zu Kierkegaard genommen war. Es hat Hirsch immer besonders erbittert, wenn gerade Luther und Kierkegaard zu Kronzeugen der kerygmatischen Predigt umgeschminkt wurden.

Der Widerspruch – und darauf kam nun alles an – mußte so formuliert werden, daß er nicht als eine Empfehlung der Rückkehr zu den flachen Auskünften und zu den die Not der Wirklichkeit mit einem hohlen Idealismus überspielenden Ratschlägen einer mit dem Ersten Weltkrieg vergangenen Epoche mißverstanden werden konnte. So ist Hirsch sich mit der sogenannten Wort-Gottes-Theologie einig in der Ablehnung einer Denkweise, die den Unterschied zwischen dem Ewigen und dem Zeitlichen, zwischen Gott und Mensch leichtfertig in einem unwahren Persönlichkeitsideal aufhebt. Der Ton liegt hier auf „leichtfertig" und „unwahr". Denn anders als Barth, Thurneysen und ihre Anhän-

11 Eduard Thurneysen: Die Aufgabe der Predigt (1921), in: Die Aufgabe der Predigt, hg. v. Gert Hummel (WdF 234), Darmstadt 1971, 105–118, 111.

12 Thurneysen: Die Aufgabe der Predigt, 118.

ger bewahrt Hirsch sich die Hochachtung vor dem Versuch der idealistischen Philosophie, „das neue, in der christlichen Weise des Gottesverhältnisses gegründete Menschsein, das jedem im geschichtlichen Zusammenhange mit der vom Christentum ausgehenden geistigen und religiösen Bewegung offen steht, als das wahrhaft zu sich selbst befreite, alle im Wesen des Menschen angelegten Möglichkeiten verwirklichende" zu verstehen.[13] Zu dieser für ihn durch Fichte, Hegel und Schleiermacher versuchten Einigung des Humanen mit dem Christlichen hat sich Hirsch, im Gegensatz zu den Vertretern der Dialektischen Theologie, bekannt. „Es ist das Menschsein in durch Gott gebundener Freiheit und Vernünftigkeit, in dem das religiöse Gewissen mit dem natürlichen Bewußtsein von dem, was wahr und recht ist, sich vollkommen einigt, zugleich tiefste persönliche Innerlichkeit und vollkommne Erschlossenheit an Welt und Gemeinschaft zu Wirken und Schaffen und Gestalten in Staat oder Gesellschaft."[14] Diese „hier proklamierte Versöhnung" von Humanität und christlichem Glauben hat aber „nur einen kurzen Augenblick größere geschichtliche Vollmacht gehabt".[15] Schon im Verlauf des 19. Jahrhunderts hat sich nach Hirsch „die Gotteskindschaft des Evangeliums verflüchtigt zu einem ideellen Untergrund des allgemeinen Daseins und hat keine Macht mehr, ein jeder Schickung standhaltendes Gottesverhältnis zu tragen".[16]

Die Ursache dafür liegt in der von den idealistischen Denkern unterschätzten Eigendynamik eines Menschenbildes, das die Schuld der Gottesferne im Gewissen nicht mehr kennen will. Hirschs oft übersehene Idealismuskritik hat hier ihren an Luther und Kierkegaard gewonnenen Grund. Das für die Predigt konstitutive persönliche Zeugnis läßt sich nicht an einem Persönlichkeitsideal gewinnen, dem das gewissensmäßig bestimmte Sündenbewußtsein abhanden gekommen ist. Vielmehr ist die Predigt hier auf eine Neubestimmung des Verhältnisses vom Christlichen zum Humanen angewiesen, die die Glaubenslehre in der Schule Luthers und Kierkegaards unter den Bedingungen der Gegenwart

---

13 Emanuel Hirsch: Das Wesen des Christentums, Weimar 1939, 143.
14 Hirsch: Das Wesen des Christentums, 143.
15 Hirsch: Das Wesen des Christentums, 144.
16 Hirsch: Das Wesen des Christentums, 144.

vorzunehmen hat. Zu diesen Bedingungen gehört aber – und damit tritt Hirsch in scharfen Gegensatz zu Barth – die Anerkennung der von der idealistischen Philosophie gestellten Aufgabe, Humanität und christlichen Glauben zu versöhnen.

Es ist in erster Linie Sache der Glaubenslehre, der Dogmatik, an der Lösung dieser Aufgabe zu arbeiten. Andererseits aber kann die Predigt des Evangeliums nur von dieser Basis her das Ohr der Menschen erreichen. Die Frage nach der Bedeutung der „Persönlichkeit" des Predigers wandelt sich also in die Frage nach seiner Innerlichkeit, nach seinem Gewissen. Die Begegnung des Evangeliums mit der Innerlichkeit des Gewissens führt nicht zu einer friedsamen Synthese und auch nicht zu einer Verschmelzung des Göttlichen mit dem Menschlichen, sondern ist als ein geschichtliches Phänomen nur als eine krisenhafte Erschütterung wahrzunehmen. In der ‚Predigerfibel' hat Hirsch diesem Gedanken noch einmal in metaphorischer Sprache Ausdruck verliehen: „Wenn die Subjektivität wider den Felsen der ewigen Wahrheit anbrandet, wenn die persönliche Aneignung des Evangeliums in Herz und Gewissen des Predigers sich als eine krisenreiche und segensreiche innere Geschichte vollbringt, so wird die Predigt beides zugleich sein können: Zeugnis von dem Einen und Ewigen, das jenseits alles Wahns und Wunsches steht, und Bekundung eines subjektiven unter der Gewalt Gottes stehenden und sich bewegenden Herzens."[17]

Was Hirsch hier in erbaulicher Sprache beschreibt, ist im Grunde nichts anderes als die seelische Verfassung des Glaubenden schlechthin. Daß sie auch für den Prediger reklamiert wird, erinnert an die alte pietistische Forderung nach dem „frommen Prediger" und gibt doch nur der Selbstverständlichkeit Ausdruck, daß alle Predigt von demjenigen Glauben getragen sein soll, den sie erwecken und stärken will. „Das Licht leuchtet nur da, wo es mir persönlich im Innern scheint".[18] Erst der Kampf der dialektischen Theologie gegen das subjektive Erleben in der Gottesbegegnung hat diese Selbstverständlichkeit verdunkelt und Hirsch

---

17 Emanuel Hirsch: Predigerfibel, Berlin 1964, 42.

18 Emanuel Hirsch: Hauptfragen christlicher Religionsphilosophie, Berlin 1963, 68.

gezwungen, sie energisch in Erinnerung zu rufen. Er bedient sich dabei allerdings in der Regel nicht des pietistischen Vokabulars, warnt auch vor einer Erlebnistheologie und der Darstellung der eigenen Innerlichkeit als „nackter Tatsächlichkeit".[19] Abgesehen davon, daß von solcher Selbstdarstellung auf der Kanzel eher eine abstoßende, die religiöse Scham verletzende Wirkung ausgeht, enthält sie auch einen Widerspruch zum Rechtfertigungsglauben. „Christen können ihren eigenen Glauben niemals als ein von ihnen selbst vollbrachtes Werk, als ihren persönlichen gewaltsamen Effort ansehen."[20] Vielmehr ist das, was dem Christen im Glauben widerfährt, ein „bejahtes Gotterleiden". Diese Formel, an Luthers Rechtfertigungslehre gebildet, begegnet bei Hirsch immer wieder an entscheidender Stelle. Sie ist ihm am Studium Kierkegaards aufgegangen, genauer an Kierkegaards Auffassung des Paradoxen: „Daran, ob man Glauben so als ein sich übergebendes stillehaltendes Gott Erleiden faßt, daran hangt die letzte Entscheidung über das Ja oder Nein zu Kierkegaards Verständnis des Christentums als des Paradoxes."[21] Der Mißbrauch der Kierkegaardschen Auffassung des Paradoxen durch eine Theologie, die in törichtem Eifer alles Menschliche aus dem Christlichen vertreiben wollte und von daher auch gegen jede positive Wertung der menschlichen Persönlichkeit Front machte, hat sich allerdings trotz der Gegenwehr und Richtigstellung durch Hirsch weitgehend durchgesetzt und so der Predigt zu ihrer beängstigenden Sterilität verholfen, unter der sie noch heute leidet.

Für Kierkegaard dagegen war der Widerspruch zwischen Außen und Innen, zwischen Zeitlichkeit und Ewigkeit kein abstrakter Gedanke, sondern als Selbstwiderspruch eine seelische Erfahrung: „Es ist in persönlichem Zerbrochensein teuer erkaufte Weisheit, aber wirklich Weisheit. Daß er echte Menschlichkeit, Innerlichkeit, Freiheit, Persönlichkeit nur so im wesentlichen Widerspruch kennt, daß das rechte Verhältnis zum Ewigen ihm nicht Aufhebung des Widerspruchs, sondern Lebenstiefe in ihm ist, das wird nun das Scheidezeichen seines Verständnisses des Menschen dem jeder andern Persönlichkeitsphilosophie gegen-

19 Hirsch: Predigerfibel (s. Anm. 17), 44.
20 Hirsch: Predigerfibel, 44.
21 Emanuel Hirsch: Kierkegaard-Studien, Bd. 2, Gütersloh 1933, 662.

über."[22] Daß die Predigt persönliches Zeugnis sein solle, ist mithin nicht mit der Forderung gleichzusetzen, der Prediger möge eine „in Gott ruhende, über andere Dinge frei und gern erhabene, über Angst und Schmerz siegreiche Persönlichkeit" ausbilden, wie sie Friedrich Niebergall erhoben hatte (s. S. 161–183). Im Gegenteil, es ist ein Aufruf zur Selbstbescheidung. Der Prediger soll in seiner eigenen Person sich dem Widerspruch aussetzen, in den Gottes Offenbarung sein Menschsein bringt, und ihn nicht durch die Flucht in eine falsche Objektivität leugnen.[23]

Wir können hier den ersten Gedankengang abbrechen, der der Charakterisierung der Predigt als eines persönlichen Zeugnisses diente. Es dürfte klar geworden sein, daß Hirsch, indem er auf der Durchdringung der Predigt des Evangeliums mit der persönlichen Glaubenserfahrung des Predigers besteht, nicht dem Ideal der religiösen Persönlichkeit der liberalen Theologie und auch nicht der Erlebnisfrömmigkeit des Pietismus verpflichtet ist. Vielmehr geht es ihm um die Grundbedingung der „Mitteilung" des Evangeliums schlechthin: daß es nur auf dem Weg der inneren Umgestaltung eines lebendigen Menschenherzens andere Menschenherzen erreichen kann. Hirsch beruft sich dabei auf Luthers Verständnis des Glaubens als einer fides apprehensiva (Phil 3,13) und auf Kierkegaards Dringen auf „Innerlichkeit als Vehikel der Gegenwart Gottes".[24] Zwischen Luther und Kierkegaard steht für Hirsch dabei die (christliche!) Erkenntnis der deutschen idealistischen Philosophie, daß Offenbarung nur „als auf Vernehmen und Verstehen zielendes innres Sichmitteilen Gottes an Sinn, Herz und Gewissen des Menschen"[25] gedacht werden kann, d. h. als Wortoffenbarung.

---

22 Hirsch: Kierkegaard-Studien, Bd. 2, 663.

23 „Zwischen dem christlichen Dogma und dem Zeugnis des Predigers vom Evangelium steht das Geheimnis, welches der Prediger selbst mit dem ihm gegenwärtigen Göttlichen und Ewigen hat. Fehlt es, so werden alle dogmatisch korrekten Aussagen seelisch unwahr." (Hirsch: Predigerfibel [s. Anm. 17], 58).

24 Hirsch: Predigerfibel (s. Anm. 17), 42.

25 Emanuel Hirsch: Christliche Rechenschaft, bearbeitet von Hayo Gerdes, Bd. 2, Berlin 1978, 7.

II. Die Begegnung mit dem Wort

Der heute verbreiteten Vulgärtheologie liegt es nahe, die hier entfaltete Zusammenschau von Innerlichkeit und Offenbarung mißzuverstehen als eine menschliche Potenz, als eine Übersteigerung des frommen Selbstbewußtseins. Die modische Propagierung gewisser Meditationstechniken bei der Predigtvorbereitung hat dies Mißverständnis noch befördert. Deshalb ist es nötig, eigens darauf hinzuweisen, daß sich für Hirsch das „bejahte Gott Erleiden" als innere Voraussetzung der persönlichen Predigt nicht in einem psychischen Prozeß sozusagen von selbst ergibt, sondern der Begegnung des Gewissens mit dem Evangelium entspringt: „In aller Unaussagbarkeit seines Geheimnisses ist Gott denen bekannt und erkannt, die das Wort des Evangeliums, damit er sich selbst uns erschließt, im Gewissen hören und vernehmen, d.h., die ihm, so wie er in unsrer Begegnung mit dem Menschen Jesus sich uns kundtut, glauben"[26]. Für die Predigt bedeutet dies, um es formelhaft auszudrücken, daß auch sie und gerade sie der Dialektik von Wort und Glaube unterworfen ist. Für den Prediger folgt daraus die Aufgabe, die Begegnung mit dem Wort für sich und stellvertretend für seine Hörer zu vollziehen. Mit diesen Bestimmungen bewegen wir uns zwar noch in den Bahnen einer Homiletik, wie sie in der neueren Zeit zumindest seit dem Aufkommen der dialektischen Theologie herrschend geworden ist. Die besondere Bedeutung Hirschs aber liegt darin, daß er das Wort als Evangelium und die Begegnung mit dem Evangelium als Begegnung mit dem Menschen Jesus versteht. Auf Grund dieses Verständnisses wird die Unterscheidung von Gesetz und Evangelium einerseits, die historische Frage nach Jesus von Nazareth andererseits für die Predigt ausschlaggebend. Hirsch verbindet in diesem doppelten Ansatz eine Grunderkenntnis der Reformation mit der historisch-kritischen Fragestellung der Neuzeit seit der Aufklärung. In dieser Verbindung steckt ein schwerwiegendes Problem, das Hirsch unter dem Stichwort „Umformungskrise" beschrieben hat. Es ist von erheblicher Bedeutung für die moderne homiletische Hermeneutik.

---

26 Hirsch: Christliche Rechenschaft, Bd. 2, 65.

Es sind also drei Aufgaben, die im Zusammenhang mit dem dialektischen Verhältnis von Wort und Glaube homiletisch bewältigt werden müssen:

1. Das Verhältnis von Gesetz und Evangelium in der Predigt sichtbar zu machen.

2. Die Bedeutung des sogenannten historischen Jesus für die Begegnung mit dem Wort, das der Predigt zugrunde liegt, zu erkennen.

3. Hergebrachte Vorstellungsformen und Deutungsmuster für die Predigt der Gegenwart „umzuformen".

Alle drei Fragen haben in Hirschs theologischer Lebensarbeit eine zentrale Rolle gespielt. Auch hier hat es also zwischen der Arbeit des Predigers und des Theologieprofessors keinen Bruch gegeben. Da an dieser Stelle nicht die gesamte Lebensarbeit Hirschs dargestellt werden kann, ist es selbstverständlich, daß diese drei Problemkreise, die für die Begegnung mit dem Worte Gottes in der Predigt für ihn bestimmend sind, hier nicht entfaltet werden können. Sie müssen aber wenigstens in ihrer Bedeutung und ihrem Gehalt etwas näher charakterisiert werden.

1.

Daß das Wort Gottes nicht abstrakt, sondern entweder als Gesetz oder als Evangelium dem Menschen begegnet, ist von der lutherischen Reformation wiederentdeckt worden, nachdem die Scheidung von Gesetz und Evangelium schon im Neuen Testament dem Kernstück paulinischer Theologie, dem „Wort vom Kreuz", seine reflektierte Gestalt gegeben hatte. Das Evangelium als das Wort vom Kreuz kann nur dann wahr gepredigt und gehört werden, wenn man es in seiner dialektischen Beziehung zum Gesetz faßt. Luther hatte mit Paulus (Röm 2,14 u.ö.) alle außerchristliche Religion und Frömmigkeit als Gesetzesdienst erkannt und damit als Werkfrömmigkeit bestimmt. Im Anschluß an Luther faßt Hirsch sie als letzten Ausdruck menschlichen Selbstverständnisses: „Alle außerchristliche Religion läßt sich auf das oft verwirrend verflochtene Spiel von drei Möglichkeiten zurückführen: Die *vitale* Religion kennt die Gottheit als unheimlich bezauberndes Geheimnis des Lebens, die echte *Volks*religion kennt sie als strafend hütende Ordnung und Gesetz des Lebens, die *grenzüberschreitende* Religion endlich kennt sie als rätselhaft sinnvolle Überhöhung des Lebens. Alle drei stehen damit unter dem Bann, die Gottheit als die dem Leben auch gefährliche Lebensmacht zu nehmen und ihrer verborgenen Gewalt durch bestimmtes Verhalten (meist Dienst und Opfer) Sicherung und Vollzug dessen, was sie unter Leben verstehen, abzuringen: sie suchen die lebensnotwendige Gleichung zwischen Gottheit und Leben durch ein das Wohlgefallen der Gottheit erwerbendes oder den Menschen mit Gottesmacht füllendes menschliches Tun zu verwirklichen oder zu stärken. Insofern fallen sie im Licht des Evangeliums alle unter den Begriff der Gesetzesreligion."[27] In dieser Sicht ist insofern alle außerchristliche Religion und Frömmigkeit echte Gottesbegegnung, als sie das Göttliche als Ordnung des Lebens und als dessen Grenzziehung transzendierend erlebt. Dies gilt auch, und hier geht Hirsch teilweise über Luther hinaus, für die Religion des Alten Testamentes. Sie unterscheidet sich nur darin von anderer außerchristlicher (heidnischer) Religion, daß sie die Gebrochenheit des Gottesverhältnisses unter dem Gesetz folgerichtig zu Ende reflektiert.[28] Vor allem aus diesem Grunde ist die Predigt des Alten Testaments unerläßliche Voraussetzung der Evangeliumspredigt: „Wo die Gottes- und Selbsterkenntnis unter die bestimmende Macht von Jesu Wort und Geschichte tritt, ist der Glaube und Dienst verneint, der Jesus dem Fluch und Tode preisgegeben hat. Das ist unmittelbar der alttestamentlich-jüdische. Weil aber das dabei Treibende der Haß der Gesetzesreligion wider das Evangelium gewesen ist und zuletzt alle außerchristliche Religion als Gesetzesreligion sich erweist, so ist Jesu Wort und Geschichte notwendig die Vollmacht eigen, da, wo sie sich dem Sinn und Gewissen des Menschen erschließen, die Möglichkeit und Voraussetzung aller anderen Religion ebenso bis in den Grund zu verneinen wie die der alttestamentlich-jüdischen. D.h. aber, die Bestimmung der Gottes- und Selbsterkenntnis durch Jesu Wort und

---

27 Emanuel Hirsch: Christliche Rechenschaft, bearbeitet von Hayo Gerdes, Bd. 1, Berlin 1978, 64.

28 Ebd. Zum Ganzen vgl. Emanuel Hirsch: Das Alte Testament und die Predigt des Evangeliums. Mit anderen Arbeiten Emanuel Hirschs zum Alten Testament neu hg. v. Hans Martin Müller, Tübingen, Goslar 1986.

Geschichte greift verwandelnd ein in das Letzte und Allgemeinste menschlichen Selbstverständnisses vor Gott."[29] „Diese Vollmacht von Wort und Geschichte Jesu sammelt sich in dem sie nach Anfechtungstiefe und Glaubenshoheit vollendenden *Kreuzestode*."[30]

Wenn die Predigt des Evangeliums diese Vollmacht Jesu heute an den Menschen der Gegenwart üben will, hat sie also die Selbsterkenntnis dieser Menschen so durchzuklären, daß sie den Bann des Gesetzesdienstes erkennen, der über ihnen liegt. Die Gesetzespredigt wird also zur Voraussetzung der Evangeliumspredigt. Eben dies hat Luther gemeint, wenn er seine homiletische Trias mit „Primo est deicienda conscientia" beginnt[31] und die Predigt des Gesetzes und des Evangeliums fest aneinander bindet: „Alterum sine altero non potest commode doceri nec sine periculo tractari, ut medicus non debet tantum versari in inquirendis et ostendendis causis morborum neque tantum in curaturis, sed utrumque providendum agat."[32] Den Bruch zwischen alttestamentlicher Religion und christlichem Glauben an das Evangelium sichtbar zu machen, ist als Aufdeckung des menschlichen Selbstverständnisses wesentliche Aufgabe der Predigt. Man hat Hirsch immer wieder vorgeworfen, mit der Kennzeichnung des Alten Testaments als einer außerchristlichen und damit auch zwangsläufig widerchristlichen Religionsurkunde dem Antisemitismus der Hitlerzeit Vorschub geleistet zu haben. Dieser Vorwurf übersieht zweierlei: Erstens hat Hirsch das Alte Testament in seinem Verhältnis zum Neuen als „das Urbild alles Verhältnisses von humaner und christlicher Religion" gesehen[33], d.h. daß nach seiner Auffassung „die alttestamentlich-jüdische Religion diejenige geschichtliche Erscheinung ist, an der das Verhältnis des christlichen Glaubens zur Gesetzesreligion, und das heißt zur echten

---

29 Hirsch: Christliche Rechenschaft, Bd. 1 (s. Anm. 27), 63.

30 Hirsch: Christliche Rechenschaft, Bd. 1, 63f.

31 Luthers Werke in Auswahl. Siebenter Band, Predigten, hg. v. Emanuel Hirsch, Berlin 1932 u. ö., 33.

32 Luthers Werke in Auswahl, Siebenter Band, 20. Vgl. auch den Fortgang der Argumentation Luthers.

33 Hirsch: Das Alte Testament und die Predigt des Evangeliums (s. Anm. 28), 47.

Möglichkeit außerchristlicher Religion, so offenbar wird wie nirgends sonst".[34] Zweitens steht Hirsch in Frontstellung gegen eine Predigt, die die Möglichkeit jeglicher humaner Gottesbegegnung verneint, also letztlich auch keine dialektische Beziehung zwischen allgemeiner Religiosität und dem Glauben an das Evangelium anerkennt, andererseits aber die Religion des Alten Testaments christlich vereinnahmt. Damit wird aber auch die Unterscheidung von Gesetz und Evangelium unverständlich, m. a. W. das Evangelium selbst wird zum Gesetz. Ein Blick auf die heutigen Predigten könnte dies Urteil nur bestätigen: Auf der einen Seite eine penetrante Gesetzlichkeit, die „vom Evangelium her" dem Menschen Lebensregeln zu oktroyieren sucht, auf der anderen Seite das Fehlen einer Predigt, die dem Menschen die wahre Rolle des Gesetzes in seinem Glaubensleben zu klären vermöchte.

Nun hat man gegen Hirsch eingewandt, bei seiner Scheidung zwischen alttestamentlicher Frömmigkeit und ihrer Überwindung durch den Glauben an das Evangelium verblasse letzterer zu einem bloßen Schemen gegenüber einer lebensvollen Darstellung der Gesetzesfrömmigkeit. Hirsch selbst hat diese Gefahr deutlich gesehen. Sie kann aber nicht anders überwunden werden als in der Entgegensetzung von Gesetz und Evangelium selbst: „Der Gehalt der Evangeliumsoffenbarung ist gewiß gedanklich dahin ausdrückbar, daß Gott die grundlose Liebe ist, die mir das mit sich selber Gesetz, Sünde und Tod überwindende Leben ist. Als dieser bloße Gedanke, als Idee, aber wäre sie nicht die das gesetzesumfangne, der Schuld und dem Zorn verfallene Gewissen verwandelnde Gottestat, darin ich Gott wirklich empfange: der Gedanke, daß Gott Liebe ist, geistert auf dem Grunde jedes überhaupt von Gott wissenden Menschenherzens … Das Gesetz, das uns Gott kundtut, ist das in der geschichtlichen Wirklichkeit des Miteinanderseins uns umfangende, also selber ernsthaft wirkliche Gesetz des Lebens selbst. Nur indem sich uns eine menschlich-geschichtliche Wirklichkeit aufschließt, die unter diesem Gesetze stehend von ihm frei ist als Leben in der das Gesetz seiner Gottesmacht über den Menschen entsetzenden Liebe Gottes, spricht Gott zu uns als Evangelium, das das Gewissen verwandelt. Das ist es, was

34 Hirsch: Das Alte Testament und die Predigt des Evangeliums, 121.

in der Begegnung mit dem Menschen Jesus dem, der in ihr Gott vernimmt, geschieht."[35]

Damit stehen wir bei dem zweiten Element, das nach Hirsch für die Begegnung mit dem Wort ausschlaggebend ist: das das Gesetz überwindende Evangelium verliert seine Gedankenblässe, tritt aus der bloßen ideellen Existenz heraus, wenn wir dem Menschen Jesus begegnen.

2.

‚Betrachtungen zu Wort und Geschichte Jesu' ist das letzte Buch Emanuel Hirschs überschrieben. Es sind Meditationen über Evangelientexte, ausdrücklich als Ergänzung zu den entsprechenden Meditationen der ‚Predigerfibel' gedacht. Sie schließen eine Lebensarbeit ab: „ein Gesamtbild von Jesu Person, Wort und Geschichte zu geben", hatte Hirsch seit Jahrzehnten beschäftigt[36], nun, am 80. Geburtstag, erscheint es ihm „als eine immer dringlichere Aufgabe, der nihilistischen Skepsis der formgeschichtlichen Schule mit ihrer Zerstörung jeglichen tieferen Bildes von Jesu Wort und Geschichte eine Arbeit entgegenzusetzen, welche unsrer menschlichen Wahrhaftigkeit durch Kritik hindurch den Weg zum Glauben öffnet".[37]

Die „nihilistische Skepsis", von der Hirsch hier spricht, ist eine Erinnerung an die Anfänge seiner Beschäftigung mit dem sogenannten historischen Jesus, die ihn in eine scharfe Auseinandersetzung mit Rudolf Bultmann geführt hatte. Es ist hier nicht der Ort, diese im einzelnen nachzuzeichnen.[38] Weil aber die Evangeliumspredigt für Hirsch an dem „Gesamtbild von Jesu Person, Wort und Geschichte" hängt, muß das von Bultmann aufgebrachte Mißverständnis, Hirsch habe das liberale Jesusbild erneuern

---

35 Hirsch: Christliche Rechenschaft, Bd. 2 (s. Anm. 25), 16f.

36 Emanuel Hirsch: Betrachtungen zu Wort und Geschichte Jesu, Berlin 1969, Geleitwort.

37 Hirsch: Betrachtungen zu Wort und Geschichte Jesu, Geleitwort.

38 Vgl. meine Einleitung zu Emanuel Hirsch: Osterglaube. Die Auferstehungsgeschichten und der christliche Glaube. Mit anderen Arbeiten Emanuel Hirschs zu den Auferstehungsberichten des Neuen Testaments neu hg. v. Hans Martin Müller, Tübingen 1988.

wollen, ausgeräumt werden, um den Neuansatz zu verstehen, der Hirsch in den Gegensatz zur Evangelienforschung seiner und unserer Zeit gebracht hat. Eine solche Erneuerung kam für Hirsch nicht allein deshalb nicht in Frage, weil das liberale Jesusbild für das wissenschaftlich geschulte Auge weithin ein Phantasiegebilde war, sondern vor allem deswegen nicht, weil es keine den Glauben an Jesus weckende Kraft hatte: „Ein wirklichkeitsgetreues Bild von Jesus und der ersten Gemeinde wird nie etwas andres bieten können als einen tiefen und bedeutenden menschlich-geschichtlichen Inhalt von vielleicht erstaunlicher gedanklicher Fülle und reich an frommen Gestalten. Beziehen wir dies auf Jesus selbst, so läßt sich wohl sein eigentümliches Vollmachtsbewußtsein und seine eigentümliche Bereitschaft, als ein von seinem göttlichen Vater Gerufener den Weg des leidenden Menschensohns zu gehen, deutlich hinmalen und für jeden vernünftigen Sinn zu einer wirklichen Tatsache menschlicher Geschichte und Religionsgeschichte erheben. Niemals aber wäre damit selbstverständlich geworden, daß er wirklich und wahrhaftig der von Gott Entsandte und Bevollmächtigte, wirklich der Bringer des ewigen Gottesreichs für alle gläubig zu seinem Kreuz Aufschauenden sei. Wir bleiben in den Bedingtheiten bestreitbarer und umstrittener menschlicher Geschichte gefangen.“[39]

Diese Sachlage entbindet den Prediger aber nicht von der Aufgabe, in gegenseitiger Durchdringung von historischer Kritik und Meditation zum „Urgestein echter Wirklichkeit im geschichtlichen Sinne“ und damit zu einem „Ganzheitsbild“ der Gestalt Jesu vorzustoßen.[40] Es genügt eben nicht, in der Predigt eine theologisch „reine“ Lehre vorzutragen, „weil Gott sich stets durch lebendige Persönlichkeiten, welche er von innen her ergreift, den nach ihm fragenden Menschen gegenwärtig macht. Jesus selbst als der dem Vater lebendig hingegebene, rein aus Geist, Glaube und Gehorsam lebende Mensch ist die dem Christentum eigentümliche Gottesoffenbarung.“[41] Diese Offenbarung teilt sich dem Menschen durch die persönliche Begegnung mit, sei es mit Jesus selbst oder „mit den von ihm Ergriffenen“. „Die Vollmacht Jesu aber ist,

---

39 Hirsch: Predigerfibel (s. Anm. 17), 9.
40 Hirsch: Predigerfibel, 254.
41 Hirsch: Predigerfibel, 254 f.

daß er noch durch das geschichtliche Zeugnis von ihm hindurch immer noch Quell und Ursprung neuer Leben entzündender persönlicher Begegnung werden kann."[42]

Hinter dieser Auffassung des Wortes Gottes als Personbegegnung steht für Hirsch das, was Kierkegaard mit dem Begriff „Gleichzeitigkeit" beschrieben hat, auch eine gewisse Nähe zu dem, was Wilhelm Herrmann das „innere Leben Jesu" genannt hat, ist nicht zu verkennen. Aber im Unterschied zu beiden überspielt Hirsch in diesem Prozeß, in dem der Meditierende mit Jesus gleichzeitig wird, die kritische Geschichtsforschung nicht. Auch wenn sie nur relative und vorläufige Urteile produziert, ist sie unerläßlich, um jedes „Vorauswissen" und jede dogmatische Setzung in Bezug auf die Person Jesu aufzuheben. Denn diese würden eine echte Personbegegnung unmöglich machen und das Gebot der Wahrhaftigkeit verletzen. Damit stehen wir vor der dritten Aufgabe, die das dialektische Verhältnis von Wort und Glaube nach Hirsch dem Prediger stellt: die Umformung hergebrachter Vorstellungen und Deutungsmuster.

3.

Diese Umformung ist nötig, weil die hergebrachten Vorstellungen und Deutungsmuster, das, was Luther die „fides historica" genannt hat, dem heutigen Predigthörer den Weg zu einer Begegnung mit dem Evangelium verstellen.

Sie tun es deshalb, weil der sich im Bewußtsein der abendländischen Menschheit seit der Aufklärung vollziehende Bewußtseinswandel „grundstürzend"[43] gewesen ist. Darum kann man heute auch von einer „Umformungskrise" sprechen, die zur größten Herausforderung für die christliche Theologie und Predigt geworden ist, die sie seit der Reformation erlebt hat. Auf eine kurze Formel gebracht, ist die gegenwärtige Lage in Theologie und Kirche dadurch gekennzeichnet, daß „sämtliche Heilswahrheiten in ihrer überlieferten Gestalt", wie etwa „Dreieinigkeitslehre, Urstand, Sündenfall, erbsündliches Verderben, Mensch-

---

42 Hirsch: Predigerfibel, 255.

43 Hirsch: Predigerfibel (s. Anm. 17), 5.

werdung des Gottessohns als der zweiten Person der Dreieinigkeit, Jungfrauengeburt, Erlösungstod, leibhafte Auferstehung, Himmelfahrt, Wiederkunft zum Gericht, ewiges Heil und ewige Verdammnis", die zur Zeit Luthers noch „als selbstverständliches menschliches Bildungsgut" und als die christliche Wahrheit galten, auf die sich der lebendig aneignende Glaube, die fides apprehensiva richtete, heute keine allgemein menschliche Überzeugungskraft mehr haben und uns „größtenteils zur bloßen Mythe" geworden sind.[44] Der Versuch der Theologie des ausgehenden 19. Jahrhunderts, durch historisch-kritische Arbeit in einem Reduktionsverfahren eine geschichtliche Basis für den Heilsglauben zu schaffen, ein „dogmenfreies Christentum" etwa, ist von vornherein zum Scheitern verurteilt gewesen, weil die kritische Wissenschaft per definitionem eine der Kritik entzogene geschichtliche Wirklichkeit, die der Glaube fordert, nicht kennt.

Einen Ausweg gibt es in dieser Lage nicht: Der Versuch, durch Diffamierung der historisch-kritischen Arbeit „den alten mythen-, legenden- und wunderdurchwobenen Glauben früherer christlicher Jahrhunderte weiterhin als unabdinglich zu postulieren"[45] und ihn so zur Voraussetzung des aneignenden Glaubens zu machen, führt zu „Seelenmorden".[46]

Die mit diesem Sachverhalt geschaffene krisenhafte Lage hat der Prediger zu erkennen und, darin seinen Hörern gleich, zu tragen. Die wissenschaftliche Theologie steht damit vor der Aufgabe, durch Umformung des überlieferten Glaubensgutes dem Prediger diese Last tragen zu helfen. Wenn man so will, könnte man sagen, daß Hirsch seine ganze Lebensarbeit als Theologe daran gesetzt hat, dem Prediger diese Hilfe zu leisten.

Die Schärfe der Umformungskrise ist ihm schon früh aufgegangen, als er bei seinen Forschungen zu Kierkegaard auf den letzten Grund des Angriffs auf die bestehende Christenheit stieß und auf die daraus resultierende „Unruhe in Richtung auf Verinner-

---

44 Hirsch: Predigerfibel, 6f. Vgl. dazu Karl Holls Ausführungen zum Ketzerrecht: Die Kulturbedeutung der Reformation, in: Holl: Gesammelte Aufsätze zur Kirchengeschichte, Bd. 1: Luther, Zweite und dritte, vermehrte und verbesserte Auflage, Tübingen 1923, 468–543, 485.

45 Hirsch: Predigerfibel (s. Anm. 17), 8.

46 Hirsch: Predigerfibel, 5.

lichung", wie Kierkegaards Stichwort lautete. Die Einsicht, „daß die Gnade den Stachel der unendlichen Forderung in sich hat und wir darum nur in einer von letzter Tiefe der Innerlichkeit her den Menschen ganz umfassenden Existenzumbildung reuendglaubend Christen sein können", führte Kierkegaard zu der Forderung, mit der Unmittelbarkeit des Bestehenden zu brechen und „in unendlicher Bewegung des Strebens" die Widerspannung gegen das Bestehende tathaft zu bezeugen.[47]

Die Kirchenkritik Kierkegaards ist also viel grundsätzlicher zu fassen, sie ist ein erster radikaler Ausdruck der Umformungskrise des neuzeitlichen Christentums, das sich nicht selbstzufrieden mit der Unmittelbarkeit des Bestehenden abfinden und so selbst betrügen darf. Hier liegt auch der Ansatzpunkt für Hirschs Distanz zu den Versuchen des Neuprotestantismus, das Christentum des Neuen Testaments dem modernen Menschen schmackhaft zu machen.

An dieser Stelle wäre es nötig, Hirschs eigenen Versuch einer Umformung des durch seine „kirchliche Einleibung" unwahr gewordenen Glaubenszeugnisses durch eine Analyse seiner Predigten oder seiner Meditationen vor Augen zu führen. Dazu ist hier kein Raum. Statt dessen sei hingewiesen auf seine Erläuterung der „Grundartikel" des reformatorischen Christentums und den Aufweis ihres „überlehrmäßigen Gepräges" in seinem Werk ‚Das Wesen des reformatorischen Christentums' (1963). Hier wird jeweils an einem zentralen Stück des evangelischen Bekenntnisses in einem ersten Schritt das Zeugnis des Neuen Testaments in seinem „Tiefenschichtssinn" und seine Verzerrung durch das kirchliche Christentum aufgewiesen, dann seine erneute Freilegung durch die Reformation nachgezeichnet und in einem dritten Schritt die Möglichkeit einer Erneuerung des ursprünglichen Zeugnisses im reformatorischen Sinn unter den Bedingungen der Gegenwart aufgezeigt. Bleibt diese Erneuerung aus, so stirbt das Christentum den „religionsgeschichtlichen Tod". Denn: „Der Lebensborn des christlichen Glaubens ist und bleibt die Vollmacht Jesu des Gekreuzigten, den Einzelnen in der innerlichsten Tiefe und Verborgenheit des Gewissens hinauszureißen in die Begegnung unmittel-

---

47 Hirsch: Kierkegaard-Studien, Bd. 2 (s. Anm. 21), 902 f.

bar mit dem lebendigen Gott des Evangeliums an der Grenze von Zeit und Ewigkeit.“[48] Das Zentrum dieser Bemühung ist, die „Erkenntnis Jesu von Nazareth in einer Glaube und geschichtliche Schau verschmelzenden, leidenschaftlich auf den Sinn wirkenden Gleichzeitigkeit“[49] zu vermitteln. Damit ist ein entschlossenes Ja zur historisch-kritischen Forschung gesprochen, zugleich aber ihre Ergänzungsbedürftigkeit durch den lebendigen, aneignenden Glauben behauptet. Auf andere Weise erschließt sich der Tiefenschichtssinn der evangelischen Texte nicht.

Darum, um die Aufschließung des Tiefenschichtssinns des biblischen Textes und damit um die Ermöglichung einer Personbegegnung mit Jesus von Nazareth geht es in der Predigt. In ihr müssen sich der Wahrheitsernst des Theologen und der Glaubensgehorsam des Christen verbinden.

III. Wahrheitsernst und Glaubensgehorsam

„Ich möchte dazu helfen, daß das Christliche aus der Gefangenschaft in überholten Vorstellungen und Sitten erlöst werde, daß es nach seinem freien, tiefen, rein menschlichen Sinn, jenseits aller Vorurteile auf allen Seiten, den Geistern wieder kund und verständlich werde“, so hat Hirsch die Aufgabe bezeichnet, die er sich für die Predigt in der Umformungskrise gestellt hatte.[50] Die Aufgabe ist ihm deshalb so dringlich, weil nach seiner Erkenntnis im Laufe der abendländischen Christentumsgeschichte das Menschliche und das Christliche so weit auseinandergetreten sind, „daß das Christliche für die meisten nur noch da ist als formierte kirchliche Weltanschauung. Die Bibel ist Kirchenbuch, das Evangelium Kirchenprogramm, und Jesus von Nazareth, der von höchsten kirchlichen Autoritäten als Lästerer Ausgestoßene, ist den meisten eben der Stifter der leider gespaltenen Kirche“.[51] Setzt sich

---

48 Emanuel Hirsch: Das Wesen des reformatorischen Christentums, Berlin 1963, 73.

49 Hirsch: Das Wesen des reformatorischen Christentums, 103.

50 Emanuel Hirsch: Zwiesprache auf dem Wege zu Gott. Ein stilles Buch, Düsseldorf, Köln 1960, 13.

51 Hirsch: Zwiesprache, 13.

dieser Prozeß fort, ist dem evangelischen Christentum der religionsgeschichtliche Tod gewiß. Was dann übrig bleibt, wird man kaum noch Christentum im ursprünglichen Sinn nennen können. Die Predigt, die allein in der Öffentlichkeit diesem Prozeß entgegenwirken kann, muß sich deshalb an den Einzelnen wenden und kann nicht Verkündigung eines kirchlich-weltanschaulichen oder kirchlich-ethischen Programms sein. Sie hat sich aller apologetischen Kunststücke zur Erhaltung eines unwahr gewordenen Überlieferungsgutes zur Befestigung der kirchlichen Programmatik zu enthalten.[52] Aus diesem Grund ist es nötig, die geschichtliche Grundlage des christlichen Glaubens, so wie sie dem heutigen Wahrheitsbewußtsein sich aufschließt, zu erfassen und sie dem Gewissen des Einzelnen zu vermitteln: „Das Evangelium ist unabtrennlich davon, daß wir Jesu Wort und Geschichte geschichtlich kennen lernen: allein so kann uns sein Menschsein und das darin gegebene ewige Gottesverhältnis ergreifen."[53] Um so in das Gewissen reden zu können, ist Lehre notwendig. Der „Sinn- und Erlebnisgehalt des Evangeliums" ist anders nicht zu vermitteln, „Gewissen und Reflexion sind nicht zu trennen".[54]

Somit sind „Wahrheitsernst und Glaubensgehorsam" im Prediger selbst zu einer Einheit zu verschmelzen. Dies ist schon aus Gründen der geschichtlichen Erkenntnis nötig. Auch das historische Phänomen selbst erschließt sich nur dem innerlichen Nacherleben ganz. Und umgekehrt: Zu unserm Gewissen kann nur das reden, was wir auch rein menschlich als wahr erkannt haben. Von daher ist eine „Doppelgleisigkeit des Denkens, daß wir also menschliche Wahrheit und christliche Wahrheit je getrennt für sich haben und je nach Stoff und Gelegenheit die eine oder die andere benutzen"[55], ausgeschlossen. Dem steht auch die historische Bedingtheit aller menschlichen Wahrheit nicht entgegen. (Was dem heutigen Wahrheitsbewußtsein entgegen ist, wurde in der Vergangenheit als wahr empfunden, z.B. war die Scheidung zwischen

---

52 Dies Verfahren hatte Emanuel Hirsch als Student bei Martin Kähler beobachtet; s. Hirsch: Das Alte Testament und die Predigt des Evangeliums (s. Anm. 28), 38.

53 Hirsch: Christliche Rechenschaft, Bd. 2 (s. Anm. 25), 136.

54 Hirsch: Christliche Rechenschaft, Bd. 2, 137.

55 Hirsch: Christliche Rechenschaft, Bd. 1 (s. Anm. 27), 154.

Hergang und Bericht als Grundsatz alles historischen Erkennens den Reformatoren ein fremder Gesichtspunkt). Sie ist nur der Ausdruck für die grundsätzliche Unabgeschlossenheit aller menschlichen Wahrheitserkenntnis. Diese Unabgeschlossenheit darf aber nicht in falscher Apologetik zur Diffamierung des menschlichen Wahrheitsbewußtseins benutzt werden, wie es heute oft geschieht. Gerade ihre Unabgeschlossenheit ist es, die die menschliche Wahrheit dem Evangelium öffnet und das Evangelium befähigt, sich dem menschlichen Wahrheitsbewußtsein vernehmlich zu machen. Hirsch bringt dies Verhältnis auf folgende Formel: „das menschliche Wahrheitsbewußtsein bekennt sich zu seiner es unabschließbar in sich selbst machenden offenen Frage, auf die das Evangelium eine Antwort ist, und das Evangelium bekennt sich dazu, daß es kein für sich ohne das Menschliche bestehendes Ganzes ist, sondern Erfüllung und Vollendung des damit als heiliges Recht besitzend anerkannten Menschlichen."[56]

Für die Predigt bedeutet dies, daß der Prediger keine Autorität beanspruchen kann, die sich nicht durch das menschliche Wahrheitsbewußtsein vermittelt, das er mit seinen Hörern teilt. Er muß also seine Predigt auf die höchste ihm erreichbare Reflexionsstufe heben und seinen Hörern davon Rechenschaft geben. In dieser Rechenschaft aber soll das Evangelium zu den Gewissen zu reden beginnen: zum Gewissen des Predigers selbst und *dadurch* zu den Gewissen der Hörer. Hier ist die Subjektivität des Predigers gefordert, weil „das Evangelium uns nur von einem Menschen, der im lebendigen Gottesverhältnis steht, recht bezeugt werden kann: existentielle Tiefe verlangt, auch wenn sie als lehrende Rechen-

56 Ebd. – Es ist hier, um Irrtümern vorzubeugen, darauf hinzuweisen, daß für Hirsch schon früh die sogenannte „völkische Weltanschauung" nur einen Teilaspekt, eine bestimmte Individualgestalt des allgemein Menschlichen erfaßt. Das wissenschaftlich-technische Zeitalter bestimmt mit seinen Denkstrukturen auch das völkische Leben; vgl. Christliche Rechenschaft, Bd. 1, 150f. Vgl. auch Eilert Herms: Die Umformungskrise der Neuzeit in der Sicht Emanuel Hirschs. Zugleich eine Studie zum Problem der theologischen Sozialethik in einer posttraditionalen Welt, in: Christliche Wahrheit und neuzeitliches Denken. Zu Emanuel Hirschs Leben und Werk, hg. v. Hans Martin Müller, Tübingen, Goslar, 1984, 87–141, 108.

schaft ausgedrückt wird, einen existentiell-persönlichen Hintergrund."[57]

Die Predigt gewinnt durch diese Grenzziehungen die äußere Gestalt der Zwiesprache. Dadurch unterscheidet sie sich von der theologischen Lehre, die die Gestalt der Rechenschaft hat. Die Unterscheidung ist aber nur eine formale. Denn auch die „Rechenschaft vom Glauben ans Evangelium ist, wenn man selber ein in seinem Gewissen vom Evangelium Bezwungener ist, stets auch ein Akt des Selbstverständnisses".[58] Demgegenüber wird in der Zwiesprache „das Persönliche, welches in der Rechenschaft grundsätzlich versteckt sein möchte, zum wesentlichen Element der Darlegung."[59]

Die Rechenschaft will und muß den Charakter einer offen vorgetragenen Lehre bewahren, die sich der kritischen Nachprüfung auch durch die von der Macht des Zweifels wissende Vernunft unterwirft. Dadurch hat sie teil an derjenigen „Wehrlosigkeit", die sich keine Möglichkeit des Rückzuges in eine „sturmfreie Zone" offenläßt und sich auf keine anderen Gründe beruft als die, die für jede sich selbst verstehende Wissenschaft gelten. „Wer nicht da, wo ihm das Herz brennt, mit der Kälte und Kühle des Forschers und Denkers zu reden vermag, sollte seine Finger von der Theologie lassen."[60]

In der Zwiesprache nun gilt insofern dasselbe Gesetz, als auch hier auf jede autoritative Mitteilung verzichtet werden muß und der Redende die Freiheit seiner Hörer unangetastet läßt. Doch ist seine „Wehrlosigkeit" noch um einen Grad tiefer. Er gibt ja etwas Persönliches, allein ihn und Gott Angehendes, der öffentlichen Aufmerksamkeit preis. Damit geht die Zwiesprache über den „rein nach Sachlogik fortschreitenden objektiven Zusammenhang der Darstellung hinaus".[61] „Die Kunst, so zu reden, ist schwer und qualvoll zu erlernen. Jeden Augenblick wandelt ein Prediger, welcher auf diese Weise vom Christlichen redet, auf der schmalen

---

57 Hirsch: Christliche Rechenschaft, Bd. 2 (s. Anm. 25), 138.

58 Emanuel Hirsch: Verkündigung und Zwiesprache. MS aus dem Nachlaß, zur Verfügung gestellt von Walter Buff, 249.

59 Hirsch: Verkündigung und Zwiesprache, 249

60 Hirsch: Verkündigung und Zwiesprache, 249.

61 Hirsch: Verkündigung und Zwiesprache (s. Anm. 58), 252.

Grenzscheide zwischen christlich unerlaubter Selbstentblößung und christlich unwahrer Auflösung des ein Einzelner Seins in blasse menschliche Allgemeinheiten.“[62]

Es ist kein Wunder, daß man angesichts dieser Predigtauffassung von einer „Überbelastung“[63] des Menschen geredet hat. Aber „überbelastet“ der Glaube nicht ebenso den Menschen wie die Rede vom Glauben? Beides ist nicht das Werk des Menschen und in beidem ist der Jünger nicht über seinen Meister (Mt 10,24). Eine Predigtlehre, die dies vergißt, hätte sich in bloße Rhetorik zurückverwandelt. Wir verdanken es vor allem Emanuel Hirsch, wenn die christliche Kirche vor diesem Vergessen bewahrt bleibt.*

---

62 Hirsch: Verkündigung und Zwiesprache, 250.

63 Hirsch: Verkündigung und Zwiesprache, 251.

* Zuerst veröffentlicht in: Christentumsgeschichte und Wahrheitsbewußtsein. Studien zur Theologie Emanuel Hirschs, hg. v. Joachim Ringleben, Berlin, New York 1991, 226–246. – Wir danken dem Verlag Walter de Gruyter & Co. für die Abdruckerlaubnis.

Volker Drehsen

Predigtlegitimation im homiletischen Verfahren: Ernst Lange

I. Lebensgeschichtlicher Erfahrungskontext

Als die Evangelisch-theologische Fakultät der Eberhard-Karls-Universität Tübingen dem am 19. April 1927 in München geborenen Ärztesohn, dem späteren Pfarrer und Theologen, Schriftsteller und Ökumeniker Ernst Lange im November 1972, knapp zwei Jahre vor seinem freiwilligen Tod am 3. Juli 1974, die theologische Ehrendoktorwürde zuerkannte, würdigte sie einen nahezu charismatisch faszinierenden Anreger der kirchlichen Praxis und theologischen Reflexion, der freilich in der Szene der akademischen Theologie auch immer wieder skeptisch als Außenseiter beargwöhnt wurde. Die Ehrenpromotion galt „dem Berliner Pfarrer, der einfallsreich und besonnen dem kirchlichen Dienst der Gemeinde und an der Jugend neue Wege gezeigt hat, dem theologischen Lehrer, der die Praktische Theologie, besonders in den Fragen des Gottesdienstes, des Pfarramtes und der Erwachsenenbildung durch neue Entwürfe gefördert hat, und dem Ratgeber im Ökumenischen Rat, der in Wort und Schrift Kirchen und Christen mit weitem Blick zum Leben im Wandel der gegenwärtigen Zeiten ermutigt hat". Auffälligerweise findet in dieser Würdigung keine ausdrückliche Erwähnung, womit Ernst Lange in der Praktischen Theologie unverkennbar und nachhaltig seine Spuren gelegt hatte: Sein Beitrag zur evangelischen Predigtlehre bleibt verschämt verborgen. Dabei hatte Lange zeit seines Lebens alles daran gesetzt, dieses für die evangelische Kirche zentrale Geschehen aus der musealen Ghetto-Existenz seiner „institutionell gesicherten Belanglosigkeit"[1] herauszuholen. Lebensgeschichtliche Erfahrungen und eigentümliche theologische Denkweise konvergierten bei Ernst Lange in diesem entscheidenden Punkt.

Die wesentlichen Stationen und Prägungen im Lebensweg Langes standen im Zeichen tiefgreifender, persönlicher und zeitbedingter Krisenerfahrung[2]. Bereits im frühen Kindheitsalter hatte er in kürzester Zeit beide getrennt lebenden Eltern verloren. Im Kriegsjahr 1943 mußte er als Halbjude das Schondorfer Landschulheim verlassen, in dem er Unterschlupf gefunden hatte, und trat in Berlin eine Lehrstelle in einem Feinoptikerlabor an. Erst im Jahre 1946 konnte er im Anschluß an den Berliner „Sonderkurs zur Erlangung der Reife für rassisch Verfolgte" das Abitur ablegen und in Berlin wie Göttingen ein Theologiestudium aufnehmen, das er vier Jahre später abschloß. Sein Vikariat absolvierte er beim Berliner Landesjugendpfarramt, bevor er im Jahre 1955 als Dozent ans Seminar für Gemeindehelferinnen im Burckhardthaus Gelnhausen ging und dort zugleich ein Lektorat im gleichnamigen Verlag übernahm. Im Februar 1960 wechselte er auf eine neuerrichtete Pfarrstelle nach Berlin-Spandau und gründete dort am Brunsbütteler Damm in einer ehemaligen Bäckerei die sogenannte „Ladenkirche", das Zentrum einer City-Gemeinde, einer Kirche ohne Kanzel in einer weitgehend entkirchlichten und alles andere als gutbürgerlichen Umgebung. Drei Jahre später folgte Lange dem Ruf auf eine praktisch-theologische Professur an der Kirchlichen Hochschule Berlin, wo er meist nur einer Handvoll Studierenden die Quintessenz seiner Predigterfahrungen weiterzugeben versuchte. Wiederum fünf Jahre später wurde er Direktor der Laien-, Jugend- und Frauenabteilung beim Ökumenischen Rat der Kirchen in Genf. Nach längerer psychischer Erkrankung, die ihn

---

1 Gerhard Ebeling: Das Wesen des christlichen Glaubens (Tübingen 1959), Gütersloh ⁴1977, 13.

2 Die eindrucksvollste Schilderung der Lebensgeschichte Ernst Langes stammt aus der Feder des Freundes und Weggenossen Werner Simpfendörfer: Ernst Lange. Versuch eines Porträts, Berlin 1997. Einen umfassenden Überblick zum gesamten publizistischen Werk Langes bietet Kurt Liedtke: Wirklichkeit im Licht der Verheißung. Der Beitrag Ernst Langes zu einer Theorie kirchlichen Handelns, Würzburg 1987. Eilige Leser seien auf den TRE-Artikel ‚Lange, Ernst (1927–1974)' von Jan Hermelink verwiesen: TRE 20 (1990), 436–439; hier findet sich auch eine umsichtige Lange-Bibliographie.

nur sporadisch zu theologisch-schriftstellerischer Arbeit kommen ließ, wagte er noch einmal, eine feste Stelle zu übernehmen: Als Oberkirchenrat baute er seit 1973 in Hannover bei der Kanzlei der Evangelischen Kirche in Deutschland eine Planungsgruppe auf, die später vor allem durch die Vorbereitung, Durchführung und Auswertung der groß angelegten empirischen Kirchenmitgliedschaftsstudie ‚Wie stabil ist die Kirche?' (1974) Aufsehen erregen sollte.[3]

Ernst Lange war zeit seines Lebens beseelt von dem Gedanken einer Einwanderung des Evangeliums in die zeitgenössische Kultur. Und er war fest davon überzeugt, daß dem Christentum in der Gegenwartswirklichkeit nach wie vor eine zutiefst lebenspraktische, ja lebensnotwendige Bedeutung zukam. Auf der anderen Seite machte er sich keinerlei Illusion darüber, daß im allgemeinen Bedeutungsbewußtsein der Gesellschaft, obgleich aufs Ganze gesehen nicht gerade religionslos, die traditionelle Kirchlichkeit und ihre überkommenen Kommunikationsformen doch nur noch am Rande eine Rolle spielten und daß innerhalb von Kirche und Theologie selbst die Meinungen darüber weit auseinandergingen, wie die kultur- und lebensprägende Kraft des Christentums zur Geltung gebracht werden könnte und welche Aufgabe dabei dem kirchlichen Handeln zufallen würde. An diesen Widersprüchen arbeitete sich Lange immer wieder ab, diesen Hiatus suchte er in stets neuen Anläufen zu überwinden.

Dabei nehmen seine Reflexionen über die gegenwärtigen Chancen und Grenzen der Predigtpraxis gewissermaßen eine Schlüsselstellung ein[4]: Die prägenden Erfahrungen seiner lebens-

---

3 Wie stabil ist die Kirche? Bestand und Erneuerung. Ergebnisse einer Meinungsbefragung, hg. v. Helmut Hild, Gelnhausen, Berlin 1974.

4 Umfassende Darstellungen der homiletischen Gesamtkonzeption Langes finden sich bei Wilhelm Gräb: „Ich rede mit dem Hörer über sein Leben". Ernst Langes Anstöße zu einer neuen Homiletik; in: PTh 86 (1997), 498–516. – Niels Hasselmann: Predigthilfen und Predigtvorbereitung. Exemplarische Methodenprofile deutschsprachiger evangelischer Predigtvorbereitungshilfen seit 1934 und ein Modell ihrer hermeneutischen und kommunikativen Grundfaktoren samt der sich daraus ergebenden methodischen Kategorien, Gütersloh 1977, bes. 135–153: Ernst Langes Konzept der ‚Predigtstudien'. – Jan Hermelink: Die homiletische Situation. Zur jüngeren Geschichte eines Predigtproblems, Göttingen 1992, 156–222: Der ‚Ernstfall des Glaubens' als

geschichtlichen Entwicklung und beruflichen Karriere, seine höchst individuelle Frömmigkeitsprägung, seine theologische Bildungsgeschichte, aber auch die ständige zeitdiagnostische Auseinandersetzung mit den herrschenden Strömungen der aktuellen Gesellschaftswirklichkeit finden in seinen homiletischen Überlegungen eine prägnante Zuspitzung, die er selbst wiederum seinen predigenden und pastorierenden Leidensgenossen als Anregungspotential für die jeweils eigene Kirchen- und Frömmigkeitspraxis ins Stammbuch zu schreiben suchte. Aufgrund seiner fragmentarischen Lebenserfahrungen hatte Lange ein ausgeprägtes Gespür für die Fragilität und Kontingenzen des Daseins: Erfahrungen des Verlustes und des Selbstzweifels, der Widersprüchlichkeit und des Scheiterns, der Verfolgung und der Anfechtung führten zu den Einsichten, wie deutungsbedürftig die Menschen im Sinnerleben ihrer Daseinsführung sein konnten und wie trostbedürftig in Erfahrungen der Sinnlosigkeit. Das Schicksal der Bekennenden Kirche im nationalsozialistischen Regime hatte Lange die Augen für das geöffnet, was er selbst später den „Ernstfall des Glaubens" nannte: eine Dringlichkeit christlicher Lebensorientierung, die sich nicht erst bewährte, wenn sie gewaltsamen Repressalien, Verfolgungen und Vernichtungen ausgesetzt war, sondern in jeder Situation der Anfechtung ihren Lebenswert erweisen mußte. Unter den zivilisierten Bedingungen einer demokratischen Gesellschaft konnte „Anfechtung" für den christlichen Glauben nach Langes Einschätzung in mancherlei Gestalt auftreten: in praktizierter Unchristlichkeit, in verbreiteter Entkirchlichung, in der Erstarrung von gesellschaftlichen Strukturen, in allgemeiner Reformträgheit und in der Unfähigkeit zu konstruktiver Konfliktüberwindung, in ideologischer Borniertheit oder in provinzieller Beschränktheit. Ernst Lange, dessen Frömmigkeit und Glaubensengagement nachhaltig durch die evangelische Jugendarbeit geprägt war, hatte denn auch eine unverhohlene Sympathie für die

Kriterium der Predigt: Ernst Lange. – Fritz Krotz: Im Licht der Verheißung. Die homiletische Theorie Ernst Langes; in: WPKG 69 (1980), 14–25. – Jacob Hendrik van den Laan: Ernst Lange en de Prediking, Kampen 1989. – Liedtke: Wirklichkeit (s. Anm. 2), 141–193: Zur Theorie und Praxis der Predigt. – Hans Georg Wiedemann: Die Praxis der Predigtvorbereitung, Stuttgart 1975, 111–139: Der Prediger im Dialog von Situation und Tradition.

Protest-, Aufbruch- und Reformbewegung, die Mitte der sechziger Jahre den „Marsch durch die Institutionen" antrat, war freilich selbst immer bemüht, innerhalb von Kirche und Theologie die innovativen Impulse der Protestbewegung mit den aneignungsfähigen Traditionen des Christentums zusammenzuführen.

Einen willkommenen Bündnispartner seiner entscheidenden Grundanliegen erkannte Lange vor allem in der ökumenischen Bewegung, die für ihn mehr als ein weltweiter organisatorischer Zusammenschluß christlicher Kräfte war. In utopischer Antizipation galt ihm die Ökumene vielmehr als Inbegriff einer bestimmten Haltung und Denkweise, in der sich die zeitgenössische Lebensrelevanz des Evangeliums als christliche Weltverantwortung zur Geltung brachte. Sein Diktum „Die ökumenische Bewegung ist meine Heimat"[5] war von ihm konsequent als Konfession gemeint. Ökumene stand für ein Verständnis von Kirche, die nicht einer „weltvergessenen binnenkirchlichen Selbstbefriedigung"[6] Vorschub leistete, sondern sich selbst als „Kirche für andere" begriff, als verantwortbare Glaubensgestalt in der Gegenwart, in der „Christus als Gemeinde existierend" immer wieder neu Präsenz und Realitätstauglichkeit erweisen mußte. Mit solchen Anknüpfungen an die Ekklesiologie Dietrich Bonhoeffers[7] hat

5 Ernst Lange: Die ökumenische Utopie oder Was bewegt die ökumenische Bewegung?, Stuttgart 1972, 2. Auflage München 1986 (Edition Ernst Lange 5), 16.

6 Lange: Die ökumenische Utopie, 10.

7 Ernst Lange hat sich 1967 ausführlichst mit der Entwicklung des ekklesiologischen Denkens von Dietrich Bonhoeffer auseinandergesetzt; vgl.: Kirche für andere. Dietrich Bonhoeffers Beitrag zur Frage einer verantwortlichen Gestalt der Kirche in der Gegenwart, wieder abgedruckt in Ernst Lange: Kirche für die Welt, München 1981, 19–62. – Über Langes Kirchentheorie vgl. u.a. Peter Cornehl: Homiletik und Konziliarität, in: WPKG 65 (1976), 490–506. – Peter Cornehl: „Das Konziliaritätsmodell ist und bleibt vielversprechend". Zur Aktualität von Ernst Langes Kirchentheorie, in: PTh 86 (1997), 540–566. – Volker Drehsen: Kirche für die Welt und andere Indigenisationen, in: PTh 86 (1997), 483–497. – Christoph Gestrich: Die Heilung einer doppelten Entfremdung. Ernst Lange über Kirche und eine ‚Theorie kirchlichen Handelns', in: BThZ 2 (1985), 33–52; Liedtke: Wirklichkeit (s. Anm. 2). – Gerhard Rein: Fragmentarisches Leben. Dietrich Bonhoeffer – Ernst Lange, in: Genf '76. Ein Bonhoeffer-Symposion, hg. v. Hans Pfeiffer, München 1976, 111–125. – Rüdiger Schloz: Ernst Lange – Herausforderung für eine Theorie

Ernst Lange vor allem zur Zeit seines ökumenischen Engagements in Genf seine Sicht von der Aufgabe und Funktion der Predigt in einen umfassenden christentumstheoretischen Horizont zu integrieren versucht. Zentrale Stichworte seiner homiletischen Konzeption erhielten auf diesem Erfahrungshintergrund erst eigentlich ihr Profil: Die Lebensrelevanz des Evangeliums, die Ermutigung zur Weltverantwortung, der ideologie- und institutionskritische Einspruch gegen jede provinzialistische Versuchung, sich in einem binnenkirchlichen Milieu abzuschotten, die Nötigung zur Entgrenzung, die ökumenische Bereicherungsbereitschaft, der Zwang zur Einwanderung des Evangeliums in die jeweilige gesellschaftskulturelle Lebenswelt, die Solidarisierung mit den Diskriminierten und Deklassierten, die Mobilisierung und Partizipationsermöglichung der sogenannten Laien zwecks Abbau hierarchischer oder autoritärer Strukturen in Kirche und Gesellschaft, das gebildete und reformfreudige Bemühen um Kommunikabilität und Konziliarität – all dies sind Grundzüge des Langeschen Denkens, die er nicht zuletzt für das Verständnis und den Vollzug der Predigtpraxis fruchtbar zu machen versucht hat. So verwundert es nicht, daß Langes berufliches Engagement im Ökumenischen Rat der Kirchen und sein vielleicht ehrgeizigstes Projekt auf dem Gebiet der Homiletik, die Gründung und Verstetigung der ‚Predigtstudien',[8] zeitlich zusammenfallen und eine konzentrierte Sachaffinität zueinander aufweisen: Ernst Langes homiletische Konzeption verdankt sich schließlich dem „Versuch, die ökumenisch formulierte Krisenerfahrung im Kontext volkskirchlicher Normalität so zur Sprache zu bringen, daß sie als pastorale Gestaltungsaufgabe erkennbar wird"[9].

Für Ernst Lange bildete sich eine Predigtkonzeption also erst sukzessive heraus; sie ist von ihm nirgends systematisch geschlossen dargelegt worden, sondern findet sich statt dessen über zahl-

kirchlichen Handelns; in: PTh 86 (1997), 478–482. – Hans-Peter Schmidt: Kirchliche Erneuerung im ökumenischen Horizont. Eine Einführung in das Denken von Ernst Lange, in: WPKG 64 (1975), 492–511. – Joachim Schmidt: Parteilichkeit in der Volkskirche. Ein Beitrag zum Kirchenverständnis Ernst Langes, in: PTh 76 (1987), 503–520.

8 Der Herausgeberkreis setzte sich zusammen aus Ernst Lange, Peter Krusche, Dietrich Rössler und Roman Roessler.

9 Hermelink: Die homiletische Situation (s. Anm. 4), 162.

reiche Essays, Arbeitspapiere und Gelegenheitsschriften verstreut. Sie ist das Resultat seiner Erfahrungen und Auseinandersetzungen, die ihn in verschiedenen kirchlichen Berufsfeldern herausgefordert haben. Wie ein roter Faden durchzieht das homiletische Interesse seine verschiedenen Lebensphasen, deren reflexive Verarbeitung zugleich die homiletische Gedankenarbeit Langes immer wieder eigentümlich geprägt haben. Aus dem Erfahrungskontext der Berliner „Ladenkirche“[10] und im Umkreis der ‚Predigtstudien‘ sind die unmittelbar und ausdrücklich auf die Theorie und Praxis der Predigtarbeit bezogenen homiletischen Programmschriften entstanden: ‚Thesen zur Theorie und Praxis der Predigt‘ (1965),[11] ‚Zur Theorie und Praxis der Predigtarbeit‘ (1968),[12] ‚Brief an einen Prediger‘ (1968)[13] und ‚Zur Aufgabe christlicher Rede‘ (1968)[14]. Darüber hinaus nimmt das homiletische Interesse in den Schriften, die sich mit der desolaten Situation evangelischer Gottesdienste beschäftigen, einen breiten Raum ein: ‚Thesen zur Theorie und Praxis des evangelischen Gemeindegottesdienstes‘ (1965)[15], ‚Chancen des Alltags. Überlegungen zur Funktion des christlichen Gottesdienstes in der Gegenwart‘ (1965)[16] sowie der Kirchentagsvortrag ‚Was nützt uns der Gottesdienst?‘ (1973)[17].

---

10 Vgl. Alfred Butenuth: Die Ladenkirche in Berlin-Spandau und die evangelische Kirchengemeinde am Brunsbütteler Damm 1960–1985, in: PTh 75 (1986), 58–70.

11 Jetzt in: Ernst Lange: Chancen des Alltags. Überlegungen zur Funktion des christlichen Gottesdienstes in der Gegenwart, hg. und mit einem Nachwort von Peter Cornehl (Edition Ernst Lange 4), München 1984, 321–345.

12 Beiheft 1 der ‚Predigtstudien‘, hg. v. Ernst Lange in Verbindung mit Peter Krusche und Dietrich Rössler, Stuttgart, Berlin 1968, 11–46; jetzt in: Ernst Lange: Predigen als Beruf. Aufsätze zu Homiletik, Liturgie und Pfarramt, hg. und mit einem Nachwort von Rüdiger Schloz (Edition Ernst Lange 3), 9–51.

13 PrSt II/1 (1968), 7–17.

14 Vorwort zu seinem Predigtband ‚Die verbesserliche Welt. Möglichkeiten christlicher Rede, erprobt an der Geschichte vom Propheten Jona‘, Stuttgart, Berlin 1968; jetzt in: Lange: Predigen als Beruf (s. Anm. 12), 52–67.

15 Jetzt in: Lange: Chancen des Alltags (s. Anm. 11), 313–321.

16 Gelnhausen, Stuttgart 1965. Neu hg. und mit einem Nachwort von Peter Cornehl, München 1984 (s. Anm. 11).

17 Referat auf dem Düsseldorfer Kirchentag 1973, zuerst gedruckt in: Deutscher Evangelischer Kirchentag Düsseldorf 1973. Dokumente, Stuttgart, Berlin 1973, 403–412; jetzt in: Lange: Predigen als Beruf (s. Anm. 12), 83–95.

Auch in unterschiedlichen Analysen des Pfarrerberufs räumt Ernst Lange den Predigtproblemen vorrangige Aufmerksamkeit ein: ‚Der Pfarrer in der Gemeinde heute' (1966)[18], ‚Glaube und Anfechtung im Alltag eines Gemeindepfarrers' (1973)[19] und seine Tübinger Ehrenpromotionsrede ‚Die Schwierigkeit, Pfarrer zu sein' (1973)[20]. Schließlich hat Lange einige Gedankenarbeit darauf verwendet, die evangelische Predigtpraxis in ihre kirchentheoretische und ökumenische Begründungszusammenhänge einzuordnen: ‚Von der ‚Anpassung' der Kirche' (1966)[21], ‚Kirche für andere' (1967)[22], ‚Überlegungen zu einer Theorie kirchlichen Handelns' (1972)[23] und ‚Die ökumenische Utopie' (1972)[24].

In all diesen Schriften präpariert Lange seine eigentümlichen Predigtgedanken heraus, indem er zunehmend von den höchst individuellen Erfahrungen zu abstrahieren versucht, freilich ohne den Anlaß seiner homiletischen Erwägungen jemals aus dem Auge zu verlieren. Seine Formulierungskunst zielt trotz ihres individuellen Gepräges auf Verallgemeinerung; er will seine Predigterfahrungen so zur Sprache bringen, daß sich andere Prediger mit ihren Schwierigkeiten und Problemen darin wiederfinden können. Diesen Wiedererkennungseffekt sucht Lange gerade dadurch zu erzielen, daß er das aporetische Predigtgeschehen in den kritischen

---

18 Erstveröffentlichung unter dem Titel ‚Der Dienst am Wort in der Gemeinde heute', in: WPKG 55 (1966), 199–229; jetzt in: Lange: Predigen als Beruf (s. Anm. 12), 96–141.

19 Erstveröffentlichung in der Zeitschrift ‚Bethel', Heft 11, Dezember 1973, 23–43; jetzt in: Lange: Predigen als Beruf (s. Anm. 12), 167–191.

20 Erstveröffentlichung in PrSt II/1, Stuttgart, Berlin 1973, 14–33; jetzt in: Lange: Predigen als Beruf (s. Anm. 12), 142–166.

21 Vortrags-Manuskript 1966; jetzt in: Ernst Lange: Kirche für die Welt. Aufsätze zur Theorie des kirchlichen Handelns, hg. v. Rüdiger Schloz mit einem Nachwort von Alfred Butenuth (Edition Ernst Lange 2), Gelnhausen, München 1981, 161–186.

22 Kirche für andere. Dietrich Bonhoeffers Beitrag zur Frage einer verantwortbaren Gestalt der Kirche in der Gegenwart, in: EvTh 27 (1967), 513–546; jetzt in: Lange: Kirche für die Welt (s. Anm. 21), 19–62.

23 Erstveröffentlichung in: Jenseits vom Nullpunkt? Christsein im westlichen Deutschland. Festschrift zum 70. Geburtstag von Kurt Scharf, hg. v. R. Weckerling u. a., Stuttgart, Berlin 1972, 361–377; jetzt in: Lange: Kirche für die Welt (s. Anm. 21), 197–214.

24 Lange: Die ökumenische Utopie (s. Anm. 5).

Lebenszusammenhängen darstellte, in die es verflochten ist. Wie der einst der Dialektischen Theologie zuzurechnende Homiletiker Wolfgang Trillhaas ein paar Jahre zuvor gegen einen dogmatisch übersteigerten Predigtbegriff zu Felde gezogen war[25], so entdeckte Mitte der sechziger Jahre auch Ernst Lange, der theologische Schüler Dietrich Bonhoeffers, Friedrich Gogartens und Gerhard Ebelings, nun die „wirkliche Predigt" als sein Generalthema. Wie seine theologischen Lehrer suchte auch Lange der Wirklichkeit der Predigtpraxis gerecht zu werden: in theologisch begründeter und plausibler Legitimation, in empirisch nüchterner Wahrnehmung und in produktionsästhetisch verantwortlicher Gestaltung, und dies alles, um die Predigtaufgabe „handhabbar" anzugehen und nicht etwa den Überforderungen eines einseitigen, theologisch-dogmatischen Predigtbegriffs auszuliefern.

Ernst Lange hat damit vor allem in einer nicht-barthianisch eingeschworenen und kirchenpolitisch weitgehend progressiv orientierten Pfarrerschaft eine kaum abschätzbare Resonanz und Plausibilität gefunden, ohne daß sich daraus zugleich so etwas wie eine bestimmte theologische Schule, Partei oder Richtung herausgebildet hätte. Langes Stärke lag vielmehr in seiner spontanen, immer wieder beherzt auf den problematischen Punkt hinzielenden Integrationskraft, in der er unterschiedlichste Tendenzen, Intentionen und Impulse pointiert und überzeugend zu bündeln verstand. Auf dem Hintergrund seiner Lebens- und Berufserfahrungen bemühte sich Lange, kritisch wie konstruktiv die Chancen und Grenzen eines „vergesellschafteten Christentums"[26] zu klären und auszuloten, in dessen Horizont gleichermaßen die evangelische Kirche, die christliche Gottesdienstgemeinde, die zeitgenössischen Predigthörer, nicht zuletzt die Prediger und Pastoren, denen das Christentum gleichsam berufsmäßig zu repräsentieren und zur Sprache zu bringen aufgegeben ist, jeweils ihre angemessene Identität zu finden vermochten.

---

25 Wolfgang Trillhaas: Die wirkliche Predigt, in: Wahrheit und Glaube. Festschrift für Emanuel Hirsch, hg. v. Hayo Gerdes, Itzehoe 1963, 193–205.

26 Lange: Überlegungen zu einer Theorie kirchlichen Handelns, in: Lange: Kirche für die Welt (s. Anm. 21), 199.

II. Der kirchliche Auftrag zur „Kommunikation des Evangeliums"

Verbreitung und Geltung des Christentums verstehen sich unter den Bedingungen der neuzeitlichen Gesellschaftskultur keineswegs mehr von selbst[27]: „Seit die Kirche mit ihren Versammlungen, ihren Gottesdiensten und ihrem Gemeinschaftsleben an den Rand der gesellschaftlichen Wirklichkeit ... abgedrängt ist, hat die Diasporaphase von Kirche ein ungeheures Gewicht erlangt"[28]. Mit dem konfessionskundlichen Begriff der „Diaspora" beschreibt Lange nicht mehr nur die auf einen bestimmten geographischen Raum bezogene Minderheitsposition einer kleinen Anzahl von Kirchenzugehörigen; „Diaspora" dient ihm vielmehr als Metapher zur Bezeichnung eines generellen Bedeutungsverlustes des Christentums in der modernen Gesellschaft. „Diaspora" meint das christliche Minderheitsbewußtsein in einer Gesellschaftskultur, in der zumindest das kirchlich organisierte Christentum gleichermaßen von Relevanzverlust wie Marginalisierung bedroht ist: Für immer weniger Menschen und für immer weniger Lebensbereiche hat die christliche Lebenshaltung noch prägende Bedeutung. Und diejenigen Menschen, die ihre christliche Lebenshaltung durch kirchliche Zugehörigkeit und Teilnahme demonstrieren, spielen mehrheitlich in den Kernbereichen des gesellschaftskulturellen Lebens kaum noch eine zentrale Rolle, ja sie pflegen gleichsam im kirchlichen Binnenmilieu eine weitgehend wirklichkeitsmüde, dogmatisch formelhaft erstarrte, über die eigenen Grenzen hinaus nur noch selten kommunizierbare Frömmigkeit.

So ist das Christentum in der Neuzeit gewissermaßen einem doppelten Säkularisierungseffekt ausgesetzt: einerseits einer Entmachtung und Entwirklichung von außen durch eine sich ihrer christlichen Herkunft zunehmend entledigenden Gesellschaftskultur, andererseits einer hausgemachten Selbstbeschränkung, gleichsam einer selbstverschuldeten sozialkulturellen Amputation.

---

27 Volker Drehsen: Das öffentliche Schweigen christlicher Rede, in: Homiletisches Lesebuch. Texte zur heutigen Predigtlehre, hg. v. Albrecht Beutel u. a., Tübingen ^{2}1989, 261–286.

28 Lange: Der Pfarrer in der Gemeinde heute, in: Lange: Predigen als Beruf (s. Anm. 12), 132.

Beide Tendenzen – die Entkirchlichung der Gesellschaft und der freiwillige Rückzug in ein kirchliches Ghetto – erschweren aber, ja verhindern den Verständigungsprozeß religiöser Kommunikation: Zentralbegriffe und tragende Vorstellung der christlichen Tradition haben in einer säkularisierten Gesellschaftskultur ihren eindeutig bestimmten Bedeutungsgehalt verloren und tauchen weitgehend nur noch in semantischen Schwundstufen auf. Wo aber die christliche Tradition noch gepflegt wird, erscheint sie weitgehend abstrakt, abgehoben vom Lebenserfahrungsgehalt, den sie sinndeutend erschließen soll. Nach Langes diagnostischer Einschätzung läuft diese Globalsituation auf eine fatale Entflechtung von Lebenswirklichkeit und christlicher Verheißung hinaus, auf eine Entwicklung, die in dem kritischen Punkt zu kulminieren droht, an dem letztlich die Wirklichkeit verheißungslos und damit sich selbst überlassen bleibt, die christliche Verkündigung selbst aber unwirklich und wirkungslos wird. Diese Konstellation würde jedoch dem Anliegen und dem Auftrag der christlichen Kirche fundamental widersprechen.

So stellt sich „die ganz elementare Frage, ob die Kirche jetzt und hier glaubt, was sie glaubt: daß Christus die ganze Wirklichkeit voller Verheißung ist; daß der eigentliche Funktionsraum der Christusverkündigung der Alltag menschlichen Lebens und Zusammenlebens ist; und daß ein Glaube, der sich nicht *in* der Wirklichkeit des Lebens an Christus hält, sondern gleichsam an ihr vorbei, überhaupt kein Glaube, daß eine Kirche, die den Verlust des Wirklichkeitsbezuges in ihren Predigten, Gottesdiensten, Veranstaltungen akzeptiert, ja womöglich theologisch rechtfertigt, überhaupt nicht Kirche ist, weil sie ihren Auftrag versäumt. Denn das ist der Auftrag der Kirche: dafür einzustehen, daß Verheißung und Wirklichkeit beieinanderbleiben, daß die Wirklichkeit im Strahlungsbereich der Verheißung bleibt."[29] Daher gilt: „Eine Kirche, die ihren Auftrag, Verheißung und Wirklichkeit beieinander zu halten, unter den heutigen gesellschaftlichen Bedingungen wahrzunehmen versucht, wird gezwungen sein, in ihrer Verkündigung und ihrer Liturgie, in ihrer Ordnung und ihrer Gestalt elastisch, ‚flüssig' zu werden … Gewiß ist, daß die Kirche sich der

29 Lange: Chancen des Alltags (s. Anm. 11), 51 f (Hervorhebung im Original).

Einwanderung in die heutige Situation, daß sie sich der Verflüssigung ihrer Verkündigung, ihrer Ordnung und ihrer Gestalt nur um den Preis versagen kann, daß der unkündbare Zusammenhang von Verheißung und Wirklichkeit verdeckt wird, daß die Verheißung ihren Funktionsraum im Alltag verliert und in diesem Sinn ‚unwirklich' wird und die Wirklichkeit verheißungslos."[30]

„Kommunikation" und „Einwanderung" sind bei Ernst Lange die Schlüsselbegriffe, die der Kirchenpraxis die Richtung vorgeben in einer Gesellschaftswirklichkeit, die in theologischer Qualifizierung als „Anfechtung" erfahren wird: als Herausforderung und Nötigung dazu, in immer wieder neuen Anläufen die Wirklichkeitsrelevanz des Evangeliums zur Geltung zu bringen. Jede Kommunikation des Evangeliums zielt auf Einwanderung, auf Inkulturation, auf „Indigensation", weil sie die Aktualisierung, die allgemeine Verbreitung und individuelle Konkretion des Evangeliums in den lebensweltlichen und lebensgeschichtlichen Erfahrungszusammenhängen anstrebt. Jede gezielte Kommunikation des Evangeliums muß zugleich „nach der Wirklichkeitsgemäßheit und Wirklichkeitsmacht dessen, woran sie sich hält,"[31] fragen. Und als zentrale Lebensäußerung hat auch die Predigt teil an der Art und Weise, wie die Kirche ihren Auftrag, die „Kommunikation des Evangeliums"[32] am Leben zu halten, in umfassender Weise erfüllt. Sie ist damit zugleich in die Aporien eines umfassenden Kommunikationsgeschehens hineingezogen, das unter den Bedingungen der Neuzeit fortwährend dem Risiko des Scheiterns oder Mißlingens ausgesetzt ist. So muß die Kirche immer wieder „überzeugende Gründe nennen können, warum die enttäuschende Erfahrung ... keinen wirklichen Einwand gegen die Zusammengehörigkeit von Verheißung und Wirklichkeit bedeutet"[33]. Will die Kirche ihrem Auftrag gerecht werden, so kann sie sich in der

30 Lange: Chancen des Alltags, 55f.

31 Lange: Der Pfarrer in der Gemeinde heute, in: Lange: Predigen als Beruf (s. Anm. 12), 131.

32 Lange: Zur Theorie und Praxis der Predigtarbeit, in: Lange: Predigen als Beruf, 14. 16f u.ö.

33 Gestrich: Die Heilung einer doppelten Entfremdung (s. Anm. 7), 43.

Kommunikation des Evangeliums nicht mehr damit begnügen, nur noch christliche Traditionen als verfestigte Formen vergangener Glaubenserfahrungen zur Sprache zu bringen. Sie kann vielmehr nicht umhin, die „Frage nach den jeweiligen Bedingungen möglicher Kommunikation des Evangeliums immer neu zu stellen, und zwar um so nachhaltiger und radikaler, je deutlicher es ist, daß Kommunikation schwierig wird, weil sich die Kommunikationsbedingungen geändert haben. Die Frage nach der gebotenen Anpassung ist aber, recht verstanden, gar nichts anderes als die Frage nach den jetzt gegebenen Bedingungen möglicher Kommunikation und ihrer Bewältigung. Eine Kirche, die in Kommunikationsschwierigkeiten ist, also in der Schwierigkeit, den Auftrag zu erfüllen, dem sie sich verdankt, kann gar nicht anders, als den Versuch einer neuen Anpassung zu machen".[34] Wenn religiöse Kommunikation nicht marginal bleiben soll, dann muß sie in die Lebensvollzüge der Menschen eingehen, muß für diese bedeutsam, verständlich, nachvollziehbar, erlebbar sein, muß sie die Verheißung des Evangeliums, den christlichen Freiheitsgewinn plausibel zu machen verstehen. Eine Konsequenz, die Lange aus dieser Diagnose zieht, besteht mithin in der Einsicht, daß über eine zeitgenössische Bestimmung des Kirchenauftrages nicht mehr ungebrochen positionell-programmatisch geredet werden kann, wenn nicht zugleich auch nach den komplexen, ermöglichenden wie hemmenden sozialkulturellen Voraussetzungen gefragt wird, denen die kirchliche Aufgabenerfüllung in der gegenwärtigen Gesellschaftskultur unterliegt. Die „homiletische Großwetterlage"[35] beeinflußt nachhaltig jeden einzelnen Kommunikationsakt vor Ort und verlangt entsprechend sensible Aufmerksamkeit für die Eigentümlichkeiten der homiletischen Situation. Denn in ihr muß die evangeliumsgemäße Kommunikation so gestaltet sein, daß sie verständlich wird und auf Verständigung zielt.

---

34 Lange: Von der Anpassung der Kirche, in: Lange: Kirche für die Welt (s. Anm. 21), 162.

35 Lange: Zur Theorie und Praxis der Predigtarbeit, in: Lange: Predigen als Beruf, 38. 51.

III. Die christliche Rede im parochialen Gottesdienst: Homiletische Situation

Obleich die Predigt nur einen Teil des umfassenden religiösen Kommunikationszusammenhangs der Kirche darstellt, kommt ihr darin doch für Lange nach wie vor eine exponierte Bedeutung zu: Sie ist nicht nur nach wie vor „ein sozialpädagogisches Instrument ersten Ranges“[36], das langfristig klima- und einstellungsverändernd wirkt; sie ist darüber hinaus das Paradigma der kirchlichen Selbstdarstellung und zielt als christliche Rede im Gemeindegottesdienst in exemplarischer Weise auf die letztbegründete Daseinsorientierung und Sinnvergewisserung im Prozeß menschlicher Identitätsfindung. Die Predigt ist die zentrale Manifestation der Evangeliumskommunikation in der situativ strukturierten Lebenswelt der Predigthörer, der anwesenden ebenso wie der abwesenden, denen gemeinsam ist, daß sie nach Orientierung und Bestätigung lebensrelevanter, erfahrungs- und biographienaher, verständlicher religiöser Sinndeutung suchen. Wenn Lange in seinen homiletischen Erwägungen immer wieder diesen Situationsbezug der Predigt als paradigmatischen Fall christlicher Kommunikation überhaupt hervorhebt, dann geschieht das nicht, weil er etwa im Sinne einer ‚natürlichen‘ Theologie inhaltlich-substantiell nach Anknüpfungspunkten der Verständigung sucht, sondern nach ihrem funktionalen Stellenwert und ihrer relevanten Anschlußfähigkeit fragt: „Predigt heißt, ich soll mit dem Hörer über sein Leben reden ... Ich rede mit dem Hörer über sein Leben nicht aus dem Fundus meiner Lebenserfahrung, meiner größeren Bildung, meiner tieferen Weisheit, meiner religiösen Inspiration. Ich rede mit ihm über sein Leben im Licht der Christusverheißung, wie sie in der Heiligen Schrift bezeugt ist. Und das heißt letztlich: Ich rede mit ihm aufgrund von biblischen Texten.“[37] Situationsbezug und Hörerorientierung sind für den Kommunikationsakt der Predigt ebenso konstitutiv wie die Schriftorientierung und Textgebundenheit für ihre Aussageintentionen. Dieser intrikate Zusammenhang ergibt sich für Lange aus dem Ziel der christlichen

---

36 Lange: Zur Theorie und Praxis der Predigtarbeit, in: Lange: Predigen als Beruf (s. Anm. 12), 17.

37 Lange: Zur Aufgabe christlicher Rede, in Lange: Predigen als Beruf, 62.

Kommunikation, „Verheißung und Wirklichkeit miteinander zu versprechen, so daß verständlich wird, wie die Christusverheißung auch und gerade diese den Glauben bedrängende Wirklichkeit betrifft“[38].

Das Szenarium, in dem sich die religiöse Kommunikation vollzieht, ist der christliche Gottesdienst. Er ist der Ort, an dem sich nicht nur im Hinblick auf das unverfügbare Glaubensgeschehen, sondern auch im Hinblick auf die abschätzbaren Faktoren des Kommunikationsgeschehens die Plausibilitäts- und Relevanzerfahrungen der Verkündigung entscheiden. So ist der Gottesdienst eine entscheidende Phase im Prozeß christlich-religiöser Sinnvergewisserung. Predigt und Liturgie erschließen sich im Gottesdienst wechselseitig: Wie die Predigt durch den Gesamtkontext des Gottesdienstes mitgeprägt wird, so erläutert umgekehrt die Predigt den Gottesdienstkontext, insofern in ihr nichts anderes zur Sprache kommen kann als das, was selbst Sinn des Gottesdienstes ist: ein Ort menschlicher Identitätsvergewisserung im Horizont christlicher Verheißung zu sein. Die institutionelle Einbindung in den christlichen Gottesdienst verpflichtet die Predigt darauf, in der religiösen Sinnfrage ihren entscheidenden Fokus zu finden. Sie steht als kerygma, als ‚Bleiben bei der Überlieferung‘, im Lebens- und Verstehenszusammenhang von koinonia – als der Versammlung derer, die in der Verheißung des Evangeliums den gemeinsamen Grund ihrer menschlichen Identität erkennen – und diakonia als ‚Bleiben an der Realität‘, der die evangelische Verheißung gilt. Lange widerspricht entschieden einer theologischen Auffassung, die im Gottesdienst eine Manifestation der kirchlichen „Selbstverteidigung, Selbsterbauung und Selbstwiederholung“[39] sieht. Demgegenüber begreift Lange den Gottesdienst als „das Zusammenkommen, das Zusammensein und das Zusammenspiel von Menschen, in dem die Christusverheißung zum Glauben kommt“[40], so daß sie in diesem Glauben bestärkt wieder ins Alltagsleben zurückzukehren vermögen. Im Gottesdienst finden die Menschen zeitweilig Entlastung von der

38 Lange: Zur Theorie und Praxis der Predigtarbeit, in: Lange: Predigen als Beruf (s. Anm. 12), 27.

39 Lange: Chancen des Alltags (s. Anm. 11), 294.

40 Lange: Chancen des Alltags, 109.

sie anfechtenden und belastenden alltäglichen Lebenswirklichkeit (absolutio); hier finden sie die verbale und sakramentale Darstellung der Verheißungsfülle (promissio), die ihrer Lebenswirklichkeit gilt; und hier werden sie ermutigt zur christlichen „Meisterung" ihrer alltäglichen Lebenssituationen (missio und diakonia).[41] So ist der christliche Gottesdienst in seinem Begegnungscharakter der entscheidende christliche Sinnvergewisserungsort, den die Predigt als ihre Situation zu klären hat, nicht allein im Sinne der Aufklärung, der Erhellung und Erschließung, sondern als „bezeugende Interpretation der biblischen Überlieferung"[42] auf Verstehen, auf Veränderung und Befreiung hin: „Alle Kommunikationen zielen auf Einverständnis durch Verständigung. Dabei ist das Einverständnis als ein Entscheidungsakt grundsätzlich unverfügbar. Verständigung dagegen, als Vorbedingung jeden Einverständnisses, ist ganz und gar ein Geschehen im Bereich menschlicher Verantwortung und zwar der gemeinsamen Verantwortung der Kommunizierenden."[43] Die kommunikative Struktur des Gottesdienstes vollzieht sich in praktisch-theologischer Sicht also nicht durch autoritär proklamative ‚Verkündigung' gleichsam ‚senkrecht von oben', sondern eingedenk des kommunikativen Charakters als ein kasuell bestimmtes, nicht kasuistisch orientiertes Szenarium des religiösen Kommunikationsgeschehens.

IV. Der Prediger im inneren Dialog zwischen Text und Hörer: Homiletischer Akt

Zwar ist der dialogische Charakter der Evangeliumsverkündigung zu mancher Konkretion fähig, er spielt sich aber im Regelfall im inneren Dialog des seine Predigt vorbereitenden Predigers ab: Im virtuellen Gedankendialog obliegt ihm vor allem die Aufgabe, jene Vermittlungsleistung zwischen Überlieferung und Situations-

---

41 Vgl. Lange: Chancen des Alltags, 212, sowie Lange: Zur Aufgabe christlicher Rede, in: Lange: Predigen als Beruf, 62f.

42 Lange: Zur Theorie und Praxis der Predigtarbeit, in: Lange: Predigen als Beruf (s. Anm. 12), 49.

43 Ernst Lange: Thesen zur Theorie und Praxis der Predigt, in: Lange: Chancen des Alltags (s. Anm. 11), 323.

klärung zu leisten, in der ,Verheißung und Wirklichkeit miteinander versprochen werden'.[44] Als Anwalt der Überlieferung ebenso wie als Anwalt des Hörers macht der Prediger diese hermeneutische und produktionsästhetische Vermittlungsleistung explizit – und zwar auf höchst individuell verantwortliche Weise: theologisch begründet, sprachlich begabt, situativ sensibel und wahrnehmungsfähig als Identifikationsangebot für die Hörerschaft. Durch den Prediger als Interpreten und Zeugen wird jeder homiletische Akt zum pastoral stellvertretenden Verständigungsbemühen in der Gemeinde. Der Prediger durchschreitet – stellvertretend für seine Hörer – den hermeneutischen Zirkel von Textauslegung und Situationsdeutung, um damit „die christliche Überlieferung in ihrer Relevanz für die gegenwärtige Situation des Hörers und der Hörergemeinde"[45] zur Sprache und durch Verständigung auf Einverständnis zu bringen.

Der Prediger ist professionell verantwortlich für die gestaltbaren Faktoren, die zum Gelingen religiöser Kommunikation beitragen können. Gegenstand einer praktisch-theologischen Homiletik ist darum „die *Verantwortung*, die durch den Predigtauftrag der Kirche konstituiert wird, die menschliche Verantwortung und ihre Wahrnehmung".[46] Die Predigt ist – unbeschadet aller individuellen Verantwortung ihres Interpretations- und Zeugnischarakters – zugleich das Resultat eines methodischen Arbeitsverfahrens, das nach Langes Einschätzung die Predigt als Teil der „Kommunikation des Evangeliums"[47] optimieren soll. Obgleich die Wirkung der Predigt für den Menschen unverfügbar bleibt, hängt ihre Qualität doch von lehr- und erlernbaren Leistungen ab, die im Zuge eines homiletischen Verfahrens erbracht werden müssen. Ernst Langes Verdienst ist es, mit den ,Predigtstudien' ein handhabbares Modell aufeinander abgestimmter, methodisch nachvollziehbarer Schritte entwickelt zu haben, das sowohl die professio-

---

44 Vgl. oben Anm. 38.

45 Lange: Zur Theorie und Praxis der Predigtarbeit, in: Lange: Predigen als Beruf, 20.

46 Lange: Zur Theorie und Praxis der Predigtarbeit, in: Lange: Predigen als Beruf (s. Anm. 12), 19 (Hervorhebung im Original).

47 Lange: Zur Theorie und Praxis der Predigtarbeit, in: Lange: Predigen als Beruf, 14.

nell erlernbaren als auch die persönlich verantwortbaren Momente der Predigtvorbereitung zusammenbindet und dem Prediger als „Hilfe zur Selbsthilfe“[48] dienen soll.

Das Modell versucht, „dem Prediger möglichst wirksame und leicht handhabbare Methoden zur Erschließung der Situation an die Hand zu geben, in der er jetzt und hier reden und durch seine Rede Klarheit schaffen soll“.[49] Im homiletischen Verfahren findet sich gleichsam ein Organisationsschema zur Operationalisierung des inneren Dialogs, den der Prediger als Anwalt des Textes und zugleich als Anwalt des Hörers und seiner Situation zu führen hat. Das den ersten Jahrgängen der ‚Predigtstudien‘ zu Grunde liegende Bearbeitungsschema[50] entfaltet diesen Dialog in acht Arbeitsschritten. Diese Schritte sind zwei verschiedenen Bearbeitern zugewiesen, von denen der erste als Anwalt des Textes (1–4), der zweite als Anwalt des Hörers (5–8) fungiert:

A. Der Prediger als Anwalt des Textes
und seiner Überlieferungsgeschichte

(1) Die Durchsicht der geläufigen *Übersetzungen* und Übertragungen der Predigtperikope dient der Erschließung des Vorverständnisses und der Hörgewohnheiten der Gemeinde und fördert in einem ersten Anlauf bereits eventuelle Verstehensschwierigkeiten zutage.
(2) Die Rekonstruktion der *Auslegungsgeschichte des Predigttextes* soll die spezifische Frömmigkeitsprägung der Gemeinde durch die Tradition profilieren.
(3) Die *exegetischen Erwägungen* dienen der homiletischen Selbstkontrolle des Predigers.
(4) In den Notizen zur Predigt sollen erste *„Einfälle“* festgehalten werden.

48 Lange: Zur Theorie und Praxis der Predigtarbeit, in: Lange: Predigen als Beruf, 51.

49 Lange: Zur Theorie und Praxis der Predigtarbeit, in: Lange: Predigen als Beruf, 37.

50 Dieses Bearbeitungsschema wurde in den späteren Jahrgängen zwar in mancherlei Hinsicht modifiziert, ist in seiner Grundstruktur aber gleich geblieben.

B. Der Prediger als Anwalt des Hörers
und seiner Lebenssituation

(5) Die Übertragung der *Schlüsselwörter* des Predigttextes in Wörter der Alltagssprache dient der Umschreibung des semantischen Assoziations- und Konnotationsraumes, den die Kerngedanken des Textes eröffnen.
(6) Die *systematisch-theologische Kontrolle* stellt den bis dahin erreichten Stand der Predigtüberlegungen in Lehr- und Problemzusammenhänge, die sich im Horizont des Wahrheitsverständnisses der Hörer als klärungsbedürftig und belangvoll erweisen.
(7) Die Erwägungen zur *homiletischen Situation* dienen der Erschließung der gegenwärtigen Lebenswirklichkeit der Hörer, der Konturierung ihres konkreten Situationscharakters und ihrer kasuellen Ausrichtung.
(8) Der Predigtentwurf umfaßt höchst subjektive, keineswegs normative Anregungen zur *„Idee"*, zum *„Thema"* und zur *„Gestaltung"* der Predigt.

Das Verfahren zur Predigtvorbereitung umfaßt zunächst Anleitungen zur Ausübung der hermeneutischen Fähigkeiten des Predigers, die auf die Erschließung der „homiletischen Situation" zielen, jener Konstellation, die sich aus den Vorgegebenheiten christlicher Überlieferung und gegenwärtiger Hörersituation zusammensetzt. Texthermeneutik, die den Weg vom Text zur Situation abschreitet, findet sich ergänzt und bereichert durch Gegenwartshermeneutik, die den Weg von der Situation zur Textauslegung zurückzugehen verlangt. Die ‚Predigtstudien' sollen aber nicht nur zur Hermeneutik anleiten und sie exemplarisch vorführen, sondern zugleich den Übergang zur selbstproduktiven Predigtarbeit, die eigenverantwortlichen Leistungen des Predigers vorbereiten. Als Beitrag zur Produktionsästhetik der Predigt sollen sie zugleich zur Kreativität und Subjektivität des Predigers ermutigen. Dazu dient die Hervorhebung des Predigteinfalls ebenso wie die Hinweise zur argumentativen und sprachästhetischen, rhetorischen und semantischen Gestaltung der Predigt. Nicht zuletzt dienen die ‚Predigtstudien' auch der Bereitstellung von „Material und Methode zur Kontrolle des Einfalls und des homiletischen

Entwurfs"[51]. Sie selbst stellen im Sinne einer homiletischen Recherche einen Baustein zur umsichtigen, auf das jeweilige Predigtthema fokussierten Materialerschließung dar.

V. Wirkungsgeschichtliche Spuren

1. Empirischer Predigtbegriff

Langes homiletische Überlegungen und sein Modell eines homiletischen Verfahrens konzentrieren sich – unbeschadet einer dogmatischen Wesensbestimmung der Predigt – vor allem auf die analysier- und gestaltbaren Aspekte des Predigtgeschehens. Sie bedeuten darin besonders darum eine Entlastung für den Prediger, weil sie die Voraussetzungen des Predigtvollzugs analytisch klären, die nicht zur Disposition des Predigers stehen: Sowenig das Gelingen der Kommunikation aufgrund der Unverfügbarkeit des Gotteswortes für den Prediger verfügbar ist, sowenig ist es auch aufgrund gewisser Kommunikation erschwerender oder verhindernder Bedingungen der gegenwärtigen Gesellschaftskultur gesichert. Tatsächlich unterliegt die „Kommunikation des Evangeliums"[52] sozialkulturellen, institutionellen Voraussetzungen und Bedingungen, die nicht dem Prediger anzulasten sind, ihm aber sehr wohl bewußt sein müssen.

2. Die Subjektivität des Predigers

Andererseits kann es unter praktisch-theologischen Gesichtspunkten nicht angehen, den Prediger durch einen theologisch überhöhten Predigtbegriff einer chronischen Überanstrengung auszusetzen. Übersteigerte Ansprüche an den Wirkungsgrad der Predigt abzuwehren, heißt nicht, das reflexive Anspruchsniveau hinsichtlich des homiletischen Aktes abzusenken. Die Abrogation eines dogmatisch überfrachteten Wesensbegriffs der Predigt ist nicht gleichbedeutend mit dem Verzicht auf die Nötigkeit theolo-

---

51 Lange: Zur Theorie und Praxis der Predigtarbeit, in: Lange: Predigen als Beruf (s. Anm. 12), 51.

52 Lange: Zur Theorie und Praxis der Predigtarbeit, in: Lange: Predigen als Beruf (s. Anm. 12), 14. 16f.

gischer Reflexionsleistungen im Vorfeld und Vollzug des Predigens. Der höchst individuell verantwortete Predigtentwurf entsteht vielmehr in ständiger Anverwandlung von und in Auseinandersetzung mit anderen theologischen Entwürfen, und eben darin ist die Kommunikabilität der Predigt, ihre Kontrollierbarkeit, ja ihre Überholbarkeit markiert. Lange selbst hat im Vortrag seiner Predigttheorie durch die weitgehend eklektische und essayistische Verarbeitung homiletisch-theologischen Reflexionsgutes die Subjektivität seines Ansatzes verdeutlicht. Die Zustimmung, die er erfahren hat, beruht weniger auf der systematischen Geschlossenheit und Genügsamkeit seines Entwurfes, als vielmehr auf der Integrationskraft des „negativen Konsenses“[53], der sich in der Kritik der amtierenden Homiletik und Predigtpraxis geltend macht.

3. Homiletische Produktionsästhetik

Schließlich bedeutet der Ansatz Langes eine Aufwertung der produktionsästhetischen Seite des Predigtgeschehens. Der Prediger als sensibel wahrnehmungsfähiges Vermittlungssubjekt im hermeneutischen Zirkel aus wechselseitiger Auslegung von Überlieferung und Situationsanalyse, der zu einem dialogischen Verfahren führt; die darin begründete Inauguration des Hörers als Subjekt für die Kommunikabilität der Predigt; die eigenproduktiven Gestaltungsleistungen des Predigers, bei denen dieser sich durch kreativen Einfall und verständliche Darbietung als Interpret und Zeuge exponiert und damit seine Hörer zur selbständigen Auseinandersetzung ermutigt; schließlich die Arbeit stoffmaterialer Recherche und sprachlich-semantischer Darstellung – dies alles sind Faktoren, die nicht der Kontingenz der Evangeliumskommunikation, sondern der Kompetenz dessen unterliegen, dem gleichsam als „professionellem Nachbarn“[54] die verantwortliche Inszenierung und Pflege christlich-religiöser Kommunikation obliegt. Die Kompetenz des zeitgenössischen Theologen und christlichen Redners ist aber nicht allein eine Sache der Begabung und

---

[53] Wilhelm Gräb: Predigt als Mitteilung des Glaubens. Studien zu einer prinzipiellen Homiletik in praktischer Absicht, Gütersloh 1988, 45.

[54] Lange: Die Schwierigkeit, Pfarrer zu sein, in: Lange: Predigen als Beruf (s. Anm. 12), 165.

Berufung, sondern vor allem auch der Bildung und des Berufs. Diese Bildung und Professionalität zu vermitteln und damit den Prediger in seiner individuellen Fähigkeit zum kommunizierbaren Ausdruck des aus dem Evangelium entwachsenen Glaubens unter Bedingungen der Veränderlichkeit, der Verbesserlichkeit, der Variationsbreite, der Verstehbarkeit und der Verständlichkeit zu ermutigen, ist nach Lange die Aufgabe protestantischer Homiletik.

Verzeichnis der Autoren

Christian Albrecht, Dr. theol., geb. 1961, ist Professor für Evangelische Theologie und Kulturgeschichte des Christentums an der Philosophischen Fakultät der Universität Erfurt.

Albrecht Beutel, Dr. theol., geb. 1957, ist Professor für Kirchengeschichte an der Evangelisch-theologischen Fakultät der Universität Münster.

Eckart Beutel, Dr. theol., geb. 1968, ist Vikar der Württembergischen Landeskirche in Tübingen.

Hans Martin Dober, Dr. phil., geb. 1959, ist Privatdozent für Praktische Theologie und Landeskirchlicher Assistent am Lehrstuhl für Praktische Theologie I der Evangelisch-theologischen Fakultät der Universität Tübingen.

Ulrich Dreesman, Dipl.-Theol., geb. 1969, ist Vikar der Württembergischen Landeskirche in Esslingen-Berkheim.

Volker Drehsen, Dr. theol., geb. 1949, ist Professor für Praktische Theologie an der Evangelisch-theologischen Fakultät der Universität Tübingen.

Albrecht Haizmann, Dr. theol., geb. 1960, ist Studieninspektor am Evangelischen Stift in Tübingen.

Hans Martin Müller, Dr. theol., geb. 1928, ist emeritierter Professor für Praktische Theologie an der Evangelisch-theologischen Fakultät der Universität Tübingen.

Dietrich Rössler, Dr. theol. et Dr. med., geb. 1927, ist emeritierter Professor für Praktische Theologie an der Evangelisch-theologischen Fakultät der Universität Tübingen.

Friedemann Voigt, Dr. theol., geb. 1967, ist Wissenschaftlicher Assistent am Lehrstuhl für Evangelische Theologie und Kulturgeschichte des Christentums an der Philosophischen Fakultät der Universität Erfurt.

Martin Weeber, Dr. theol., geb. 1961, ist Wissenschaftlicher Assistent am Lehrstuhl für Praktische Theologie I der Evangelisch-theologischen Fakultät der Universität Tübingen.

Namenregister

Sachregister